数字基建

尹丽波◎编著

中信出版集团 | 北京

图书在版编目（CIP）数据

数字基建 / 尹丽波编著 . -- 北京 : 中信出版社，2020.7

ISBN 978-7-5217-1856-0

Ⅰ . ①数… Ⅱ . ①尹… Ⅲ . ①产业结构升级—研究—中国 Ⅳ . ① F269.24

中国版本图书馆 CIP 数据核字（2020）第 078049 号

数字基建

编　　著：尹丽波
出版发行：中信出版集团股份有限公司
　　　　（北京市朝阳区惠新东街甲 4 号富盛大厦 2 座　邮编　100029）
承 印 者：山东韵杰文化科技有限公司

开　　本：787mm × 1092mm　1/16　　印　　张：21.5　　字　　数：289 千字
版　　次：2020 年 7 月第 1 版　　印　　次：2020 年 7 月第 1 次印刷
广告经营许可证：京朝工商广字第 8087 号
书　　号：ISBN 978-7-5217-1856-0
定　　价：68.00 元

顾问

王钦敏　吴　澄　孙家广　邬贺铨　李伯虎　高新民

编委会

谢少锋　李　颖　韩　夏　闻　库　赵志国　刘　多

徐晓兰　尹丽波　吴金城　谢志成　徐　旭　牛弩韬

翁玉耀　涂高坤　曹慧泉

主编

尹丽波

编写组组长

李　颖　尹丽波

编写组副组长

冯　伟　李　超　张　健　杨志锋

编写组成员

杨卓凡　胡雁斌　王睿哲　金娟娟　王雪红　王婷婷

靳　可　张孟哲　刘玫燚

推荐语

我国经济高质量发展需要数字新型基础设施及产业的数字化创新。工业互联网和工业电子商务作为新一代信息技术与工业经济深度融合的关键基础设施和典型应用模式，正在全球范围内加速颠覆制造模式、生产方式和组织形态，重构全球供应链和产业链体系，加速推动传统产业转型升级、新兴产业持续发展壮大。这本书立足产业发展实践，既对数字新型基础设施的产业应用与价值进行了解读，也以大量案例总结描述了工业互联网产业化的模式与路径，为理解平台价值、制造业数字化转型及国际经贸规则重塑均提供了富有价值的洞见与思考。

中国工程院院士　吴　澄

近年来，在企业“数字化转型”需求的驱动下，工业互联网、大数据中心等数字基础设施与产业深度融合，在交通运输、电子商务、金融服务、医疗健康、科学研究等领域展现出广阔的应用前景，在提升产业国际竞争力和推动商业模式创新等方面发挥了巨大作用。这本书通过大量鲜活的案例和翔实的数据系统介绍了数字新基建在构建工业数字经济新体系、培育工业企业数字化转型新空间时的具体作用路径，对我国企业实施数字化转型具有重要参考价值。

中国工程院院士　孙家广

当前，我国消费端互联网发展处于转折点，原有动能在减弱，但产业端互联网新动能仍未充分发挥。这本书以工业电子商务为切入口，阐释工业数字经济新体系，解构产业转型发展新模式，探索新旧动能转换新路径。通过鲜活的案例、翔实的数据，引导读者共同解码互联网发展下半场的逻辑。

中国工程院院士　邬贺铨

互联网＋人工智能＋制造的新时代正在到来。这个时代的生态系统具有泛在互联、数据驱动、共享服务、跨界融合、自主智慧、万众创新的特点。工业电子商务作为新一代信息技术与工业经济活动深度融合的产物，正积极推进制造业生态系统的新变革。这本书聚焦于传统工业企业新生态系统转型，阐述了我国工业企业实现数字化、网络化、智能化生态系统重构的探索。

中国工程院院士　李伯虎

工业电子商务与智能制造、工业互联网、制造业“双创”等战略部署有异曲同工之妙，本质上都是为了推动制造业创新模式、生产方式、组织形式和商业范式的深刻变革。这本书立足产业端电子商务发展，突出需求导向，以供应链为核心，以应用研究为带动，加强与行业联系，详细描述了工业电子商务在产业端萌生、成长、壮大的发展脉络，深度剖析了工业电子商务在国内外发展的实践经验和成功案例，同时也为未来技术应用、战略导向和产业发展提供了极具价值的参考方向。

国家信息化专家咨询委员会委员、中国互联网协会原副理事长　高新民

前 言

当今世界正经历百年未有之大变局，我国正处于实现中华民族伟大复兴的关键时期。在这个国际形势复杂多变的背景下，外部的“黑天鹅”与“灰犀牛”事件层出不穷，而新一代信息技术（IT）的飞速发展为我们带来了第四次工业革命的重大机遇。作为一个制造业大国，我们必须顺应经济社会数字化转型的大趋势，以工业互联网作为突破口，大力推动新型数字基础设施建设和制造业、流通业的全面融合，做实做强做优实体经济，进一步增强发展主动权。

党的十八大以来，以习近平同志为核心的党中央高度重视发展实体经济，做出了推动互联网、大数据、人工智能（AI）和实体经济深度融合等系列重要部署。工业互联网是制造强国和网络强国建设的交汇点，是我国与发达国家同步开展工业革命前沿实践探索的重要载体。发展工业互联网的根本目的是以创新来加快推动工业经济全要素、全价值链、全产业链全面连接，构建全新的工业制造和服务体系，改造提升传统产业，培植新兴动能，促进经济高质量发展。工业互联网既是5G（第五代移动通信技术）等新型基础设施建设最大的受益者，也为5G提供了多样化的应用场景，创造了市场需求。工业互联网平台的应用，更是为工业电子商务的发展起到了催化剂的作用，工业互联网带来生产组织方式的革命，将彻底改变工业的组织体系和生产经营模式。

最近一段时间，“新冠”疫情带来重大挑战，国际形势变幻莫测，一批工业互联网企业和工业电子商务平台响应快、劲头足、办法多，在抗疫物资保障、复工复产等方面都发挥了非常积极的作用。这些企业的表现充分证明部署发展工业互联网的前瞻性，进一步强化了加快发展工业互联网平台的共识，巩固了平台在加速数字化转型进程、支撑未来产业创新发展、应对各种风险挑战的重要地位。2020 年 3 月，工业和信息化部印发了《关于推动工业互联网加快发展的通知》。随着我国工业经济数字化转型深度推进，正在逐步形成以工业互联网平台为“操作系统”、以工业电子商务平台为“业务逻辑”的数字新型基础设施与商贸流通体系。

在《工业电子商务发展三年行动计划》的指导下，我国工业电商呈现出了百花齐放的多元化发展态势，以信息交互、供应链与物流管理、支付与融资服务为特征的产业电商综合服务平台不断涌现。作为新一代信息技术与生产流通领域较早实现融合的新兴业态，工业电商将 5G、人工智能、物联网（IoT）等新兴技术融入仓储、物流、配送等实体设施设备中，形成了以电商平台为支撑的现代商贸流通的新型数字基础设施，同时通过丰富的应用场景和服务模式精准对接，又衍生出了种类繁多、丰富多样的产业链新应用和新业态。

本书聚焦于平台迭代创新与传统工业企业数字化转型的双重视角，从数字新基建、供应新网络、产业新价值、商业新生态等多层视角，阐述了我国经济转型升级背景下，工业数字化涌现的新需求与新服务，解析了工业互联网与工业电子商务的内在关联，阐明了工业电子商务的重要价值。围绕工业电子商务生态圈中的商贸、金融（支付和信用）、物流、信息技术、安全等业务体系，通过全方位透视海尔、三一重工、欧冶云商、易派客、阿里巴巴、京东、找钢网、用友、中金支付、传化物流等多家工业电商企业案例，旨在向读者阐释工业电商运营中的信息流、资金流、商流、物流的协同运作模式，展现跨界融合、协同发展路径，期望为政府、企业和金融机构等社会各界发展工业电子商务，解码第四次工业革命与数字经济发展提供有益参考。

由于水平和时间有限，局限和不足之处在所难免，敬请广大读者不吝指正。

李颖

2020 年 5 月

目 录

上
篇

变革与突围

塑造工业数字经济新体系

第一章

数字新基建：推动互联网从“信息”向“价值”的转变

许多数字技术创新正在全球经济中涌现，这些创新可以使基础设施、制造业、贸易和农业更加互联、智能和高效，从而实现系统运作方式的优化升级。推动数字技术创新的好处之一是，它可以带来更多的创新，释放出不可预见的可能性。研究调查显示，对数字技术的长期投资收益是非数字投资收益的 6.7 倍。[①] 应对技术带来的社会经济潜在风险，关键是继续投入技术研发和应用，以更成熟的技术体系让问题迎刃而解。

一、物联网：万物互联的“根基”

互联网作为人类历史发展中一个伟大的里程碑，为人类社会的进步和发展带来了巨大影响。而随着信息化时代的继续发展，我们迎来了物联网。物联网，顾名思义即人与物、物与物相连的互联网，它是新一代信息技术的重要组成部分，其对象从人延伸扩展到物。物联网通过搜集并分析终端传感器生成的数据，为企业提供此前无从掌握的相关洞察力

① Digital Spillover，Huawei Technologies and Oxford Economics.

和理解力，而当“物”具备更强的自主能力时，则可以更全面地考虑和以更低出错率自动决策下一步，实现“物”的自我反应、自我感知、自我预测、自我协作等能力。

传统制造企业的竞争力在于产品功能和服务，而且物联网将竞争范围扩展到通过使用这些产品或服务而创造的信息和数据。物联网能够大幅降低设备个别运算和数据储存的成本，通过数据分析帮助企业决策者更清楚地了解客户、产品和市场，进而协助企业开发新产品、新服务，它不仅能够动态响应产品需求、实时优化供应链等，而且可以经由创新方案开拓收入来源，创造全新的甚至颠覆性的商业和市场机遇。

当下，实时分析、机器学习、无线传感网络、嵌入式系统等多重技术融合推进着物联网的演化发展，使智能家居、智慧交通、智能电网、智慧医疗等成为可能。而在工业领域，物联网的应用以工业物联网（Industrial Internet of Things，IIoT）著称。麦肯锡的研究报告显示，到 2025 年物联网每年将创造 4 万亿 ~11 万亿美元的经济价值，或占到世界经济的 11%①；其中，工业物联网用例将占到近 70% 的比重，是物联网的主战场。物联网在工业领域的应用并非从零开始，传感器等物联网技术已在工业领域应用了几十年，而在近年芯片技术、通信技术、微电子技术等快速发展的背景下，工业物联网已经能够低本高效、实时获取准确数据，通过结成机器、传感器和控制系统网络，对设备网络、各类资产和生产流程实现更加高效的控制和管理，为工业设计、制造、流通等环节带来了巨大变革。目前，工业物联网的典型应用包括故障监测和预测、远程诊断和处理、工业生产线分析和管理以及能耗优化等方面，在水务、采矿、油气能源、物流运输、医疗健康等行业的应用也已初见成效，前景可期。

---

① James Manyika, Michael Chui, Peter Bisson, Jonathan Woetzel, Richard Dobbs, Jacques Bughin, Dan Aharon. Unlocking the Potential of the Internet of Things, June 2015.

一方面，物联网使诸多冗杂事务得以自动化高效处理，人们能够专注于其他更重要的任务，充分发挥主观能动性。另一方面，物联网也面临安全、隐私等方面的诸多风险和挑战，包括：物联网设备制造过程中常出现的密码安全性不足、数据存储不安全等问题，并且尚无保护物联网设备的通用标准；物联网设备在很少或没有人为干预的情况下运行时面临被盗或被物理篡改的危险，或导致经其处理的任何数据都不可靠；物联网设备的补丁更新管理困难，无法在不影响生产的情况下离线更新，而如果没有定期更新，则更易受到恶意“僵尸网络”的攻击，可能波及电网和交通系统等，甚至造成社会瘫痪；黑客可能通过物联网设备窃取个人隐私、组织机密，在未经当事主体许可的情况下访问、使用或泄露敏感信息……物联网设备多样性持续增加，安全挑战也随之更加复杂，但历史的车轮滚滚前进，不能因为可预见和不可预见的新难题而成为固守陈旧落后的勒德分子①，毕竟，有问题就有答案。

IDC（互联网数据中心）报告显示，到 2025 年全球将有 416 亿个物联网互联设备，产生数据量达 79.4 泽字节②。毫无疑问，如此庞大的物联网装置将在不久的将来成为重要的经济推动引擎，而物联网同 5G、人工智能、区块链等技术融合的多重奏必将成就更壮阔、更美妙的乐章。

二、5G：产业重塑的“加速器”

5G 是新一代信息通信技术演进升级的重要方向，是实现经济社会数字化转型的重要驱动力量。

---

① 勒德分子是指 19 世纪英国工业革命时期，因为机器代替了人力而失业的技术工人。现在引申为持反机械化以及反自动化观点的人。——编者注

② 泽字节（ZettaByte，ZB），计算机存储容量单位，是 EB（艾字节）的 1 024 倍。1 泽字节相当于 100 亿张 DVD（高密度数字视频光盘）数据的容量。

4G（第四代移动通信技术）改变生活，5G 改变社会。4G 主要应用于消费互联网领域，是移动互联网的基础网络，推动移动互联网繁荣发展，但是却面临容量不足和难以满足工业互联网等行业应用方面的问题。与 4G 相比，5G 将移动互联网扩展到移动物联网领域，服务对象也从人与人通信拓展到人与物、物与物通信，将与经济社会各领域深度融合，引发生产和生活方式的深刻变革。国际电信联盟（ITU）定义了 5G 的三大应用场景，即增强移动宽带（eMBB）、海量机器类通信（mMTC）及低时延高可靠通信（uRLLC），如表 1.1 所示。

表 1.1　5G 三大应用场景及其特点

场景	特点
eMBB	适用于高速率、大带宽的移动宽带业务，主要提升以“人”为中心的娱乐、社交等个人消费业务的通信体验
mMTC	主要满足海量物联的通信需求，面向以传感和数据采集为目标的应用场景
uRLLC	基于低时延和高可靠的特点，主要面向垂直行业的特殊应用需求

资料来源：国际电信联盟。

这三大应用场景，对 5G 性能也提出了更高的要求。衡量 5G 的关键指标，主要包括峰值速率、用户体验速率、流量密度、端到端时延、连接数密度、移动通信环境能效、频谱效率。与 4G 相比，5G 对各项关键性能指标均提出了更高的要求，如表 1.2 所示。

表 1.2　5G 与 4G 关键性能指标对比

技术指标	峰值速率	用户体验速率	流量密度	端到端时延	连接数密度	移动通信环境	能效	频谱效率
4G 参考值	1Gbps	10Mbps	0.1Tbps/km^2	10ms	10^5/km^2	350km/h	1 倍	1 倍

续表

技术指标	峰值速率	用户体验速率	流量密度	端到端时延	连接数密度	移动通信环境	能效	频谱效率
5G 目标值	10~20Gbps	0.1~10Gbps	10bps/km^2	1ms	10^6/km^2	500km/h	100 倍提升	3~5 倍提升
提升效果	10~20 倍	10~1000 倍	100 倍	10 倍	10 倍	1.43 倍	100 倍	3~5 倍

注：bps 指比特率，是指每秒传递的比特数。Mbps 指兆比特每秒，Gbps 指千兆比特每秒，Tbps 指太兆比特每秒。

资料来源：赛迪智库无线电管理研究所与《通信产业报》联合发布的《5G 十大细分应用场景研究报告》。

5G 价值凸显，中国将是全球最大的 5G 市场。《5G 重塑行业应用》报告显示，2020—2035 年，全球 5G 产业链投资额预计将达到约 3.5 万亿美元，其中，中国约占 30%；与此同时，由 5G 驱动的全球行业应用将创造超过 12 万亿美元的销售额。中国信息通信研究院发布的《5G 经济社会影响白皮书》显示，到 2030 年，在直接贡献方面，5G 将带动的总产出、经济增加值和就业机会分别为 6.3 万亿元、2.9 万亿元和 800 万个；在间接贡献方面，5G 将带动的总产出、经济增加值和就业机会分别为 10.6 万亿元、3.6 万亿元和 1 150 万个，5G 的价值已逐步凸显。目前，我国的 5G 处于世界领先地位，我国也将是全球最大的 5G 市场。中国信息通信研究院预计，到 2025 年中国 5G 用户将达到 8.16 亿，占移动用户的 48% 左右。2019 年 12 月 23 日在京召开的全国工业和信息化工作会议指出，我国已开通 5G 基站 12.6 万个，处于 5G 商业应用加速发展阶段。

5G 的发展将推动行业重塑与价值创造。5G 发展的关键在于将 5G 和行业痛点结合起来，《中国 5G 经济报告 2020》显示，5G 先锋应用行业主要包括移动终端、泛娱乐（云游戏、高清视频）、工业互联网（电力行业、智能制造）、医疗健康和汽车。其中，工业互联网是 5G 最主要的应用场景，两者的融合发展已成为当前产业界探索的重要方向，将给我国经济社会发展带来重大影响。5G 在电力行业的应用主要为通过解决海量大数据的通信传输难题，帮助企业实现流程创新。围绕数据的采集、传输与应用，其主要场景包括智能电网大视频应用、信息采集和高级计量。在智能电网大视频应用方面，5G 凭借高带宽、范围大的特性，可以实现智能电网的大视频应用，以实现智能巡检机器人、无人机等在偏远地区和危险地区的使用，并实现视频的实时传输；在信息采集方面，使用 5G 能够实现采集内容视频化、高清化以及实时采集；在高级计量方面，利用 5G 可以分析企业详细用电数据和用电习惯，从而进行能效管理，节能增效，并且电厂可以根据高级计量的大数据分析结果部署发电节奏。在智能制造方面，中国信通院华东分院发布的《5G+ 智能制造白皮书（2019）》显示，5G 在智能制造领域主要有十大典型应用场景，包括协同设计、自动控制、柔性生产、辅助装配、质量控制、远程运维、透明工厂、仓储管理、物流供应和培训指导。以“5G+ 物流供应”为例，在 RFID（射频识别技术）、EDI（电子数据交换）等应用下，智能物流供应的发展几乎解决了传统物流仓储的种种难题。但现阶段 AGV（自动导引运输车）调度往往采用 Wi-Fi（无线网）通信方式，存在着易干扰、切换和覆盖能力不足等问题。4G 已经难以支撑智慧物流信息化建设，如何高效快速地利用数据区协调物流供应链各个环节，从而让整个物流供应链体系低成本且高效地运作是制造业面临的重点和难题。5G 具有的大宽带特点，有利于参数估计，可以为高精度测距提供支持，提供精准定位。5G 网络低延时的特点，可以使物流各个环节都更加快速、直观、准确地获取相关数据，物流运输、商品装捡等数据能更为迅捷地到达用户端、管理端以及作业端。5G 高并发特性还可以在同一工段同一时间点实现更多的 AGV 协同作业。

中国 5G 发展机遇与挑战并存。2019 年 11 月，工业和信息化部印发了《“5G + 工业互联网”512 工程推进方案》，进一步从国家政策层面对

5G在工业互联网领域的落地做了指导。虽然我国5G发展取得了一定成效，但也应看到，当前5G产业发展仍面临频谱资源有限，供需矛盾凸显，5G部署投入成本高，短期内很难获取资本回报，核心技术对外依赖度很高，部分底层关键技术不成熟，美国频频发难，产业发展潜藏风险等挑战。我国需要不断加大对5G的各项投入，让5G更好地助力中国工业向高质量发展。

三、人工智能：智能决策的“大脑”

（一）让工业思考起来

1950年，计算机科学之父艾伦·麦席森·图灵发表了重要论文《计算机与智能》，在这篇文章的开篇语中，图灵建议大家思考一个问题：“Can machines think?”（机器能思考吗？）伴随着这个问题的提出，人类探索机器思维问题的序幕正式拉开。此后，学者们从控制论、自动机器理论、信息论等领域对“Thinking Machines”（机器思考）进行了深入探讨。

1956年，人工智能之父约翰·麦卡锡与马文·明斯基（人工智能与认知学专家）、克劳德·香农（信息论的创始人）、艾伦·纽厄尔（计算机科学家）、赫伯特·西蒙（诺贝尔经济学奖得主）等科学家在达特茅斯学院围绕“用机器来模仿人类学习以及其他方面的智能”这一主题展开了为期两个月的深入讨论，正式提出了AI的概念，人工智能时代正式开启。

达特茅斯会议之后，人工智能发展进入了黄金年代。通过搜索式推理和自然语言解决代数应用题，证明几何定理，学习和使用英语，成为这一阶段人工智能研究的重点方向。然而，20世纪70年代，受制于计算机性能欠佳、问题复杂程度过高、数据规模不足等因素，人工智能相关研究的实际成果与人们的预期差距过大，研究经费不断缩减，人工智能研究第一次进入低谷。

20 世纪 80 年代，卡内基梅隆大学为数字设备公司（Digital Equipment Corporation，DEC）设计了一套名为 XCON 的“专家系统”，这种将知识库（knowledge base）和推理机（inference machine）相结合的人工智能程序具有完整的专业知识及经验，每年能够为数字设备公司节省约 4 000 万美元。人工智能的商业价值逐渐被广泛认同，人工智能研究开始复苏，日本、英国、美国等都向 AI 和信息技术的大规模项目提供了资助。然而，20 世纪 80 年代末期，随着苹果和 IBM（国际商业机器公司）生产的台式机性能不断提升，人工智能硬件设备维护费用高、难升级、难使用等缺点被不断放大，硬件市场不断萎缩，科研经费也随之减少，人工智能研究进入第二次寒冬。

20 世纪 90 年代中期，随着人工智能技术尤其是神经网络技术的逐步发展以及人们理性认知的深化，人工智能研究进入平稳发展时期，1997 年“深蓝”（Deep Blue）战胜了国际象棋世界冠军卡斯帕罗夫，又一次在公众领域引发了现象级的人工智能话题讨论。2006 年，杰弗里 · 辛顿在神经网络的深度学习领域取得突破，使神经网络的能力大大提高，向支持向量机发出挑战。“Can machines think?”这一问题有了最优解，在谷歌、微软、百度等互联网巨头，GE（通用电气）、华为等高新技术企业以及众多初创科技公司的共同推动下，掀起了深度学习在学术界和工业界的大浪潮。

（二）让创新高效起来

近年来，随着“深度学习 + 大数据”技术的不断发展，人工智能实现了从实验技术向产业化的转变，应用领域从服务业逐步向工业、农业拓展。埃森哲公司测算，到 2035 年，人工智能技术的应用将使制造业总增加值增长近 4 万亿美元。具体而言，人工智能对于工业发展的影响主要体现在以下三个方面。

一是以智能产品系统重塑工业生态。当前，智能化已经成为工业产品升级创新的一大特点，人工智能与传统制造产品融合对部分产业产生了颠覆式影响，不具有人工智能功能的传统电子信息产品面临巨大的升级压力，传统机械装备及其配套零部件市场存在萎缩的风险。例如，在家电、家具行业，产品智能化水平已经成为消费者选择产品的重要考虑因素；而在汽车行业，以人工智能驱动的无人驾驶技术，会给汽车行业包括销售和使用方式、交通运输管理体系在内的生态系统带来革命性变化。

二是以智能技术全面提升工业效率。人工智能可以从研发、生产、销售等各个环节提升工业效率。在研发环节，人工智能技术可以帮助企业挖掘市场需求，形成用户画像，辅助设计创作。在生产环节，人工智能技术不仅可以加速机器人在制造业企业的普及与应用，节省人力成本，提升生产效率，而且可以促进生产与需求相匹配，通过预测市场趋势，科学安排生产计划，在提高生产线柔性的同时保持最低库存。除此之外，人工智能技术还能通过实时监控生产线各个环节，提升质检水平，提高产品良品率。在销售环节，人工智能技术不仅可以与客户智能沟通，而且能从客户的聊天中积累数据，进而结合客户偏好、行为轨迹等预测客户需求，帮助企业实现精准营销。

三是以智能价值改变世界工业格局。人工智能技术的深入发展将对国际工业格局产生重要影响。一方面，人工智能在传统价值链上增加新的环节，这一环节成为价值链上新的制高点，发达国家正在努力抢占这一制高点以强化其制造业对全球分工的主导。另一方面，人工智能也改变了传统价值链形态，发展中国家赖以生存的劳动力成本等传统竞争优势的重要性将进一步弱化，在国际贸易保护主义逐渐抬头的背景下，制造业有可能会向发达国家回流。

四、区块链：产业信任的“信用证”

以信息技术加速创新与融合渗透为突出特征的新一轮科技革命和产业变革正在孕育兴起，底层技术的每一次进步都会带来互联网应用的大爆发，从 TCP/IP（传输控制协议 / 网际协议）诞生到 HTTP（超文本传输协议）发布，互联网从全网连接逐渐走向中心化平台。作为多种 IT 的集成创新应用，区块链是一种参与方共同维护的分布式账本，具有数据公开透明、不易篡改、易追溯等特点，其本质是通过找到降低彼此不确定性的方法，来实现价值交换，对于推动经济高质量发展、提升国家治理体系和治理能力现代化水平，具有非常重要的意义。

原则上，区块链或分布式账本技术（DLT）可以用于记录保存和价值转移（通过加密货币或其他方式），而不需要一个受信任的中央实体来维护数据库和验证交易。相反，这些功能是通过分散存储数据的网络及提供一种验证机制来实现的，通过这种机制，网络中的所有参与者都拥有不变的单一真理来源。由区块链技术支持的所谓智能合约，允许在满足一个或多个先决条件时自动执行交易，从而具备了显著提升效率的潜力。实物资产和数字资产可以表示为共享分布式注册中心的凭证，从而使其能在网络参与者之间直接进行交易。本质上，这些核心功能使加密货币（如比特币、以太币）和标记数字记录（如财产权、实物产权）可以从融资、采购、招标、运营的生态中使用。

区块链带来的生产关系变革，触发了价值互联网的商业模式，将加速与产业融合，成为经济增长的新引擎。分散的信任和创建块的不变性使所有权的真正转移成为可能。虽然在过去只能通过网络复制数据，但区块链加速了向价值网络的转移，如图 1.1 所示。这使货币、股票、版权或专利等无形资产可以从一个用户转移到另一个用户，也可以通过可信分类账本交换房地产等有形资产或合同，以此来降低购房成本，让持有或出售部分产权成为可能。有形资产的传输需要创建一个数字孪生体——一个实体对象的数字表示或模拟，这使对对象的数字监控成为可能。

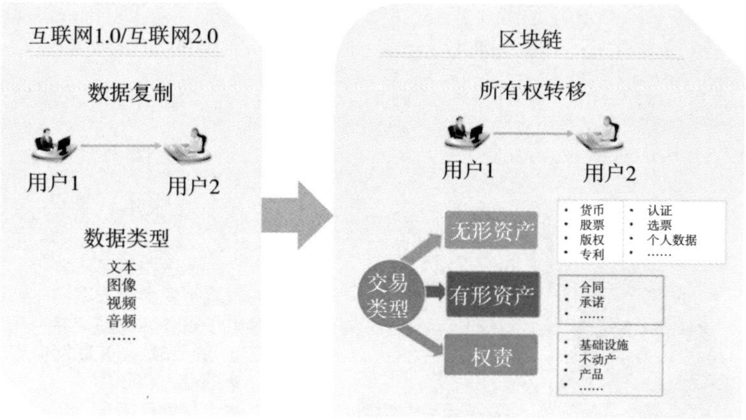

图 1.1　信息网络向价值网络转变

资料来源：OECD（经济合作与发展组织），《区块链技术：可持续性基础设施的使能者》，2019。

区块链产业应用渐趋成熟。区块链的技术特性赋予了它自身变革传统产业的潜力，其应用已经从单一的数字货币领域延伸到各行各业的场景之中，如图 1.2 所示。从基础的支付解决方案和身份管理到更复杂的应用，脱虚向实，能加强传统产业多方间协作信任，提升系统的安全性和可信性，简化流程，降低成本，进而在各个领域中助推实体行业发展。区块链在工业领域的应用可解决多方协同生产、数字安全、资产数字化等制造业转型升级的问题，化工、制药和食品公司可以跟踪易腐货物，并沿着保管链检查其保存状态。在能源领域可解决能源生产、交易、资产投融资和节能减排过程中数据孤岛、效率低等问题。

区块链产业板块内各细分领域发展趋向成熟，在竞争中合作，共同推动整个产业生态的良性发展。区块链产业规模的不断扩大不但吸引了越来越多初创企业，还促使互联网巨头快速跟进。国内方面，腾讯、阿里巴巴、百度和京东等互联网巨头在金融、医疗、电商、公益和法务等领域寻找“区块链 +”解决方案，开始小规模试点应用，为我国区块链产业生态发展注入新动能。国外方面，社交巨头 Facebook（脸书）强势入局区块链产业生态。即将推出 Libra（脸书公司推出的加密数字货币）项目的消息一经发布，便引发全球政府、监管机构、互联网和区块链等行业的关注和担忧。

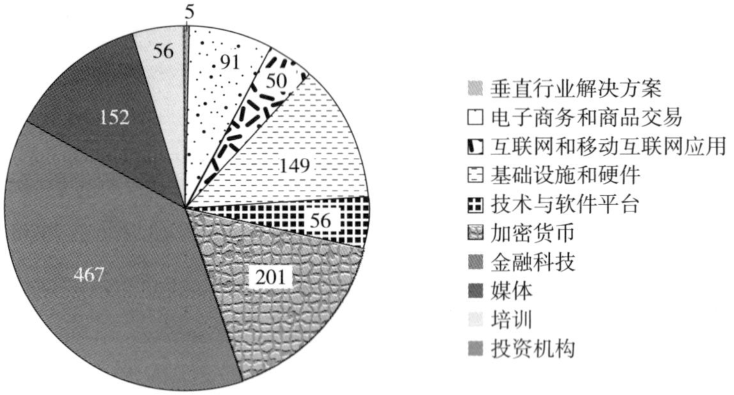

图 1.2　区块链企业分布领域

资料来源：可行区块链推进计划《区块链安全白皮书（1.0 版）》，2018。

总体上看，由于涉及场景较为复杂，我国区块链在制造业领域的应用尚处于起步阶段。目前，金融是区块链技术应用最多、落地程度最深的领域，区块链能让金融信息不再成为孤岛，透明供应链有利于区块链赋能制造业供应链金融管理和生态建设。与此同时，“区块链 + 智能制造”快速崛起。区块链赋能智能制造产品研发与制造业商业模式创新，能有效解决产业中的信任与效率问题，为用户带来新的价值体验。“区块链 + 工业互联网”潜力巨大。区块链与大数据、物联网、人工智能相结合，可赋能工业大数据，构建可信工业互联网。“区块链 + 产品溯源”前景可期。工业产品溯源是区块链落地的重要场景，区块链与物联网的深度融合，使不同参与者使用一致的数据来源，保证了信息的可追溯性，以此实现价值链信息透明、安全、共享。

但也应看到，区块链在工业领域落地还面临跨链系统互联存在障碍，可规模化推广的典型创新应用缺乏，节点规模、性能、容错性三者之间难以平衡，链上数据与链下信息一致性难以保障等瓶颈，仍需加快技术攻关、完善政策体制机制保障以及探索实体领域深度应用创新等。此外，区块链的大规模应用还面临诸多挑战，例如以比特币为代表的数字货币逐步发展普及，带来应对洗钱以及毒品、军火交易等非法活动的挑战[①]，还有一些尚待解决的法律问题，包括区块链交易的法律地位和追责问题。

---

① Martin Mühleisen. The Long and Short of The Digital Revolution, *FINANCE & DEVELOPMENT*, June 2018，Vol. 55，No. 2.

第二章

供应新网络：重构工业生产与商贸流通的逻辑

以20世纪90年代互联网的商用为标志，互联网在全球迅速普及和发展，以互联网为基础、以交易双方为主体、以银行电子支付和结算为手段、以客户数据为依托的全新商务模式迅速发展。互联网缩短了人与人之间的距离，彻底改变了人类的生产生活，同时也重塑了商业的供应链体系。

一、平台新角色：从信息撮合到聚合服务

工业电子商务最早是从信息撮合切入商对商的交易的。工业电子商务早期的创业者，期望通过免费撮合的方式，迅速占领整个行业，实现一家独大，然后利用自身独有的平台资本，与注册商家谈条件，从而从信息撮合中收取服务费用。但是工业电子商务的交易金额比较大，很难在短时间内由某个企业消化，信息撮合只是满足了交易双方低成本获取信息的需求，交易依然沿袭电话、QQ（腾讯公司开发的即时通信软件）聊天的方式，因循人际关系和传统的客群关系来实现，这就使线上交易模式很难成为工业电子商务的主流交易模式。此外，工业电子商务市场是一个需要长期积累和沉淀的存量市场，很难在短期内实现增量开发。

2015 年，垂直类行业细分工业电子商务平台如雨后春笋般涌现，市场竞争加剧，早期工业电子商务平台创始人“赚快钱”的梦想随着资本市场的“慢热”而破灭。于是，一些工业电子商务平台开始回归传统贸易商的角色，将互联网平台看作一个搜集客户信息，整合报价、需求信息的渠道，利用平台资源汇集优势，在很短的时间内完成了传统贸易商几年才能完成的客户资源关系建设。

从免费撮合到自营，是工业电子商务平台基于行业现实和资金压力，不得不进行的一项尝试。但是，从互联网平台转向贸易商，依然难以解决平台获取盈利的问题。这是因为工业电子商务平台既不是上游生产商，也不是下游需求企业，而且平台上游都是一些如石化、钢铁等行业垄断和技术垄断的企业，平台在交易链中是没有话语权的，这就导致了第三方工业电子商务平台无论是撮合还是自营，都比较难做起来。

工业电子商务真正的核心价值是资源的整合和效率的提高，平台应该扮演的角色，不是生产厂家，也不是贸易商，而是资源的整合者和平台的建构者。随着大数据、云计算的发展，工业电子商务进入了聚合服务的 3.0 时代，即围绕产业链上下游的供给和交易，在自营之外提供增值服务，主要包括四大类：仓储、物流、加工和金融服务。工业电子商务 3.0 时代的竞争，归根结底，是服务的竞争。越来越多的工业电子商务平台打造“信息—交易—金融—物流—信息”交易闭环，基于信息服务（信息撮合、自营、资讯服务等）、金融服务（仓单质押、金融白条、授信贷款等）、物流仓储服务等寻求利润点，以努力形成自身的工业电子商务全方位业务，构建平台核心竞争力。

二、商业新模式：构建供应商、商家与消费者的协同网

在工业时代，大品牌统一服务、统一标准，所以，无论是内部管理、

直营的方式，还是加盟方式，输出的都是标准化的服务和产品，即标准的 B2C（企业对消费者的电子商务模式）。目前，从供给端来看，虽然大部分行业在零售端和营销端完成了信息化，但在供应链方面依然存在信息孤岛，行业网络协同尚未形成。从需求端来看，消费需求已经从工业时代的“求同”开始转变为互联网时代的“求异”，相对于工业时代的流水线、供应链、多层级管理，互联网时代更强调低成本、快反应、高定制，供需两端的变化带来商业模式的变革，一种集合供应商赋能于渠道商、两者共同服务于顾客的全新电子商务营销模式 S2B2C（供应商—渠道商—顾客）应运而生。该模式旨在通过构建供应商、商家与消费者的协同网，达到制造业降本增效的目的。

S2B2C 是 B2C 走向 C2B（消费者对企业的电子商务模式）的过渡模式。其中，C2B 将是互联网时代、数据时代最重要的商业模式，完全颠覆传统的 B2C，从现有的以生产企业为中心转变到以消费者为中心。S2B2C 是一个开放的系统，其逻辑是价值赋能渠道商和深度服务消费者，形成一个以大供应商为基础设施和底层规则的生态系统。

对 S2B2C 来说，赋能只是手段，其目的是形成一个产业协同网络。这个协同网络是任何一个产业内的单体都做不到的。平台的价值就是作为这个协同网络的形成和底层架构者。只有突破传统加盟体系的“交易”思维，从赋能的角度出发，S（供应商）才能够和产业链上的各类小 B（渠道商）共生共赢。S 通过协同网络完成了产业乃至社会效率的提升，其赢利模式不依赖原来产业中的任何单一部分，只有这样才最终形成真正的共赢。

首先，B 端要服务消费者，上游需要各类的供应资源来满足服务的差异化。举个例子，一个社区超市，食品、生鲜、配料、日用品等供应商少则十几个，多则上百个，对于一个小 B 来说，管这么多供应商可管不过来，所以就出现了超市供应平台 B2B（企业对企业的电商模式）。除了商品，还需要系统、营销、物流、金融等服务供应商的支持，一个小B是没能力整合这么多供应链的。

其次，即使解决了供应端的问题，那成千上万的小B又如何把消费者的数据汇总给众多M（生产厂家）呢？只有依靠统一的系统和高度的信息化、数据化运营才做得到。B端作为直接接触消费者的环节，最了解消费者需求。如何打造更好的B端，去为C端服务？这就延伸出了S2B2C的概念。

最后，作为一个小B，自然是没办法整合供应链（产品、物流、金融、信息）的，也就没办法优化、提高效率，取得优势。如果以某个平台的形式，也就是平台化的S，来整合运作供应链，再通过聚合下游成千上万的小B渠道，对接上游各类服务商，把需求、信息汇总和整理，有效地作为B和M之间的缓冲，不仅有效率，而且有效果。对于小B来说，只用合作一家供应商就可以了。降低人工沟通成本，同时依附于平台降低运营成本、提高效率，小B就可以把精力都放在创造客户价值上，这就是给B端赋能的过程。所以S2B最终的目标是平台和小B一起更好地协同服务C端，这也是S2B2C的核心价值所在（见图2.1）。

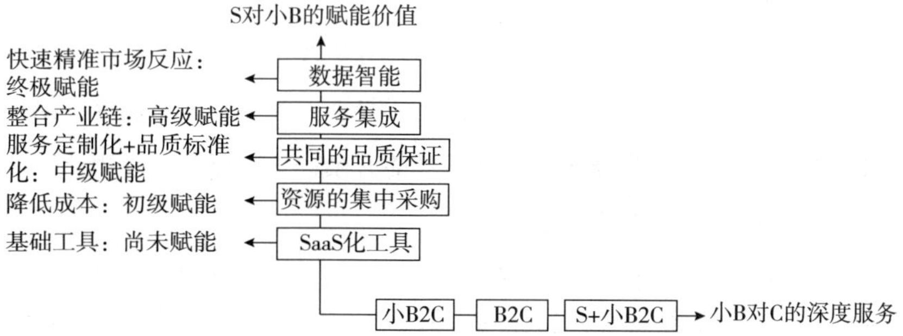

图2.1　S2B2C的价值创造

注：SaaS指软件即服务。

资料来源：作者根据公开资料整理。

三、供应新网络：从线性供应链到价值网络

数字技术可以拓展和深化产业协同，供应链管理从“供应商—生产商—分销商—消费者”的单向信息流模型转变为“信息多方向流动”（information flows in multiple directions）的更为融合的模型，即“供应链 4.0”。[①]在此基础上，更加优化的资源配置能够帮助企业减少产品生产和分销成本，进而降低总交易成本，促进各国企业融合形成一个互相依存、覆盖全产业的生态体系，实现协调、高效发展。例如，政府层面对央企和国企阳光化、线上化采购自上而下的推动，使这些企业纷纷建立电子商城，对接能够提供电子产品目录的采购平台，为 MRO（非生产原料性质的工业用品）平台的发展提供了重要的“第一驱动力”，帮助行业头部公司加速构建后端产品供应链体系，打造数据系统。

在经济增速下行、全行业供给过剩的大背景下，行业中的企业从规模导向转变为效率导向，供应链降本增效诉求强烈，粗放式发展时代形成的中间环节众多、小散乱弱的经营主体面临淘汰和整合。同时，在行业呈现产能过剩、供大于求的环境下，上游供应方有迫切意愿拓展渠道促进产品销售，与此同时，流通环节加快周转清理库存的诉求增强，又有助于新兴工业电子商务平台从旧有渠道分销体系中抢夺更多份额。在目前宏观经济内需不足、外需不振的大背景下，各细分行业仍存在结构性的供需失衡，优质产能不足但落后产能有余，生产环节优胜劣汰、流通环节整合提效的趋势仍将持续。

正是由于过去若干年的“以单个大企业为中心，向外部延伸的增值网络”型工业电子商务实践，存在“技术上比较可行，商业上比较不可行”

---

① Understanding Supply Chain 4.0 and its potential impact on global value chains，Michael J. Ferrantino & Emine Elcin Koten，World Bank Group，Global Value Chain Development Report 2019，p.103.

的问题，例如尽管 ERP（企业资源计划）系统也可触发 EDI 信号从企业内部发给企业的贸易伙伴，但通过 EDI 与 ERP 系统实现的连接却是静态的。据调查，工业企业已外包了制造业务的 32% 和物流业务的 48%，多方之间的信息流动不是线性的，信息复杂且相互交织在一起。此外，供应链信息正以小时为单位快速变化，企业需要与贸易合作伙伴按小时同步刷新数据，依靠 ERP 和 EDI 的连接是不够的。人们逐步认识到“私有的”工业电子商务系统实际上很难行得通，需要建立一个“去中心化、社区化、公共型”的工业电子商务外部业务协同平台“供应链商业网络”，即所提供的解决方案能够使网络平台之上的贸易合作伙伴基于特定的流程和数据进行双向交互，支持供应链信息的实时与同步。

数字化供应网络能够综合来自不同渠道和地区的数据和价值，为产品实际生产和分销提供助力。传统供应链的信息传播仅限于生产系统内原材料和成品端之间，这种线性传播途径灵活性较低。而数字化供应网络采用互联互通的矩阵结构，具有较高的灵活性，如图 2.2 所示。传统的价值链逐渐演变为矩阵式的价值网络，基于这一网络，企业能够与生态

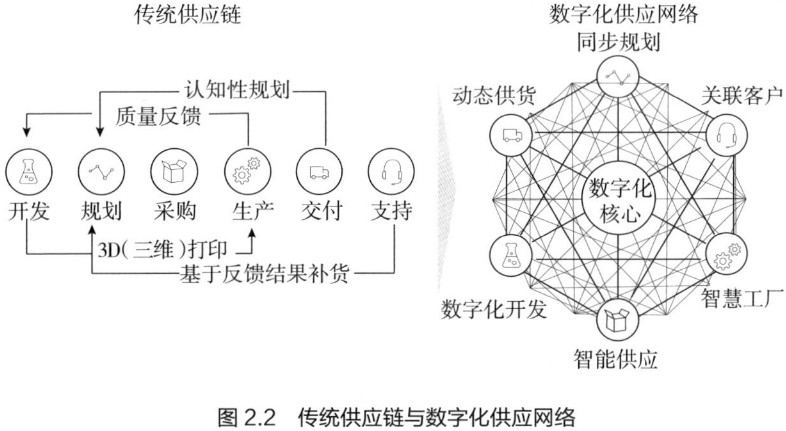

图 2.2　传统供应链与数字化供应网络

资料来源：德勤分析，《数造未来——数字化供应网络崛起，制造商如何抢占先机》，2019。

体系内的任何相关方开展数据和信息的传送和接收，从而有效应对多边的市场环境，发掘新的价值。总结起来，该网络具有以下三个重要特性。

一是社区化的“多对多”模式。每个企业（交易方）在入驻平台之后，就可以同时具有两种身份：既是若干企业的“供应商”（卖方），也是若干企业的“客户”（买方）。作为“客户”，可以同时与多个自己的“供应商”进行供应链业务协同；作为“供应商”，也可以同时与多个自己的“客户”进行供应链业务协同。

二是服务于所有入驻企业的“公共型、即租即用”SaaS 平台。平台不再是某个企业（买家或卖家）的私有系统。在平台之上，所有企业都具有独立、平等的地位。企业对于该平台系统各项复杂业务应用功能的学习培训、经验传承、接口开发等方面的持续资源投入，不再依赖于是否和另一个特定企业具有或保持“客商”关系。

三是内外部系统集成。企业内部 ERP 系统一旦与平台实现对接，就意味着可同时与企业目前或将来的所有“供应商或客户”的内部 ERP 系统实现对接，从而方便快捷地实现与所有“客商”的电子化的互联互通，达成所谓“No Business is an island”（没有生意是孤岛）的目标。

第三章

产业新价值：促进产业协作与价值增值的实现

新一代 ICT（信息与通信技术）不仅重构了现代工业的生产与商贸流通逻辑，而且也使产业间的合作与竞争呈现出新的集成、集聚和集群特征，有效促进了产业链整体协作水平和综合竞争力的持续提升，是提升产业链协作水平的重要手段，是制造业新旧动能转换的重要途径。

一、纵向能力整合：从物权独占到能力分享

随着云计算、工业互联网等技术的发展，共享经济在制造业的渗透率逐步提升，参与企业不断增加，一些传统制造企业和互联网企业开始利用共享经济新模式探索打造制造业新生态，制造业产能共享不断发展。据国家信息中心统计，2017 年制造业产能共享市场规模约为 4 120 亿元，2018 年这一数据达 8 236 亿元，增长率高达 97.5%。[①]

所谓制造业产能共享，主要是指以互联网平台为基础，以使用权共享为特征，围绕制造过程各个环节，整合和配置分散的制造资源与制造

① 国家信息中心，《中国共享经济发展年度报告（2019）》。

能力，最大化提升制造业生产效率的新型经济形态。[①] 从共享的范围来看，制造业产能共享贯穿设计、研发、生产、管理、服务等制造活动全链条；从共享的对象来看，制造业产能共享涵盖设备工具、物料、仓储、知识、技术、人力等制造资源，以及设计、试验、生产、管理、维护等制造能力；从共享的效果来看，有利于打造产业链纵向集成、跨产业横向交融的制造业生态圈；从当前主要的共享内容来看，制造业产能共享主要包括设备、技术服务、生产能力，以及综合性服务共享等。图 3.1 展示了制造业产能共享的主要特征。

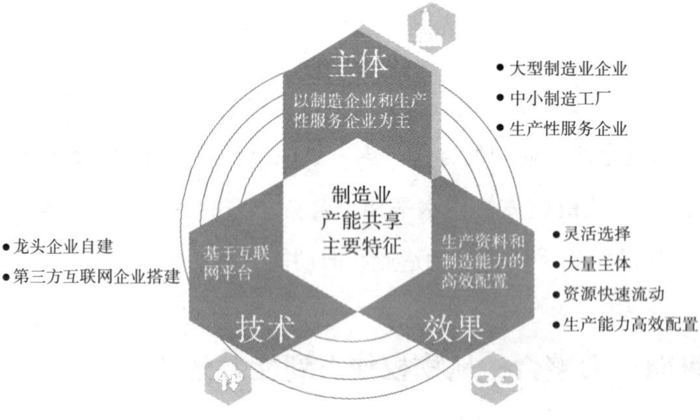

图 3.1　制造业产能共享的主要特征

资料来源：国家信息中心，《中国制造业产能共享发展年度报告（2018）》。

一方面，传统制造企业可以利用共享经济开放资源和产能，打造协同生产或服务平台，通过产业链纵向延伸，实现制造业转型，其中以海尔"海创汇"、航天云网等为代表。另一方面，互联网企业可以通过搭建第三方平台，对所处产业链的不同环节进行直接或间接控制，从而在实现制造业供需匹配的同时整合产业链上下游资源。阿里巴巴旗下的淘工

① 国家信息中心，《中国制造业产能共享发展年度报告（2018）》。

厂、硬蛋科技等互联网企业，在工业制造、智能硬件、装备制造等领域都已经开始了相关尝试。

二、横向空间集聚：从物理集群到虚拟集群

产业集聚一般是指特定产业链内相互联系的企业或组织集中于某一区域，所形成的互相关联，并且存在竞争关系的企业或组织机构的集群。然而，随着新一代 ICT 的快速发展，可编码知识传播途径数量、距离和广度不断增加，企业可以更有效率地连接不同区域的资源优势，在更大的范围内建立协作创新网络，促使以知识密集、技术密集为代表的现代产业逐渐从传统的空间集群向虚拟集群延伸。

所谓虚拟集群就是以合作创新与共同发展为内容和目的，以先进通信技术和互联网平台为依托，互相关联的企业或者其他组织机构，通过正式或隐性契约形成互相依赖、共担风险且长期合作（在虚拟空间）的集聚体。互联网平台是虚拟产业集群形成的重要标志。信息化发展让知识的交流、传递和创新并不要求在同一地理位置面对面地进行，更多的知识传递和交流可以借助互联网这个平台展开。信息化让企业在虚拟的网络空间之上集聚，从而更有效率地连接不同区域的资源优势，不会受到某一特定地区、某一特定资源缺乏的严重影响。传统集群强调交流与合作只有在同一地点才能发生，然而这些交流与合作往往会受到该区域相对落后的文化和有限的资源的影响，这使该区域的生产和创新经常会形成闭门造车的现象，集群中企业的技术进步和生产力进步迟缓，该区域的经济活动单一且经济发展的成本加大；而虚拟集群允许企业在更大的范围内建立协作创新网络，为其提供相对完全和对称的信息流动，这可以减少成员的机会主义行为，这种协作创新通过增加创新的频率和市场的广度，可以让竞争变得更加差异化，从而避免过度竞争造成“囚徒困境”

和“柠檬效应”。[①] 信息化的发展让产业集群自身在发展的过程中，可以超越传统企业集群的地理空间的限制，扩大为空间的网络系统，而通信技术的高度发展与经济全球化在全球范围内的扩大，分别为虚拟产业群的发展提供了技术条件与市场机会。企业在信息网络上的虚拟集群从本质上来说依旧是由一系列企业复杂经济活动所构成的网络邻近的经济活动，然而不同的是它让企业摆脱了地理空间的限制，这种信息技术带来的企业在虚拟网络上的集群能够规避地理集群给企业带来的集群风险。[②]

三、逆向价值传导：从订单驱动到用户价值

需求特征的显著变化可能打破原有稳固的产业链关系，倒逼制造业价值链逆向传导，为新兴工业电子商务的发展提供弯道超车的机遇。主要表现在：下游需求越来越趋向个性化、多元化，订单呈现小批量、多批次特征，能够实现反向定制的供应链将更具竞争力。同时，下游对于时效性的要求持续提升，相应需要匹配快速反应的柔性供应链。从全球价值链来看，生产服务环节创造了产品价值的 4/5，而制造环节仅创造 1/5。中国制造业长期以来处于全球价值链的底端，随着全球价值链及国际贸易分工迁移，以订单驱动的代工厂模式正在向以用户驱动的服务型制造模式转变。例如，服装行业的“快时尚化”使下游服装厂采购的即时性要求和对现货的依赖提高，原有的以订单交期为主导的需求格局出现逆转。贴合用户需求，短供应链和快速交付能力成为工业电子商务平台赋能制造业服务化转型的关键切入点。

---

① 囚徒困境是指两个被捕的囚徒之间的一种特殊博弈，反映个人最佳选择并非团体最佳选择；柠檬效应是指在信息不对称的情况下，往往好的商品遭受淘汰，而劣等品会逐渐占领市场，从而取代好的商品，导致市场中都是劣等品。——编者注

② 黄杨 . 信息化对中国产业集聚的影响 [D]. 湖北：武汉大学，2017.

研究表明，企业通过提供产品相关的服务可以获得稳定、高边际利润的收入，降低现金流的脆弱性和易变性，从而提高股东价值。[①] 例如，以一体化解决方案为代表的服务产品，关注客户在整个产品生命周期的需求，提供量身定制的整体解决方案，以满足客户的特定需求，从而使企业加深与客户之间的联系和合作，加快创新速度，提高客户忠诚度。[②] 制造企业通过服务获得的竞争优势通常具有持久性、不可见性、劳动力依赖性以及更难被模仿复制性，有利于企业在市场变革中保持竞争优势。[③]

伴随国际竞争的加剧，企业的边际利润下降，传统的基于规模经济的大批量生产模式向小批量、多品种、个性化定制模式演进，推动越来越多的企业采取服务化的竞争战略。诸多创新型企业通过电子商务实时获取市场信息，以用户需求为导向开展研发、生产、服务和管理模式变革，成就多个市场奇迹和行业亮点。例如，戴尔依托电子商务大力开展管理创新，以独特的个性化定制直销模式一度成为 IT 界神话。1996 年，戴尔正式推出在线销售平台（www.dell.com），跨越所有经销渠道，直接实时采集并接收终端用户的个性化定制需求，经客户关系管理系统进行订单分解后，通过 EDI 将分解信息实时传递给上游供应商并开展在线采购，从而使供应商能根据终端市场需求合理安排生产，有效降低供应链的整体运行成本、提高响应速度，共同实现个性化计算机产品的快速交付。短短 3 年后，1999 年戴尔在美国计算机市场的占有率高达 16%，位列全美第一。我国当前已充分认识到个性化定制在制造业与互联网融合发展

---

① Mathieu V. Service strategies within the manufacturing sector: benefits, costs and partnership, *International Journal of Service Industry Management*, 2001, 12（5）: 451-475.

② Kuo T. C., Ma H. Y., Huang S. H., et al. Barrier analysis for product service system using interpretive structural model. *The International Journal of Advanced Manufacturing Technology*, 2010, 49（1-4）: 407-417.

③ Baines T. S., Lightfoot H. W., Evans S., et al. State-of-the-art in product-service systems. *Proceedings of the Institution of Mechanical Engineers, Part B: Journal of Engineering Manufacture*, 2007, 221（10）: 1543-1552.

中的强大生命力，并在以消费品领域为代表的中小企业中进行了积极探索。例如，尚品宅配、怡合达等中小企业充分利用电子商务拓展市场空间并实时对接用户需求，实现了需求实时响应、用户深度参与、全程实时可视、资源无缝对接的个性化定制。

第四章

商业新生态：电商赋能工业数字经济高质量发展

西方发达国家走了一条先工业化后信息化的发展道路，而我国是在工业化还没有完成的情况下全面抢抓信息化发展先机。与发达国家相比，中国消费端电商全球领先，产业端电商仍处于初级阶段。随着大数据、人工智能、物联网、5G 等数字新型基础设施的发展，产业端电子商务在行业垂直领域“渐次演进”。交易对象和服务模式不断演化，成为工业互联网体系的重要组成部分，是推动数字基建落地发挥实效的重要牵引点，也是促进数字要素的自动流动、工业企业加速智能化转型的着力点。

一、工业、技术与商贸交叉融合孕育工业电商

亚当·斯密早就指出，技术进步是由分工深化推动的，然而随着分工的深化，分工参与者之间的交易会越来越频繁，交易的范围也会越来越广阔，因此用于交易的资源也会越来越多，进而促进社会分工水平和劳动生产率提高至新阶段，成为经济增长新动力。1946 年计算机诞生后不久，制造业第一代数控系统随之诞生；1965 年小规模集成电路、1974 年微处理芯片的出现推动了小型计算机和数控系统的不断迭代；20 世纪

90 年代互联网迅速发展，促进了制造业 ERP、MES（生产过程执行管理系统）等软件的开发与应用以及 B2B 出现。B2BecNews（B2B 电子商务行业的新闻提供商）将 B2B 分为三类：一是企业销售各种产品的电子商务网站和在线市场；二是电子采购软件，让企业能通过网站、电子目录、行业网站和其他网络渠道购买或交易产品；三是电子数据交换，让企业通过电子网络交易标准业务文件。

我们认为，工业电子商务是工业生产、信息技术与商务活动交互影响的产物。它以服务于工业企业的供应链管理为核心，随着技术的演进与扩展不断更新功能服务，既包括工业企业、供应链上下游企业及用户等主体间基于互联网等信息网络进行的各类经济活动，也包括工业企业内不同部门间基于数据横向转移、交换或共享开展的各类经济活动。

从涉及的活动主体来看，工业电子商务以工业企业为中心，涉及产品供应链中供应商的供应商、供应商、制造商、经销商、用户等主体，以及服务供应链中的功能性服务提供商、服务集成商、用户等主体，如图 4.1 所示。

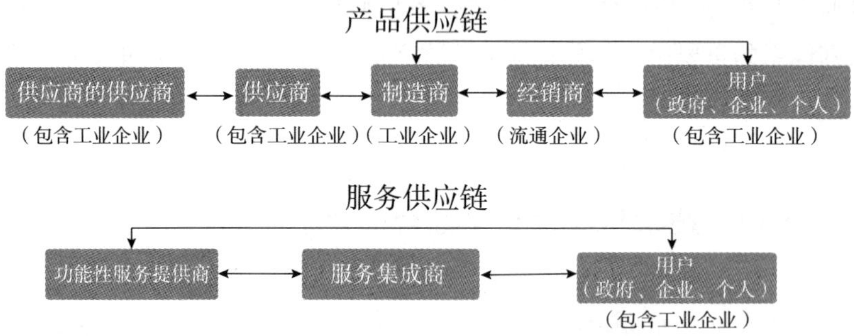

图 4.1　工业电子商务活动主体（1946—2010 年）

资料来源：国家工业信息安全发展研究中心，《工业电子商务白皮书》。

从工业企业活动场景来看，包括：面向上游产品、服务和能力供应商的电子商务，由此形成了数字化采购、SaaS、供应链金融、制造产能共享等服务模式；面向下游经销商和用户的电子商务及面向企业内部各部门间的电子商务，催生仓储物流服务、基于大数据的精准营销、多渠道分销、个性化定制、增材制造等新业态和新模式（见图 4.2）。

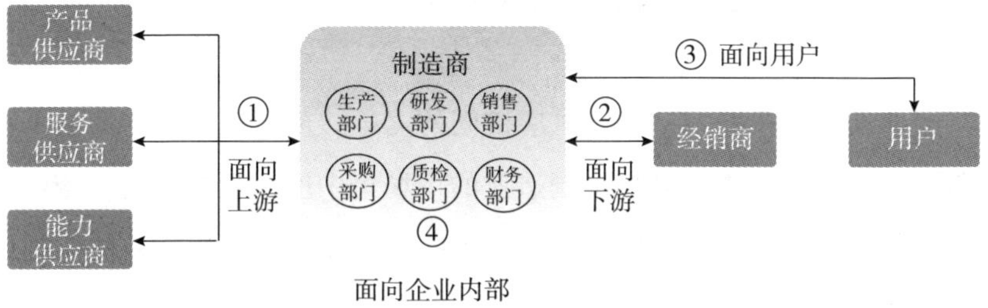

图 4.2　工业电子商务典型活动场景

资料来源：国家工业信息安全发展研究中心，《工业电子商务白皮书》。

近年来，人工智能、云计算、大数据等新一代信息技术使新模式、新业态层出不穷，工业电子商务作为新一代信息技术与工业生产、商业流通深度融合的产物，正成为驱动新一轮科技革命与产业变革的重要力量，引领制造业加快向数字化、网络化、智能化转型。图 4.3 展示了工业电子商务 1946—2010 年的演进历程。

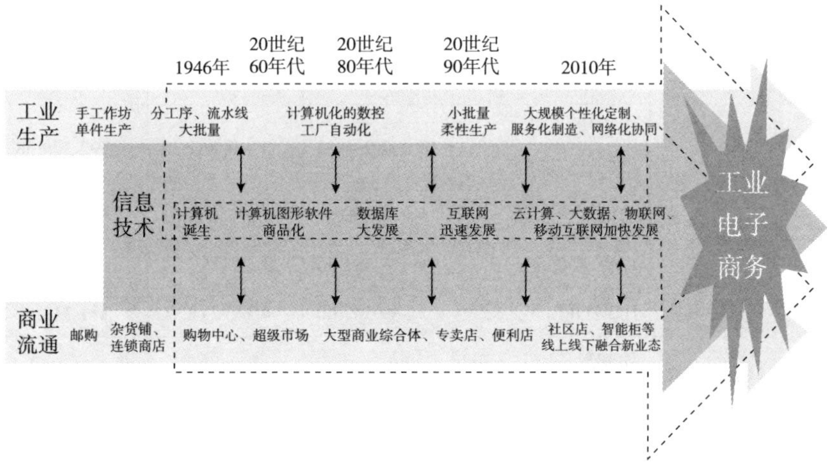

图 4.3　工业电子商务演进历程（1946—2010 年）

资料来源：国家工业信息安全发展研究中心，《工业电子商务白皮书》。

二、国际产业分工迁移下的工业电商供应链模式和平台模式

（一）欧美：供应链主导的工业电商生态

企业间的竞争归根结底是供应链间的竞争。规模化工业的发展不仅降低了工业制造成本，增加了制造业的市场集中度，有效提高了企业的协调运作能力，而且与物联网、工业互联网和新的应用软件共同驱动电子商务发生了革命性变化。催生出能够对传统产业带来明显效率提升，并进而重塑整个产业链生态的平台级公司，促使欧美国家在各垂直细分产业形成了成熟的工业生产和供应链流通体系。截至 2020 年 5 月，美国前十大工业电子商务上市公司总市值计约 311 亿元，为中国前十大工业电子商务上市公司总市值的 3 倍，美国前十大工业电子商务企业净利润为 36 亿元，为中国前十大工业电子商务企业净利润的 6 倍，详见表 4.1。

表 4.1　美国代表性工业电子商务上市公司 2020 年 5 月市值情况（单位：万元）

排名	行业	企业名称	总市值	总收入	净利润
		中位值	3 111 494.12	3 582 641.46	360 453.44
1	MRO	快扣 (FASTENAL)	15 834 268.67	3 720 895.79	551 747.66
2	MRO	固安捷 (GRAINGER)	10 803 963.52	8 012 863.32	592 279.38
3	工程机械	美国联合租赁	6 098 866.49	6 523 444.62	819 005.88
4	设备家电	WATSCO B	4 405 581.45	3 327 899.94	171 579.64
5	建材家具	HD SUPPLY	3 389 507.60	4 233 118.96	311 319.52
6	航空设备	埃尔凯普（AERCAP）	2 833 480.64	3 444 387.13	799 259.05
7	MRO	MSC INDUSTRIAL	2 382 071.70	2 384 239.85	204 744.62
8	航空设备	航空租赁	2 164 831.68	1 407 032.57	409 587.35

续表

排名	行业	企业名称	总市值	总收入	净利润
9	化工	UNIVAR SOLUTIONS	1 798 840.68	6 478 727.18	−69 901.52
10	交通运输	GATX	1 514 911.34	972 342.76	147 337.34

资料来源：Wind（金融数据和分析工具服务商）。

德国作为欧洲工业强国，注重生产制造的流程化、集成化与自动化，强调企业流程制度的规范化，全球著名的软件解决方案服务商思爱普因此得以诞生。与德国相比，美国更喜欢当全球供应链的控制者，早在20世纪90年代就率先在航空和汽车两个领域尝试工业电子商务，利用数字化技术改造产业价值链。2000年，为了满足航空和国防业务的电子化需求，美国航空领域的波音、洛克希德·马丁、雷神几个大型企业联合起来，筹建了Exostar（供应链协作解决方案平台），立足于供应链管理来提升产业运作效率。在汽车领域，通用汽车、福特、戴姆勒克莱斯勒三大巨头感受到互联网带来的威胁，联合成立了Covisint（科纬迅）公司，致力于用数字化优化汽车供应链。与此同时，美国还注重以信息系统为切入点构建供应链优势，这也造就了甲骨文公司——从数据库起家逐步发展成为世界领先水平的企业信息化产品提供商。甲骨文ERP主要针对以采销供应链为重心的企业，其战略思路是以战略咨询、流程咨询为切入，先做企业流程重组或企业战略变革，最后才落地固化到ERP IT系统中。

联合国贸易和发展会议统计，2017年发达国家产业端电子商务销售额均高于消费端，尤其是美国、日本、德国、韩国、意大利等，产业端电子商务销售规模约是消费端的十余倍。2018年美国前五大数字平台分别为微软、苹果、亚马逊、Alphabet（谷歌的母公司）和脸书，消费端和产业端几乎各占半壁江山。而欧洲则是思爱普一家独大，显示出欧洲凭借雄厚的工业基础在产业端电子商务独特的发展优势（见图4.4）。

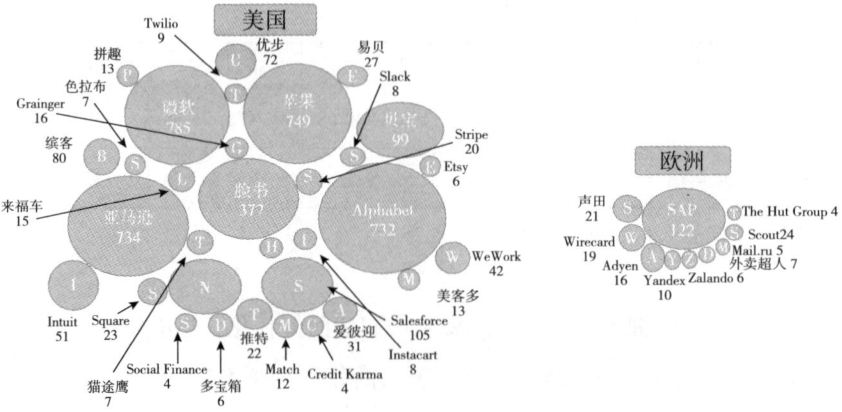

图 4.4　2018 年欧美主要数字平台分布情况

注：图中数值表示各平台总市值（单位：10 亿美元）。

资料来源：霍尔格·施密特（https://www.netzoekonom.de/vortraege/#tab-id-1）。

总体来说，欧美国家工业电子商务的发展，倾向于从一个点突破，注重业务模式的颠覆式创新而非所谓数字化平移，强调对人工智能或机器学习、大数据分析等智能化分析技术的应用，这种发展模式塑造了欧美国家供应链基础设施完善、运转效率高等特点。例如，RiskMethods（德国的一家企业服务公司）把各方面信息集成整合在一块，提供针对供应链风险的管理服务。利用网络集成一大批数字，利用大数据进行实时监测，用人工智能消除大量噪音，最后再推到云端提供服务。在当前全球经济下行形势下，企业的需求很大。Mulesoft（基于云的应用集成服务商）将API（操作系统留给应用程序的一个调用接口）做成平台产品，使各应用系统互相集成对接。Celonis 是 2011 年由慕尼黑理工大学的三位硕士毕业生创立的大数据公司，德国 DAX（蓝筹股指数）上市公司中有 30% 成为其用户，它是德国快速成长的明量企业。它以流程挖掘为突破点，让最底层的系统日志文件以可视化的形式有效呈现，提升决策洞察力。表 4.2 列出了一些行业相关企业的基本情况。

表 4.2　各国企业案例

企业名称	网址	成立时间	背景概述	目标客户	商业模式	解决方案	应用定位
Ariba	www.ariba.com	1996年	成立于互联网兴起之时，基于在线协作降低采购成本。2012年被思爱普以42亿美元收购	适用于所有行业的“间接物料”采购，目前已有120万家会员公司	“即租即用”的会员模式，同时还提供额外的工具供选择使用	适用于供应商和客户之间的间接物料采购，并逐步延伸至直接物料采购市场的网络平台。Ariba商业网络致力于提高“从采购寻源到款项支付、订单到收款”全流程的工作效率	被思爱普视为战略资产，是庞大的思爱普生态系统的一部分，方案较齐全配套。相比于其他公司，Ariba网络平台是最大的、开放的企业社区
GT Nexus	www.gtnexsus.com	1998年	1999年初建于加利福尼亚州，2013年与TradeCard（电子商务平台）合并，2015年被全球第三大ERP厂商INFOR以6.75亿美元收购	所有企业均可加入（但专注于大型跨国企业）。GT Nexus目前的重点是商贸领域，即物流与贸易的结合	年度租用（订阅）服务	GT Nexus是一种综合的解决方案，可基于特定的物流能力将供应链金融与实体订单和外延的供应链库存管理集成在一起。公司已经证明该业务模型的有效性，在运输安排管理上具有深度社区化的优势	从金融服务角度切入供应链管理，具有结合金融流程进入实体供应链的能力。公司在第三方物流方面拥有雄厚的基础，业务可覆盖全球各地

续表

企业名称	网址	成立时间	背景概述	目标客户	商业模式	解决方案	应用定位
iTradeNetwork	www.itrade-network.com	1999年	隶属于美国儒博工业公司的子公司。iTradeNetwork 最初创建的目的是提高易变质商品的贸易效率，但随着时间的推移，产品已变得更为全面，包括 GS1（全球标准 1）数据池和目录服务等	食品行业（包括肉类、水果、蔬菜和花卉等易变质产品），包括杂货零售商、分销商、连锁餐厅和生鲜产品的承运商。目前已有在南美洲、拉丁美洲、澳洲、北美洲和欧洲的 24 个国家的超过 8 000 家公司，利用其开展易变质商品的采购与寻源业务	收费方式因解决方案所在地区不同而异。基于用户数、单位流量的业务额、商品种类数以及所管理商品的业务量金额来计费	订单管理和采购管理平台，同时具有不断增长的数据分析功能	iTradeNetwork 降低了生鲜产品和蔬菜在计划、采购寻源、运输和商务方面的复杂性和成本。该解决方案包括 50 个服务，诸如数据管理、预测、物流 / 发运、采购寻源与商务。iTrade-Network 是一个认证的使用 GS1 的全球数据同步网络数据池（GDSN）

续表

企业名称	网址	成立时间	背景概述	目标客户	商业模式	解决方案	应用定位
Covisint	www.covisint.com	2000年	由几个全球性汽车制造商所建立的行业性交易平台，后演变成多层级的云平台，服务于多个行业，包括消息应用和身份识别服务。该公司在2013年上市	主要是汽车、医疗、能源、石油和天然气相关企业	有多种定价方式可供选择，包括基于发送的消息数量定价，“消息中心”与“连接终端”双边计费，是一种基于社区用户数的“即租即用”（订阅）定价模式	Covisint是一款包括消息应用、门户和身份管理的云服务平台，它是基于云计算的面向服务架构（SOA）的平台，任意企业之间可实现互通	提供基于云模式的解决方案给行业提供商，主要满足“个性化”的用户数据需求，该项工作是从汽车行业的“智能”售后服务模型演化而来的。Covisint还做医疗保健价值链方面的业务开发，旨在帮助企业获取医疗保健方面的记录

续表

企业名称	网址	成立时间	背景概述	目标客户	商业模式	解决方案	应用定位
E2open	www.e2open.cm	2000年	服务于高新技术行业的私有交易平台，由IBM、希捷和日立联合创建，是供应链商业网络发展的先驱者	主要聚焦于高科技与电信行业，但目前正进军航天和国防、化工、消费品及工业制造领域。截至2013年12月，社区已拥有122 739个独立的企业注册用户以及37 931个贸易伙伴	“即租即用”（订阅）模式	E2云平台网络环境能将合作伙伴各种不同应用系统与业务流程集成连接在一起。基于一个标准化的应用架构，E2云平台的“流程管理”功能横跨供应链的多个层级，诸如分销、供应、外包制造、需求管理等。E2云平台的“计划与响应”功能致力于优化与改进。E2分析则是一套新的应用，可实现网络化的交叉绩效管理与报告	E2open是最成熟的供应商之一，有雄厚的离散制造业客户基础，特别是在高科技和电子行业，其业务流程已很好地经过锤炼，能为多层级的物料采购寻源和计划承诺提供支持。平台可为价格屏蔽、多层级的直接材料采购以及制造可视化提供独特的管理功能。平台的分销功能则更侧重于库存管理和流程可视化，而不是行程、调配与商务事宜

续表

企业名称	网址	成立时间	背景概述	目标客户	商业模式	解决方案	应用定位
Elemica	www.elemica.com	2000年	由包括巴斯夫、BP（英国石油公司）、陶氏化学、杜邦和壳牌等22家公司参与创建	专注于流程制造行业，诸如化学、轮胎、橡胶、能源	1~3年的合同订购	供应链运营网络（SCON）由三个平台应用组成：QuickLink、SmartLink、B2B合作伙伴开发。QuickLink是一个基础网络平台，在此供应链运营网之上，SmartLink允许应用程序使用共享数据，目前正在基于QuickLink开发预测分析	专注于流程制造行业，在化工、橡胶、塑料制造方面的解决方案开发有优势。2013年，该产品程序代码被重新写过，其集成层被重新设计以提高“互联互通”与“即租即用”功能，在流程制造方面可从其客户处获取重要的应用经验与意见反馈
Exostar	www.exostar.com	2000年	由五家航空航天和国防公司联合创立	主要是航空航天及国防工业方面的公司，但正进入生命科学和制药行业		供应链平台聚焦于基本的订单管理和设计文档共享方面	专注于供应链流程的设计文档自动化管理的方案，已建成五个初级和完备的数据中心，是一个宇航及国防工业的零部件管理方面的标准应用程序

续表

企业名称	网址	成立时间	背景概述	目标客户	商业模式	解决方案	应用定位
GHX	www.ghx.com	2000年	由强生、GE医疗、巴克斯特国际公司、雅培和美敦力公司联合创建	医疗保健。GHX网络平台已连接400 000家独立贸易伙伴，在北美和西欧国家已形成一个连接6 500家医疗服务组织和700家供应商的服务网络。在美国，GHX已将70%以上的急救中心与供应商连接在一起	一次性的集成开发费用和年度租用费用，同时针对供应商和客户双边计费	一个规范化的模型能使各种文档类型实现“多对多”的集成。聚焦于医疗领域“采购到支付”流程活动的自动化。GHX也在帮助建立公司内部的记录系统，该系统能使授权方发布和访问基于各种用途的共享和安全的关键数据视图，包括合同同步和管理植入设备的供应链。GHX提供的服务旨在提高买家和卖家之间的数据同步，减少纸面单据的使用。GHX Health Connexion是一个认证的全球数据同步网络数据池	GHX服务于保健价值网络，虽历经市场发展的跌宕起伏，但一直坚持其最初的使命。来自医院、集团采购组织和医疗保健供应商所组成的咨询委员会的活跃需求一直驱动着其产品的不断改进。该公司还提供一个价值评估工具，来证明供应链自动化和数据同步是如何降低医疗保健成本的，该工具对软件使用如何在内部推广很有帮助。基于其强大的客户应用案例参考，GHX的目标是通过其网络平台，为北美和欧洲的绝大多数卫生保健供应商提供自动化的电子数据交换

续表

企业名称	网址	成立时间	背景概述	目标客户	商业模式	解决方案	应用定位
NeoGrid	www.neogrid.com	2003年	1999年创立于巴西，在2008年被Agentrics（软件开发公司）收购后，开始在世界各地扩展网络。平台则是在与WWRE（World Wide Retail Exchange，全球零售交易所）和GNX（Globle Network Exchange，全球网络交换）合并之后诞生的	NeoGrid平台是一个由200家零售商和300 000家制造商所组成的网络社区，共享和协同相互间的发运事务和未来需求。在美国，该公司在化妆品、高科技和电子产品的批发业更具优势。在南美洲则广泛应用于时尚和服饰等行业	计费模型基于连接数量，而不是交易量	基于云模式的供应链解决方案平台	NeoGrid是一个针对零售商与其制造供应商业务协同的解决方案。解决方案聚焦于数据同步的自动化、VMI（供应商管理库存）、计划和采购寻源的业务协同。其母公司在南美洲有强大的影响力，目前正因为Agentrics的并购而被重新定义
Activ Technologies，Inc	www.activ-tech.com	2007年	主要是为大型的航天客户提供供应链集成服务	航空航天和汽车行业的OEM（原始设备供应商）制造商以及它们的供应商	为OEM及其供应商提供基于“云模式”的租用服务	该公司产品“Harmony”是一款基于“云模式”的“多对多”平台系统，旨在将制造商与供应商	主要是为品牌商及其供应商提供服务，基于平台之上多级参与者的流程集成场景驱动网络制造，实现多

续表

企业名称	网址	成立时间	背景概述	目标客户	商业模式	解决方案	应用定位
						集成在一起，使参与各方在生产运营、制造计划和履行能力的细粒度层面上，提高需求管理和供应商的可视化	级库存的可视化、提高工厂能力，从而降低风险、均衡负载
Elementum	www.elementum.com	2012年	伟创力国际有限公司孵化出来的一家独立公司	目前正从伟创力的客户群向外部扩张	纯SaaS模型，按节点计费	通过各种移动App（应用程序）跟踪供应链的特定部分，以提供供应链的相关图表查询功能	设计基于移动App与供应链可视化，目前正积极为20家高科技和电子行业的公司开发解决方案。未来计划聚焦于汽车、医疗和行业增值网络，目前已有4个移动App——预测、运输、商品展示和订单履行（尚在开发中），其解决方案中，供应链可视化是最为成熟的

资料来源：作者根据公开资料整理。

（二）中国：平台支撑下的数字化变革

欧美规模化工业的发展与电子商务相互作用，促使欧美国家在各垂直细分产业形成了成熟的工业生产和供应链流通体系，产业链两端可以建立直接的规模化供销关系。而中国则因拥有量大、点多、行业和地域分布面广的中小企业，造就了平台特色鲜明的中国工业电子商务生态，为推动产业链资源的集聚整合和行业转型升级发挥了重要作用。

中小企业由于自身规模小，人、财、物等资源相对有限，既无力经营多种产品以分散风险，也无法在某一产品的大规模生产上与大企业竞争，而电子商务平台通过整合、淘汰、赋能等方式为其提供了降本增效的通道。从公开数据来看，中国中小企业数量超过 4 300 万家，随着互联网基础设施的不断完善，中小企业发展进入了新的活跃期。国家工业信息安全发展研究中心监测的工业电子商务企业中，平台企业 476 家，占比为 93%（见图 4.5）。

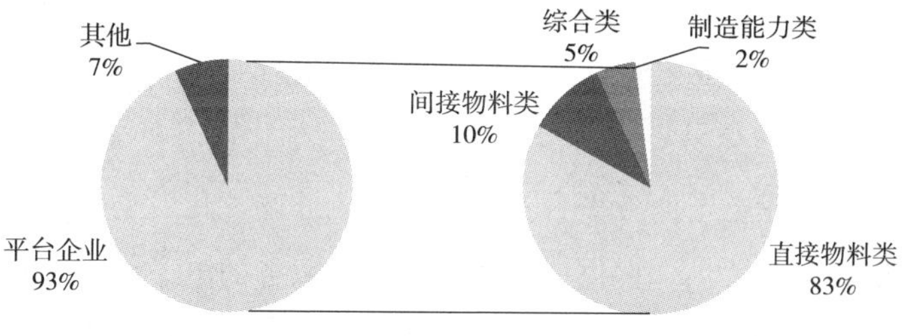

图 4.5　中国工业电子商务平台分布

资料来源：国家工业信息安全发展研究中心。

1. 形成了一批模式多样、功能多元的垂直细分行业工业电商平台

早期的工业电子商务平台主要为中小企业提供商情信息服务，旨在满足企业对于低成本商机获取的需求，帮助中小企业扩大销售额、提升利润。随着互联网技术的高速发展、PC（个人计算机）的普及以及信息化进程的

不断推进，企业对于电子商务的需求也在急剧增加，越来越多的参与者进入市场，包括慧聪集团、环球资源网、国联资源网、敦煌网、马可波罗网等，为工业电子商务市场提供了巨大的流量基础。2012 年找钢网的出现，系统化地使工业电子商务从 1.0 信息时代拓展到 2.0 撮合交易时代，并引爆了众多“找”字辈工业电子商务在垂直细分领域的兴起。随着供给侧结构性改革的深化和数字经济的发展，我国工业电子商务平台经历了长期孕育期后逐步发力，一批模式多样、功能多元的垂直细分行业工业电子商务平台相继涌现，图 4.6 显示了我国工业电子商务平台的几大分类。

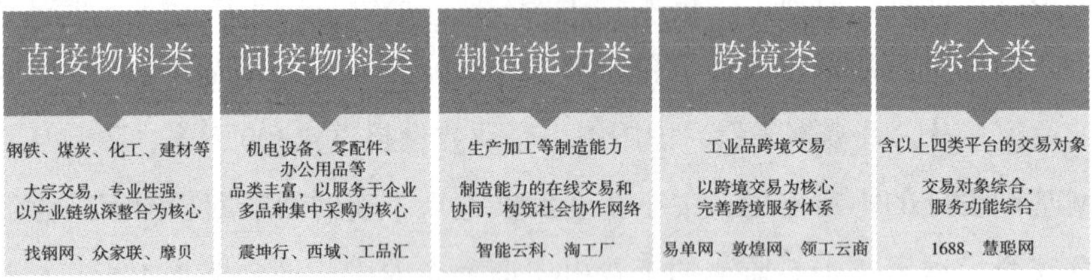

图 4.6　工业电子商务平台分类

资料来源：国家工业信息安全发展研究中心。

直接物料类工业电子商务平台是围绕特定行业工业企业及其合作伙伴对直接物料的交易需求，提供多元化、精细化服务的电子商务平台。间接物料类工业电子商务平台是围绕工业企业碎片化、动态化和多样化的间接物料采购需求，提供标准化、超市化服务的电子商务平台。制造能力类工业电子商务平台是围绕制造资源和制造能力的均衡配置，提供制造能力类在线化、网络化、协同化服务的电子商务平台。跨境类工业电子商务平台是满足分属不同关境的工业企业及其用户和合作伙伴的跨境贸易需求，提供便利化、集成化服务的电子商务平台，主要围绕海内外供应商、代理商、贸易商、批发商、采购商等提供信息撮合服务、在线交易服务、营销推广服务及清关、商检、收付汇等外贸综合服务。综合类工业电子商务平台是围绕不同行业工业企业及其用户和合作伙伴对不同物料和制造能力的交易需求，提供一体化、协作化服务的电子商务平台。该类平台主要以技术赋能、资源赋能等，为大企业实现阳光、透明采购提供 SaaS 化软件及信息集成服务，为中小企业拓展营销渠道提供品牌建设与在线商场搭建服务。

如果将工业电子商务平台的类型根据产品化要求和交易接入程度分为五个层次，则综合类工业电子商务平台产品化要求最高，但对交易介入的程度最低，而垂直类工业电子商务平台，如直接物料类、间接物料类，则对交易介入程度最高。

2. 涌现出一批百亿级、千亿级电子商务平台

在大宗原材料、装备、电子信息、消费品等重点工业行业诞生了一批百亿级、千亿级的电子商务平台，例如易派客、国网电商、航天云网、天物大宗、欧冶云商、国烨网等企业，在推动传统产业营销、生产和管理模式变革等方面取得了成效。国家工业信息安全发展研究中心监测数据显示，百亿级及以上工业电商平台约占工业电子商务平台总数的 4%，亿级以上工业电商平台约占工业电子商务平台总数的 27%，产业头部效应明显，如图 4.7 所示。

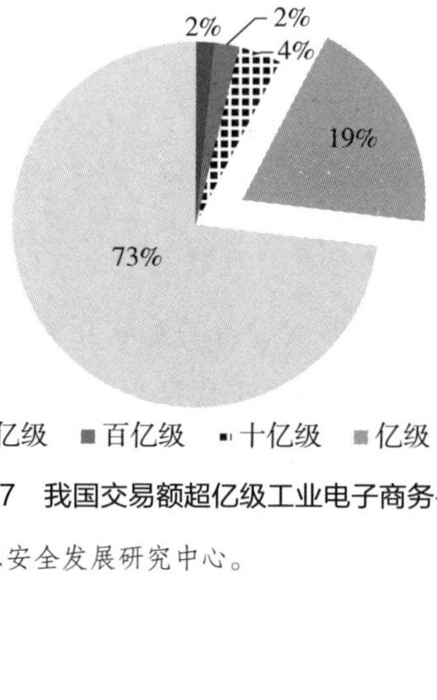

图 4.7 我国交易额超亿级工业电子商务平台分布

资料来源：国家工业信息安全发展研究中心。

3. 消费电子商务平台加快向工业电子商务领域拓展

消费领域电子商务平台通过聚合中小企业提升整体竞争力的模式为各工业细分领域中大量的中小企业发展提供了广阔空间。阿里巴巴、京东、苏宁云商等传统消费领域电商领军企业面向工业场景，积极推出了联合采购、智慧供应链、大数据分析、淘工厂等创新服务，在实现互联网与制造业的融合创新及企业间的跨界合作上做出了有益探索。

三、工业电商赋能实体经济塑造数字经济

（一）工业互联网落地深耕的“先锋队”

工业互联网是连接工业全系统、全产业链、全价值链，支撑工业智能化发展的关键基础设施，是新一代信息技术与制造业深度融合所形成的新兴业态和应用模式，是互联网从消费领域向生产领域、从虚拟经济向实体经济拓展的核心载体。当前，工业互联网正成为世界各国关注的热点、发展的重点、竞争的焦点。从各国战略支持重点、企业创新转型方向来看，工业互联网正在超越以网络、平台和安全三大体系为代表的数字空间维度，向传统生产单元、系统、设备、车间、工厂等物理实体维度加速扩展，工业互联网产业体系与工业体系深度叠加，展现出难以估量的潜力空间。

如果说工业互联网的核心在“互联”，那么工业电子商务的核心在“商务”。工业互联网通过机器或设备的互联互通沉淀了大量的数据流，而工业电子商务则以供应链为核心形成信息流、商流、物流、资金流等闭环，是务实有效推进工业互联网平台发展的有效抓手。

从工业互联到数据增值。工业电子商务能够有效带动供应链上各类主体开展生产设备及智能产品的泛在接入、供应链运营管理流程的云化

迁移和经营管理系统与工业电子商务平台无缝对接，为制造业数字化转型搭建重要载体。例如，南京钢铁通过电子商务平台采集用户个性化定制信息，并根据相关信息驱动设计、生产、仓储物流等环节的内部协同，推动了对用户需求的精准响应。

从工业互联到供应链增值。工业电子商务围绕企业供应链管理的丰富场景需求，促进面向供应链上游的数字化集中采购、面向下游供应链的全渠道营销，以及设备 / 产品预测性维护等定制化解决方案的培育与实施。例如，中国华能集团通过“华能大宗”智慧能源供应链集成服务平台建设，利用云计算、物联网、大数据等新一代 ICT，搭建了“能购”“能售”“能运”“能融”“能云”等创新型智慧供应链集成服务体系，实现了商流、物流、资金流及信息流的“四流合一”，提升了产业集成和协作水平。

从工业互联到跨界生态。工业电子商务以供应链、产业链和价值链为核心，充分聚合工业企业、上下游企业、终端用户、平台企业、科技企业和金融机构等各类主体，探索出多种共建共享的商业模式与合作机制，为打造资源富集、融合贯通、协同演进的工业互联网平台生态体系奠定了重要基础。例如，传化智联股份有限公司通过传化网在线物流服务平台，一方面，推动了平台与工业企业内部信息系统对接，促进物流需求在线集聚；另一方面，以公路港城市物流中心等线下资源为依托，带动了仓储、长途运力和同城运输等物流服务资源的在线集聚。

（二）实体经济与数字经济融合的“焊接点”

当前，互联网由消费领域、虚拟经济加速向生产领域、实体经济深度拓展，数据驱动、软件定义、平台支撑、个性化定制、体验式消费、分享制造等新模式新业态层出不穷，工业电子商务作为新一代信息技术与工业生产、商业流通深度融合的产物，应运而生，正成为驱动新一轮科技革命与产业变革的重要力量。

工业电子商务沿着数字化、网络化、智能化的方向协同式、螺旋式迭代创新和优化升级，正在全方位、全环节、全层次塑造工业数字经济，助推企业数字化转型与变革。主要表现在服务于用户供应链管理活动和过程的数字化，推动其供需资源的互联互通。具体来说，在网络化阶段，工业电子商务平台的主要任务是服务于用户供应链管理活动和过程的集成、互联及社会化协同，推动供需资源的开放合作与协同共享。在智能化阶段，工业电子商务平台基于大数据、人工智能等新一代信息技术，系统化变革或创新产品和服务，推动用户供应链管理活动和过程进行智能化创新。尤其随着工业互联网的逐步兴起和发展，工业电子商务的基础设施体系更为完备，部分传统工业电子商务平台更通过借鉴工业互联网平台的基础架构和生态体系，不断加快平台在设备 / 产品泛在接入、云化软件、开放数据接口和开源社区等方面的建设与拓展，从而加快打造以全供应链数据采集—流动—集成—分析—应用为核心的共建共享生态体系，助力行业提升整体运行效率和综合运营水平。

此外，随着工业电子商务市场规模进一步扩大，其服务内容也不断延伸，从信息展示到聚合服务，为产业链上下游企业提供包括金融、物流、系统集成、数字化采购与营销等多项综合服务，成为赋能实体经济、发展数字经济的重要“焊接点”。

中篇

重构与增值

培育数字化转型新空间

（上）平台支撑：供应链主导的数字化变革

21 世纪以来，互联网信息技术快速发展，不仅加快了信息传播，增强了市场的透明度，而且使企业能够基于数据更精准地进行决策与业务拓展。互联网将全球的生产者和消费者有效联系在一起，缩短了交易双方的空间距离，挖掘出了更大的市场潜力。互联网经济改变了计划经济和市场经济下的供需模式，促使需求决定供给成为主流，并将传统经济链条式的上中下游组织重构成围绕平台的环形链条，成就了独特的平台经济模式。该模式不仅模糊了分工边界，加速了制造业与服务业的融合，优化了产业结构，而且促使价值创造由价值链向价值网络转变，推动了价值链升级。

随着互联网与产业融合加深，各行各业积极涌现出了大批工业电子商务平台，平台功能多元化、服务精细化水平不断提升，为推动产业链资源的集聚整合和行业转型升级发挥了重要作用。传统供应链管理公司与互联网巨头也纷纷入场，向工业电子商务领域拓展，催生了以阿里巴巴、京东、慧聪网为代表的以技术、资源、数据等赋能工业企业转型升级的综合类工业电子商务平台。随着平台所涉及的产业领域越来越丰富，其对产业和产业组织变革的影响力越来越大，共享、开放、资源聚集等特点不断凸显，出现了众包、共享等诸多制造能力工业电子商务平台，并在各个垂直细分领域培育出大批直接物料类、间接物料类等工业电子商务平台。

本篇以工业电子商务平台为切入点，依据平台模式、应用场景、重点行业，对直接物料类、间接物料类、制造能力类等垂直细分类工业电商平台与综合类电商平台进行详细的解读，并从供应链和产业链角度，剖析了钢铁、工程机械、纺织服装、电力和化工等重点行业电子商务应用成效，为读者全面理解不同赛道工业电子商务平台的特点、需求、服务提供参考。

第五章

各类工业电子商务平台“在行动”

一、大宗电商平台：降本增效带来产业边际效应

（一）行业资源性、垄断性强，平台数量多

1. 行业特点：周期性强，价格波动大，运营成本高

大宗原材料行业周期性较强，通过对沪深股市筛选出来的前 100 名与前 300 名的样本来看（见表 5.1），呈现极为明显的分化，也就是说其强周期性使全行业收益率较低，全行业对降本增效的渴求较为强烈。

各大行业差异的背后，是对行业盈利增长空间与持续性的关注。从以往 15 年的数据来看，成长型行业表现特征为“高波动 + 高增长”，消费型行业表现为“低波动 + 高增长”，而大宗原材料周期行业则呈现“高波动 + 低增长”的特点（见图 5.1）。低增长意味着行业盈利预期持续偏低，而高波动性又对行业稳定发展提出了较高的发展环境要求，以电子商务为代表的新一代 ICT 的全产业链应用则可以解决传统大宗原材料行业固定成本高的难点、痛点，稳定行业发展趋势。

表 5.1　国内全市场上市以来复合年均收益率前 100 和前 300 分布行业一览

复合年均收益率标的个数				复合年均收益率个数占其行业标的数比例				复合年均收益率行业均值				复合年均超额收益率均值（个股—行业）			
行业	收益率前 100 个数	行业	收益率前 300 个数	行业	收益率前 100 个数占比	行业	收益率前 300 个数占比	行业	前 100 收益率均值	行业	前 300 收益率均值	行业	前 100 超额行业收益率	行业	前 300 超额行业收益率
计算机	20	医药生物	47	计算机	16%	国防军工	27%	电气设备	27%	家用电器	21%	电气设备	26%	电气设备	18%
医药生物	17	计算机	32	家用电器	15%	计算机	26%	商业贸易	26%	计算机	20%	建筑材料	22%	机械设备	15%
电子	12	电子	30	医药生物	9%	医药生物	25%	建筑材料	25%	休闲服务	19%	商业贸易	22%	家用电器	15%
家用电器	7	化工	19	电子	9%	家用电器	23%	医药生物	25%	电气设备	18%	建筑装饰	21%	休闲服务	15%
传媒	5	汽车	14	食品饮料	7%	电子	22%	食品饮料	25%	医药生物	18%	机械设备	20%	钢铁	15%
化工	5	食品饮料	13	非银金融	6%	食品饮料	22%	非银金融	25%	钢铁	18%	休闲服务	20%	轻工制造	15%
房地产	4	传媒	12	通信	5%	银行	19%	家用电器	24%	电子	18%	食品饮料	19%	有色金属	14%
机械设备	4	机械设备	12	传媒	5%	非银金融	16%	休闲服务	24%	非银金融	18%	传媒	19%	建筑材料	14%
食品饮料	4	电气设备	11	建筑材料	4%	通信	15%	通信	24%	食品饮料	17%	非银金融	19%	传媒	13%
电气设备	3	房地产	11	休闲服务	3%	汽车	14%	建筑装饰	24%	建筑材料	17%	通信	19%	房地产	13%
非银金融	3	家用电器	11	钢铁	3%	传媒	11%	电子	23%	轻工制造	17%	家用电器	19%	纺织服装	13%
通信	3	公用事业	10	房地产	3%	建筑材料	11%	房地产	23%	房地产	17%	化工	19%	农林牧渔	12%
建筑材料	2	国防军工	10	国防军工	3%	建筑装饰	10%	传媒	23%	商业贸易	17%	房地产	19%	计算机	12%
汽车	2	通信	10	化工	2%	化工	9%	计算机	23%	传媒	17%	有色金属	18%	商业贸易	12%

续表

复合年均收益率标的个数				复合年均收益率个数占其行业标的数比例				复合年均收益率行业均值				复合年均超额收益率均值（个股—行业）			
行业	收益率前100个数	行业	收益率前300个数	行业	收益率前100个数占比	行业	收益率前300个数占比	行业	前100收益率均值	行业	前300收益率均值	行业	前100超额行业收益率	行业	前300超额行业收益率
商业贸易	2	非银金融	8	电气设备	2%	房地产	9%	化工	22%	机械设备	17%	轻工制造	18%	非银金融	12%
有色金属	2	建筑装饰	7	商业贸易	2%	电气设备	9%	国防军工	22%	有色金属	17%	医药生物	18%	电子	12%
钢铁	1	商业贸易	7	有色金属	2%	公用事业	8%	机械设备	22%	通信	17%	电子	18%	食品饮料	12%
国防军工	1	有色金属	7	机械设备	2%	商业贸易	8%	有色金属	21%	化工	15%	汽车	16%	通信	12%
建筑装饰	1	建筑材料	6	汽车	2%	有色金属	8%	轻工制造	21%	汽车	15%	计算机	16%	化工	12%
轻工制造	1	交通运输	5	轻工制造	9%	休闲服务	7%	汽车	20%	综合	15%	钢铁	15%	建筑装饰	11%
休闲服务	1	农林牧渔	5	建筑装饰	1%	农林牧渔	7%	钢铁	18%	农林牧渔	15%	国防军	15%	公用事业	11%
采掘	0	纺织服装	3	采掘	0%	机械设备	6%	公用事业	—	公用事业	15%	采掘	—	医药生物	11%
纺织服装	0	银行	3	纺织服装	0%	交通运输	6%	交通运输	—	建筑装饰	14%	纺织服装	—	综合	11%
公用事业	0	轻工制造	2	公用事业	0%	纺织服装	5%	农林牧渔	—	国防军工	14%	公用事业	—	采掘	11%
交通运输	0	休闲服务	2	交通运输	0%	钢铁	3%	银行	—	交通运输	14%	交通运输	—	汽车	11%
农林牧渔	0	采掘	1	农林牧渔	0%	轻工制造	3%	综合	—	银行	14%	农林牧渔	—	交通运输	10%
银行	0	钢铁	1	银行	0%	综合	2%	采掘	—	纺织服装	13%	银行	—	国防军工	7%
综合	0	综合	1	综合	0%	采掘	2%	纺织服装	—	采掘	12%	综合	—	银行	7%

资料来源：Wind，长江证券研究部。

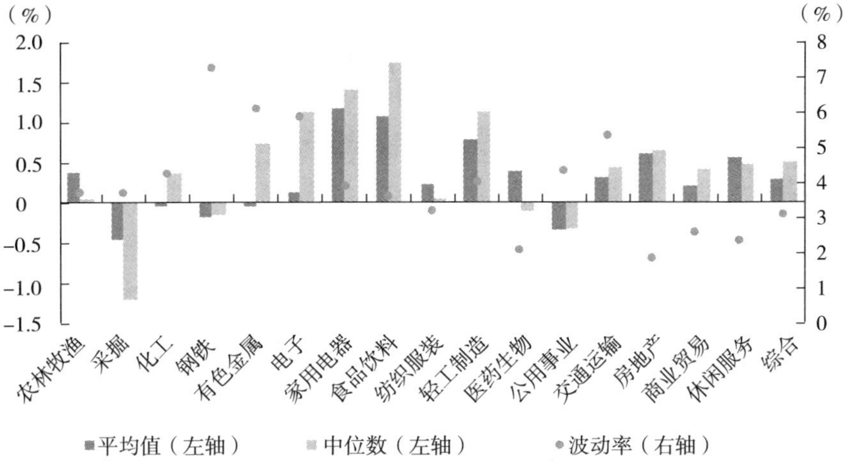

图 5.1　全市场各行业近 15 年净资产收益率增速的中位数、平均值与波动率

资料来源：Wind，长江证券研究所。

2. 平台分布：数量多，区域分布不均衡

据国家工业信息安全发展研究中心不完全统计，截至 2019 年年中，直接物料类工业电子商务平台有 393 家，占工业电商平台企业总数的比重高达 82.56%。按区域分布看，主要集中在广东、北京、上海等一线省市，包括：广东 86 家、北京 72 家、上海 66 家。另外，工业基础较为雄厚的浙江、江苏、山东和福建也有多家企业，中西部地区企业数量较为稀少，总体呈现出分布不均的态势，具体分布情况详见图 5.2。

按行业分类来看，在全国 22 个省份的约 400 家直接物料类工业电商平台企业中，约有 30% 是钢铁、能源、化工等重工业平台企业，具体分布情况详见图 5.3。

按具体细分行业来看，直接物料类产业又主要由能源、化工、钢铁等构成。能源行业中，全国工业电商平台企业 55 家，主要分布在广东、北京、上海、山东、浙江等省市，具体分布情况见图 5.4。

化工行业中，全国工业电商平台企业 48 家，主要分布在广东、北京、上海、山东、浙江等省市，具体分布情况见图 5.5。

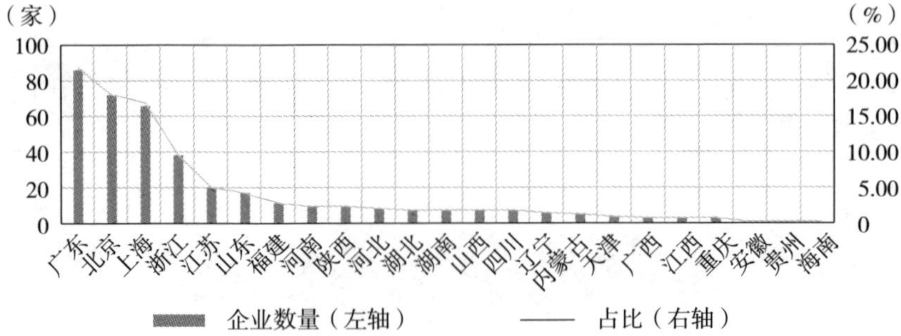

图 5.2　中国直接物料类工业电商平台区域分布

资料来源：国家工业信息安全发展研究中心。

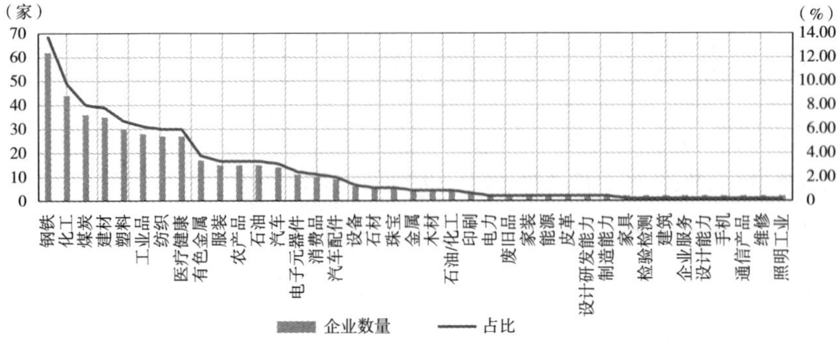

图 5.3　中国直接物料类工业电商平台行业细分

资料来源：国家工业信息安全发展研究中心。

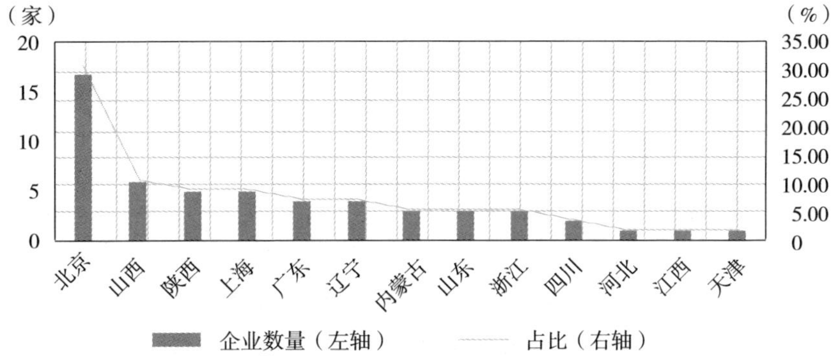

图 5.4 中国直接物料类能源行业电商平台区域分布

资料来源：国家工业信息安全发展研究中心。

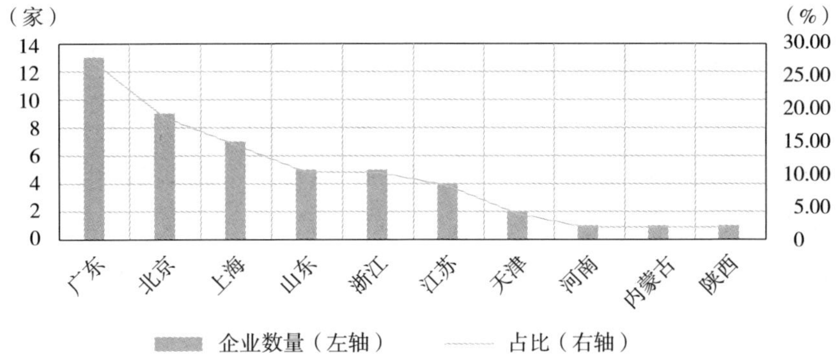

图 5.5 中国直接物料类化工行业电商平台区域分布

资料来源：国家工业信息安全发展研究中心。

钢铁行业中，全国工业电商平台企业 61 家，主要分布在上海、江苏、北京、广东等省市，具体分布情况见图 5.6。

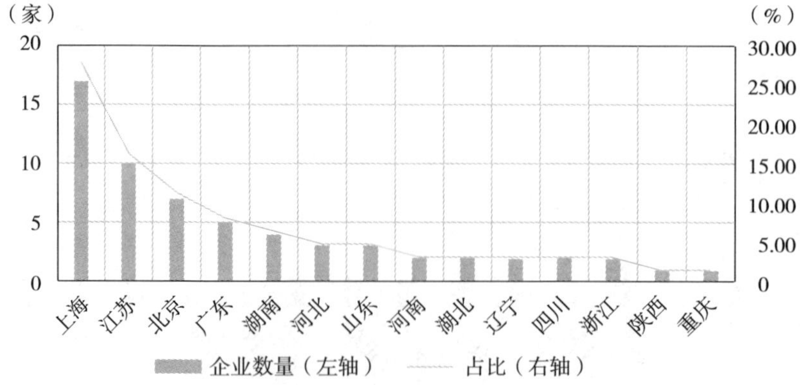

图 5.6　中国直接物料类钢铁行业电商平台区域分布

资料来源：国家工业信息安全发展研究中心。

（二）供应链平台优化新需求

1. 产能过剩，渠道优化需求强烈

随着全球供需关系发生重大变化以及我国经济发展进入新常态，大宗商品产能过剩矛盾日益凸显，市场供需关系由“卖方市场”逐步转变为“买方市场”，工业企业纷纷陷入利润微薄甚至亏损的尴尬境地。传统的多级分销体系逐步崩溃，短链经济时代到来。从 2015 年底开始，以去产能、去库存、去杠杆、降成本、补短板为重点的供给侧结构性改革正式拉开大幕。与此同时，国务院发布《关于积极推进“互联网 +”行动的指导意见》，鼓励能源、化工、钢铁等行业企业，积极拥抱互联网。在这种情况下，大宗原材料行业从上游到下游都在追求周转率，行业从“资源为王”转向“渠道为王”。原有的层层代理制流通销售模式，由于信息不透明、低效率和高成本，已经无法满足行业的发展需求，优化产业链、变革销售渠道成为支撑产业发展的必然要求。

2. 价格波动大，引发基于大数据的供需对接需求

工业电子商务平台最关键的作用就是促进供需对接，利用信息化手段，汇集市场卖家资源、价格等信息，免费为市场买家提供找货、比价、议价等服务，为买卖双方达成交易提供便利条件。而受传统工业销售地域限制，供需信息严重不对称，导致生产和消费脱节，发展工业电子商务平台有助于改变工业企业采购销售的盲目性，并且让企业更加直观地了解市场需求和消费动向，降低因产品价格波动大、交易量大且金额高带来的交易风险，并为企业有意识地控制产量和产能提供借鉴和指导意义。

3. 应收账款账期长，催生供应链金融服务

由于产业链竞争加剧及核心企业的强势，赊销在供应链结算中占有相当大的比重。赊销导致大量应收账款的存在，一方面，使企业不得不直面流动性不足的风险，资金链明显紧张；另一方面，作为企业潜在资金流的应收账款，其信息管理、风险管理和利用问题，对于企业的重要性也日益凸显。不同于消费电子商务的“搜索—下单—支付—配送—售后”闭环，大宗原材料的电子商务交易环节多且复杂，涉及“合作商家搜寻—询比价 / 招投标 / 竞价—谈判—合同签订—预付款—发货—收货确认—支付尾款—售后服务及赔付”等流程，不仅要实现上下游信息透明化，而且面临着上下游账期问题及更为复杂、个性化的仓储物流交割服务。例如，工业电子商务钢材贸易公司向建筑项目供应钢材，账期一般是 6 个月，严重制约了公司的再供应能力。随着全球工业经济形势的深刻改变，工业电子商务作为新一代信息技术与工业生产、商业流通深度融合的产物，供应链金融服务的发展势在必行。

4. 供应链运营成本高，急需发展“互联网 + 供应链”

供应链管理引入的另一个利器是“互联网 +”战略，工业电子商务推动移动互联网、云计算、大数据、物联网等与现代制造业结合。随着经济全球化与国际分工的进一步发展，企业之间的竞争越来越多地变成了

整个供应链之间的竞争，加强供应链的管理已经成为企业提升核心竞争力的重要因素。国内大宗原材料行业供应链运营成本居高不下。以物流成本为例，2013 年石化行业物流成本占石化销售额的 11%，位居制造业前五名，而同期国外石化行业物流成本普遍仅占销售额的 5%~6%，行业供应链成本下降的空间还很大，在大宗原材料行业产能普遍过剩、成本持续上升、盈利空间越来越窄的新常态下，建设适应行业发展的供应链平台，优化供应链管理，降低运营成本，成为行业的必然选择。

5. 系统“信息孤岛”，急需发展供应链内外部集成

随着人工智能、云计算、大数据等新一代信息技术催生的新模式新业态层出不穷，加强产业链的管理已经成为企业提升核心竞争力的重要因素。面临大宗原材料交易过程中信息不对称，原料订交付、产品需求、物流配送与生产进度不匹配，中间贸易链条长、线上交易率低等问题，优化供应链管理成为行业发展的必然选择。

电商平台发展的最关键作用就是打破供需交易过程的信息不对称，整合信息流、商流、资金流和物流，多流合一，实现产业链集成服务。因此，打造能够服务于产业链各个节点需求的供应链，将供应商、制造商、分销商、零售商及最终用户连成一个整体的功能网络，实现跨企业、跨区域产业链协作的行业电子商务平台，解决环节多、信息不透明、交易效率低的问题势在必行。

（三）数据增值服务新主张

1. 信息资讯服务：基于数据的增值服务

当前，大部分电子商务平台围绕业务能力提供相关行业信息资讯服务，其中产品信息、供需双方基本信息、搜索筛选、订单跟踪、宏观数据、决策分析等相关信息资讯服务已成为平台发展普遍趋势，但随着大数据、

人工智能等相关技术的发展，基于数据的增值服务已成为构筑各大电子商务平台的核心竞争优势。

案例 5.1

找钢网
——基于大数据的指数分析服务

价值主张：平台定位

作为产业互联网电商平台，找钢网汇聚了海量的钢材消费者订单，通过订单优势又不断连接上游钢厂以及下游仓储加工物流等供应商。因此，基于7年的线上交易，找钢网不仅积累了非常庞大的订单数据，能够实时、准确地反映钢市运行的实时状态，而且因其与上下游紧密的合作关系，可以更方便地采集更准确的社会库存、终端需求数据等。

为了使这些数据为国家宏观层面、钢铁相关行业及企业创造发挥更大的价值，更好地服务于行业和用户，找钢网用大数据、云计算等方法，先后推出了系列数据产品和服务，包括找钢指数App、钢材库存报告、终端调研需求报告以及钢铁行业首款AI商业助手——@胖猫等，不断丰富黑色系的数据来源和信息获取方式。

价值传递：经验做法

找钢指数App。一款为钢铁及相关行业用户，例如贸易商、现货投资者、期货投资者、行业相关从业者开发的手机App，旨在提供精准、高效、专业、有价值的钢铁资讯、钢铁数据服务。其中包括分品种实时价格、实时成交、价格地图、社会库存数据、钢材库存报告、资讯、快讯、圈子、解惑等内容。目前找钢指数累计装机量超过28万次，累计注册用户10万人次，周活跃用户数为2.5万。

价格地图。价格地图的数据来源于找钢商城平台主流钢厂的主流成交价格，利用数据可视化技术，在找钢指数 App 上展示，能够实时反映全国各大主要城市分品种实时价格，准确了解全国市场涨跌。由于数据来源于找钢商城平台，由真实的成交价格产生，避免人为操控，可信度高。实时成交数据同样来源于找钢商城平台实际成交量，通过实时更新成交数据，直观展示当日累计成交总量以及近 20 日、40 日、100 日、200 日成交趋势。

找钢指数首页情绪指数。用于反映用户对于市场行情的心理预期。找钢指数在用户当日首次登录时会提醒其选择对钢市后市的看法，以真实反映市场情绪。每天超过 1 万人次的点击量，能够保证样本广泛且快速反馈市场情绪，历史情绪可反映近 3 个月的情绪变化。找钢数据团队通过对历史行情的复盘，发现情绪指数在接近 50% 时，市场大多面临调整，情绪指数在跌破 30% 时，市场酝酿反弹。

AI 商业助手 @ 胖猫。作为置入找钢指数的钢铁行业首款 AI 商业助手，@ 胖猫是一款基于找钢网产业大数据平台，利用语音识别、语音合成、机器学习等技术打造的智能问答系统。@ 胖猫能以科技感十足且轻松的方式为用户提供低门槛数据服务，解决用户寻找信息及数据的麻烦。所问即所得的产品交互模式，也极大地提升了产业数据的获取效率。同时，这款产品也填补了钢铁产业“AI+ 数据服务”的空白，能够以用户需求为原始出发点，通过机器学习来不断完善知识库，形成良性迭代闭环，提供全面的产业知识、数据服务。目前，@ 胖猫产业问答覆盖率为 99.4%，每周累计提问数为 4 万次左右。

钢材库存报告。找钢网数据团队充分发挥找钢网互联网运营模式的优势，积极利用分散全国营销网点的信息资源，做出行业最接地气、最为精准的钢材库存报告。这一库存统计主要依托找钢网现货业务展开，通过找钢网各地分支机构负责人实地调研的方式，力求数据真实有效。热卷方面，找钢网统计了全国 19 个主流钢材流通城市的 74 个仓库；建材方面，统计了20个城市的90个仓库以及67家建材钢厂的厂内库存；中板方面，统计了12个主流中板集散地的51个仓库；冷镀方面，统计了12个城市的45家冷轧仓库。找钢网不求大而泛的数据堆积，只选择其钢贸业务覆盖的核心城市及仓库，力求从精准且具有代表性的库存数据中一窥市场库存变化的趋势。目前，每周三晚间发布的库存报告已在钢铁从业人群中获得了广泛的关注和认可。

价值实现：应用价值与推广性

找钢网的价格及成交数据产品均基于线上交易的实时数据生成，而非市场采集的数据，这与钢铁行业其他数据产品有本质的区别。找钢网的调研统计类报告依托找钢网现货业务展开，调研统计过程严谨务实，接地气。找钢网的监测类报告基于大数据技术生成，从源头上做到真实、准确、及时。

找钢大数据具有三个特点。一是快，找钢指数数据来源于找钢网ERP系统，基于找钢网强大的技术体系，交易数据已实现实时同步到找钢指数。二是准，找钢网的数据是基于真实成交的数据，能够真实准确地反映市场价格、需求等行情情况，并且数据由“找钢商城”交易系统自动调出和生成，无任何人工干扰因素。三是全，找钢指数披露了上百家钢厂、数万种规格的价格信息。

找钢网的数据产品既帮助钢铁生产企业灵活地制定生产、销售及价格政策，实现“以销定产”，又消除了市场信息的不对称，促使钢贸行业进一步走向公平、透明、效率提升，重塑钢贸行业的秩序及价值。

2. 在线交易服务：“全价值链 + 金融服务”的闭环交易

（1）供需对接服务

平台在供应链中的主要价值是以ICT企业、互联网企业和服务商等运营主体的原有供应商资源和商品资源为切入点，解决行业信息不对称，搭建开放、透明的第三方平台，实现跨主体信息的实施协同，提升供应链协同过程中的资源对接效率。

案例5.2 浙江捷贸通电子商务有限公司（找煤网）——煤炭全产业供应链服务模式

价值主张：平台定位

找煤网是一家以“信息化+数据”为核心的煤炭全产业供应链服务平台。提供涵盖整个煤炭贸易价值链的综合型全产业链服务，包括煤炭贸易、物流、供应链金融以及技术服务等。找煤网的定位——煤炭电商的“京东”。作为一家供应链服务公司，致力于成为煤炭行业的高效连接者；连接产业链上下游各个环节点，以价格指数、交易数据为核心，利用互联网手段提供更高效的供销协作、更创新的供应链金融方案、更优化的物流服务，架设一座将上下游产业链企业连接起来的桥梁，推动传统煤炭产业转型升级，从而变革整个传统煤炭产业流通渠道，助力实体经济创新发展。

价值传递：经验做法

找煤网的主要服务用户为价值链上的所有参与者，包括煤企、煤贸商、物流司机、矿山主、电厂等。找煤网的发展将极大助力煤炭行业的转型升级，找煤网建立的行业数据有助于上下游用户更好地做出交易决策，有助于金融机构快速、便捷、安全地支持有金融需求的上下游用户；找煤网建立的SaaS模式有助于企业更快地从传统纸质化转向业务全流程信息化、在线化、可视化、标准化。

找煤网平台为资金供需双方提供撮合服务，采购的公开询价和全流程透明化充分响应了国家号召的阳光采购。这推动了供应商之间的公平竞争，有效地防止了采购市场的恶性竞争，使采购平台和企业具有更强的公信力。将整个销售平台搬到线上，全程掌握整个销售平台的交易过程，并确保交易过程公平有效。推动了社会的公平销售竞争的发展。通过延长云商平台发挥“互联网 + 实体经济”的模式优势，推进数字经济与实体经济深度融合，助力实体企业高质量发展。

价值实现：应用价值与推广性

平台以煤炭交易和物流服务、金融服务、SaaS 等为主要核心业务。用户只需打电话委托或者在线提交订单，平台就能帮他们找到想要的品类，并且比他们自己找“更快、更精准、更便宜”。撮合交易使找煤网迅速成为订单流的入口，并为找煤网带来了很好的口碑传播。2017 年起找煤网由撮合转向自营，同时推出了煤炭电商首个市场实时成交参考价——找煤指数，即通过平台大数据搜集分析后，经过筛选、核实、确认符合指数标准的实际成交信息，实时展示煤炭产品的即时市场成交价格数据、港口数据、运价数据等，帮助中下游企业在当前的市场交易中进行决策。目前，已有大批业内人士及煤贸企业认同找煤指数在煤炭现货市场“晴雨表”的地位。

找煤网的出现为上下游企业带来了三种价值：市场决策由慢变快，资金回款周期由长变短，销售半径由小变大。为上下游港口带来了三大变化：提升了港口周转效率，增加了堆场使用效率，解决了小发运户、小贸易商发货找货难的问题。

找煤物流专注于提供垂直行业的“互联网 + 物流”平台服务。率先提出基于煤炭电商的物流总包概念，集汽运、站台、铁运、港口、海运为一体的物流供应链整体解决方案。以强化道路运输、货运代理、物流仓储等服务、物流总包一站式服务作为长期发展方向，这是找煤网大宗商品全产业链服务模式中的重要一环。

结合平台优势，整合市场运力，找煤物流致力于通过“互联网 + 物流”方式，改变传统大宗商品物流行业粗放且分散的经营模式，利用在线互联网化产品，为需求客户以及承运商提供车辆匹配，充当客户和承运商之间的桥梁；并为委托客户提供询价、找车、货物跟踪等物流相关服务；找煤物流同时还能为煤炭公司及大客户提供整套物流资金解决方案。在全国设有多家分支服务机构，承运范围已经覆盖全国，服务包括实时咨询、物流运输、异常情况处理等。

找煤 SaaS。通过互联网、物联网、AI 等技术手段，将矿山、煤企、贸易商、电厂、司机等行业上下游各环节打通，与线上订单流程自动关联，提供贸易、物流、金融、仓储、配煤、结算、数字化 SasS 等一站式创新服务，实现企业内部业务可视化、在线化与物流全流程无纸化办公，为传统煤贸企业提供互联网化、数字化、流程化的内部管理系统及智慧物流信息化管理解决方案。

目前找煤 AI 大数据涵盖了坑口煤炭价格、汽运和铁路物流运价、煤价分析、成本分析、物流线路利润分析、找煤指数、现货资源等在内的十多个维度的数万条数据。这一系列数据可以对业务、物流线路盈亏情况进行分析，实时监控运输及库存情况，为客户提供智能化建议，提供更高效的决策参考意见。

找煤金融。主要是为资金供需双方提供撮合服务，融资模式包括应收款融资、仓单质押融资、供应链融资等。平台设有企业信用评级体系，评级高的诚信企业可参与快速融资。

（2）销售渠道拓展服务

平台在供应链中的主要角色为贸易商，以线下已有销售网络或销售区域资源整合为切入点，旨在拓展交易渠道的广度和深度，加强对供应链网络的控制，提高物流效率，提升供应链整体协同水平，解决行业产能过剩问题。

案例 5.3 陕西能源化工交易所有限公司
——多行业多渠道销售模式

价值主张：平台定位

平台定位于“互联网＋生态圈”的建设目标，积极围绕“一网、一中心和三个配套”体系，即依托互联网，打造以B2B、O2O（线上到线下）、B2C为核心的电子交易中心，建立“智慧物流配送系统”“互联网金融服务系统”“配套服务体系”，致力于打造一流的能源化工电子商务交易平台、金融服务平台、物流配送平台、仓储综合管理平台，最终实现能源化工大宗商品交易电子化、服务一站化、整体集成化的总体建设目标。

价值传递：经验做法

整个平台将紧紧围绕信息化整体规划要求，以电子交易为核心，大宗商品电子交易为切入点，互联网金融和物流为两翼，移动终端应用为引擎，大数据、云计算、O2O为支撑，打造集电商服务、国内贸易、物流配送、仓储服务、金融服务、移动终端服务、数据分析服务、咨询服务于一体的“互联网＋生态圈”平台，构建立足西北、面向全国、功能齐全、交易安全、会员积聚的综合电子商务平台。

平台遵循“互联网+产业”的战略思想,全力打造集资讯、交易、仓储、物流、金融、大数据于一体的综合性、创新型工业电子商务平台，平台紧紧围绕大宗物资竞价系统、工业品集采平台、化工产品零售平台、能源产品挂牌销售平台、电子招投标平台、延长运通物流平台及仓储物流服务平台、供应链金融服务平台等开展建设。

价值实现：应用价值与推广性

平台能够为客户企业降本增效、规避风险、提高效率、创造价值。降本主要是降低采购成本，增效主要是增加销售效益。平台 2018 年交易总额 212 亿元，累计成交额达 1 047 亿元。

截至 2019 年 11 月，公司现货采购平台累计为客户降低采购成本 17.82 亿元。从 2009 年初至 2019 年 11 月，公司现货销售平台累计为客户增加销售收入 9.31 亿元。通过将销售全部搬到线上，掌握整个销售平台的交易过程，并确保交易过程公平有效，推动了社会的公平销售竞争的发展。平台通过多年的发展，现已形成了大宗物资竞价销售、能源产品挂牌销售、化工产品零售、工业品商城、废旧物资处理等多种销售模块，销售的产品包含液化气、LNG（液化天然气）、天然气、聚乙烯、聚丙烯、煤炭等 107 种，客户数量超 5 000 家。在整个交易过程中，向对仓储物流、金融服务、大数据服务有需求的上下游客户，提供专业的增值服务，实现价值赋能。

（3）全价值链闭环服务

最近几年，越来越多的产业互联网平台围绕供应链交易过程提供在线全价值链闭环服务。部分供应链龙头企业积极向上下游整合延伸，通过拓展线下仓储、物流等服务提升发展和盈利空间。以大宗原材料企业为代表，制造企业通过实现交易、仓储、物流、加工、供应链金融等相关功能的整合，打造一体化生态服务体系，实现信息流、商流、物流和资金流的全闭环服务，提升用户服务能力，助力智慧制造。图 5.7 展示的是一站式交易闭环流程图。

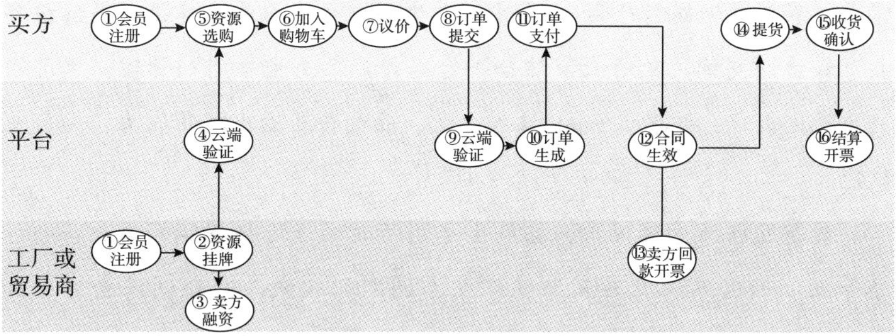

图 5.7　一站式交易闭环流程图

资料来源：作者根据公开资料整理。

案例 5.4

欧冶云商
——提供一站式全价值链服务的产业互联网平台

价值主张：平台定位

欧冶云商依托现代信息技术应用，以“共建、共享、值得信赖”为价值观，以钢铁供应链为核心，整合生态圈各类服务资源和基础设施，形成了集仓储、运输、加工、供应链金融、技术服务和数据服务为一体的一站式生态服务体系。欧冶云商成立以来，始终坚守“促进钢铁行业从制造向服务转型、重塑钢铁流通领域新秩序、提升中国大宗商品国际定价权和话语权”的初心和使命，致力于提升供应链效率、降低供应链成本，为生态圈各方创造最优价值，努力成为大宗商品交易的服务者、基础设施的提供者和信用体系的构建者。

价值传递：经验做法

平台整体采用“大中台、小前台”原则进行架构。“小前台”按不同业务领域的交互体验进行切分，高效触达中小微用户，发现和挖掘用户需求，不断孵化创新产品。“大中台”则聚焦于中台能力建设，关注服务共享和协同支撑。欧冶云商综合平台进行产品全生命周期管理，满足用户个性化需求，并提供SaaS接入方案，面向行业输出服务能力，为行业赋能。

创新互联网营销模式，拓展生态圈营销渠道。拓展钢好App、小程序等互联网营销工具应用，优化生态圈激励模式，充分利用仓库、加工厂等生态圈营销渠道，高效触达中小用户。加强数字化营销分析，优化平台服务功能，设计合适的营销渠道，实现用户转化率的有效提升。

价值实现：应用价值与推广性

坚持第三方产业互联网平台定位，以仓单交易和订单交易服务为核心，拓展物流服务、供应链金融服务、知识服务、技术服务等增值服务，努力打造最具活力的大宗商品共享服务生态圈，通过赋能合作整合社会资源，努力实现与生态圈各方的合作共赢，实现了客户和服务商规模的快速增长。2019年欧冶云商实现GMV（网站成交总额）超过2亿吨，同比增长67%，其中变现业务量超过1亿吨，同比增长128%。截至2019年底，平台合作钢厂超过300家，注册用户超过20万家，并且以中小微企业为主；系统合作仓库超过2 000家，合作运输车辆超过3万辆，合作加工厂近700家，其中，实现渠道赋能合作模式的仓帮合作仓库190家、工帮合作加工厂289家。

平台典型服务案例

以华中某钢厂为例，欧冶云商通过网上推广、多媒体广告、主要区域市场专题宣传会等多种渠道，结合钢厂成交数据分析等，帮助该钢厂优化线上同质化产能投放，拓展订单交易销售品种，持续提升市场影响力，并加强线上线下协同跟单服务，实现用户全流程自助采购和可视化跟踪，助力钢厂生产和营销体系变革。

以东北某钢厂为例，欧冶云商依托云仓平台，2018年以来与该钢厂就产成品物流仓储服务开展深度合作，承接了该钢厂全部40余家社会合作仓库的仓储监管业务，帮助该钢厂构建智慧化仓储服务体系，实现全国库存的可视、可控和异地仓储的集中化、标准化管理。通过信息系统的对接，该钢厂可以实时掌握仓储数据，实现高效、便捷的操作，并获取欧冶智能监管服务。欧冶云商为该钢厂的日常经营和高效决策提供了有效支撑，助力该钢厂优化生产和营销管理，提升快速响应市场变化的能力。

以华东某钢厂为例，作为供应链核心企业，2019年该钢厂通过欧冶云商区块链供应链金融平台向其上游一级供应商青岛某公司开立通宝，并实现通宝在供应链中的多级流转，累计流转达五级供应商，流转地区达七个，实现了核心企业信用的传递以及供应链全流程可视化，有效解决了中心企业融资难、融资贵、融资慢问题和银行风控难问题。

（4）供应链金融服务

平台由于丰富的信息及在产业中建立的商誉，能以相对较低的利息和更精准的风险控制水平开展供应链金融业务，有效盘活整个产业。如找钢网等工业电子商务平台企业，不仅对其垂直行业进行深耕细作，而且通过平台沉淀了产业交易量、交易金额等产业数据，甚至掌握了各种存货、流水、应收应付等信息。目前，平台主要针对应收账款、预付款项、存货等提供保理、保兑仓、仓单质押等服务，部分平台基于真实交易大数据沉淀自建信用评级体系，提供“白条”类信用融资服务。

案例 5.5

东华能源（宁波）电子商务有限公司（聚烯堂）
——“实体企业 + 互联网”一站式服务

价值主张：平台定位

平台定位于“让交易更简单、更安全”，经营理念是“连接、共享、协同、赋能”。平台主营塑化行业相关产品，包括塑料、橡胶等。聚烯堂依托现有行业背景，高效整合了产业链的业务流、资金流、信息流和仓储物流，是集交易、资讯、金融、物流、技术服务、大数据等服务为一体的塑化交易一站式电子商务服务平台。

价值传递：经验做法

在金融方面，聚烯堂以“银行融资为核心”的发展思路，搭建电商云服务平台，实现企业的订单、运单、仓储、物流、支付全流程线上操作、线上管理，形成了对生产商、供应商、分销商的物流、信息流、资金流、商流的线上大数据管理体系，从而形成“核心云服务平台”。在此基础上，聚烯堂整合银行资源和闭环的生态链贸易数据，为核心企业在定向交易中带来低成本的银行融资服务。这将改变传统的以融资为核心的供应链模式，转为以企业交易过程为核心的供应链模式，并将过去围绕核心大企业的“1+N”模式，拓展为围绕中小企业自身交易的“N+N”模式，最终达到上下游企业共同发展，极大增强了企业核心竞争力。

为给平台用户提供更优质的金融服务，聚烯堂不断强化平台企业级数据库，积累更多真实可信、具备公信力的供应链数据，致力于建设平台型企业信息征信体系。聚烯堂针对用户的交易行为（包括交易数据、资金数据、物流数据、库存数据等）、询盘行为、流量行为、搜索行为以及注册信息、认证信息、资本实力等，通过技术手段进行搜集、分析、认证，不断地对这些企业进行诚信评级。聚烯堂通过在线数据为企业积累信用，为平台上通过传统的渠道融资难的中小企业提供供应链金融服务依据。

根据真实贸易场景、平台企业信用体系、企业纳税信息等数据，聚烯堂平台用户可通过全线上化流程向金融机构申请融资，操作简单，方便快捷。目前，依托平台金融服务，聚烯堂平台交易量和交易资金规模均有显著增长。

价值实现：应用价值与推广性

聚烯堂诚信经营，规范守法，以优质的服务能力及快速的响应速度得到了政府、客户及行业内的高度评价，

聚烯堂平台支持用户通过全线上化流程向各平台合作的资方申请融资,操作简单,方便快捷。平台根据真实贸易场景、平台企业信息征信体系，充当金融信息中介，为通过传统的渠道融资难的中小企业提供获取供应链金融服务的数据信息依据。同时，聚烯堂积极与银行、非银行金融服务机构及其他供应链金融服务商展开交流合作，以满足平台用户在各类场景下对资金的各种需求。

平台企业中哲能源化工有限公司（以下简称中哲能化）具备多年大宗商品从业经验，入驻聚烯堂平台近两年时间，交易金额已超亿元。中哲能化在聚烯堂平台企业信息征信体系中综合得分已超 70 分，企业信用良好。结合中哲能化的企业纳税信息等数据，在聚烯堂供应链项目下，聚烯堂企业信用评级结果能为其在聚烯堂平台上向平台合作银行申请融资提供有利的依据。

3. 仓储物流服务：可视化监控

工业电子商务作为新一代信息技术与工业生产、商业流通深度融合的产物应运而生，正成为驱动新一轮科技革命与产业变革的重要力量，引领

制造业向数字化、网络化、智能化加快转型。由于大宗商品价格波动大，对服务及时响应和按时送达的要求越发提高的形势，距离长、大批量调拨运输、多式联运已成为发展必然。目前主流的电子商务平台通过提供仓储、物流订单跟踪等全流程可视化服务，保证产品能及时、完好、可跟踪地送到客户手里，构筑了平台核心竞争优势。

案例 5.6 上海华能电子商务有限公司
——综合型大宗智慧供应链集成综合服务

价值主张：平台定位

华能大宗平台，是上海华能电子商务有限公司打造的新一代综合性大宗商品智慧供应链集成服务平台，基于央企品牌实力和资源优势，利用云计算、物联网、大数据等互联网新技术，搭建“能购”（交易平台）、“能运”（物流平台）、“能融”（金融平台）及“能云”（业务追踪）等“华能智链”体系，实现商流、物流、资金流及信息流的“四流合一”，最终打造服务于产业供应链的开放型生态大平台。

价值传递：经验做法

华能大宗聚焦华能集团电力主业，大力发展能源供应链特色服务，打造“互联网 + 智慧能源物流”创新产业生态，积极探索大宗原燃料物流新模式、新业态，为五大电力集团及其他能源性企业优化供需匹配、降本增效提供助力，并促进供应链金融和供应链管理深度融合。

图 5.8 展示的是华能大宗平台定位。基于此，华能大宗打造了“LES（物流执行系统）+TMS（运输管理系统）+ 运力交易管理平台”创新解决方案，为客户建立一个基于互联网的全过程透明的物流管理平台，同

时整合企业内外部运力资源，形成公共运力池，运用大数据等为能源行业客户提供车货、船货匹配服务，同时针对大宗商品运输过程中涉及的多环节物流特点，打破点对点低效率格局，构建水陆联运等多式联运服务，降低企业物流费用。同时，平台打通客户厂内供应链管理和厂外物流体系，高效整合和利用物理网基础设施，实现物流的全过程可感知、可调节、可视化，让大企业原来繁杂和分散的物流实现集中统一管理和阳光运营。在此基础上，结合电商集采交易平台及金融服务平台，促进能源企业供应链管理不断优化，并最终提升企业供应链竞争能力，促进能源行业持续协调发展运营。

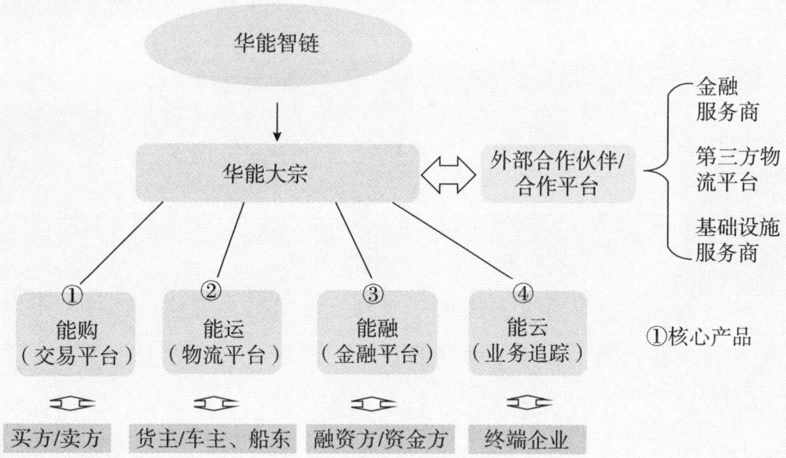

图 5.8　华能大宗平台定位

资料来源：上海华能电子商务有限公司。

全流程可视化物流服务。华能大宗通过 SaaS 平台和 App 在物流的各个环节中实现能源物流信息的可视化。依托全球定位系统（GPS）、无线射频识别、电子数据交换、地球信息系统（GIS）、移动互联网、物联网等技术，实现物流平台物流资源信息、物流需求信息、物流过程、物流状态、物流控制和物流交易信息等的可视化（见图 5.9）。

图 5.9　华能大宗平台业务流程

资料来源：上海华能电子商务有限公司。

全透明物流交易服务。物流交易平台实现准确获取煤炭、电力物资等大宗商品及工业品的出库、入库、装车、卸货、分拨、配送等各个环节的信息，通过整个流程交易、作业信息的透明，确保物流操作的规范。

价值实现：应用价值与推广性

"能融"供应链金融服务平台，以区块链底层技术为基础，依托电厂供应链上真实的贸易背景，连接电厂、供应商（电厂直接及间接）、合作金融机构等多方；通过区块链技术将电厂资产数字凭证化，利用数字资产可拆分、可多级流传等优势，运用银行等资金方给国企、央企等核心企业的授信，创新打造"能信"创新金融产品，实现核心企业信用的跨级传递，并保证构成数据的真实有效且不可篡改。

这一模式下能够有效解决电厂确权难的问题，有效降低电厂上游供应商企业融资门槛，加速资金周转效率，降低供应链整体资金成本，在践行供应链上中小微企业普惠金融服务的同时，实现对电厂采购环节的降本增效。

通过大数据和区块链"能融"供应链金融服务平台，可有效打通产业上下游，构建新的面向结构性特征的协同生态系统，形成新的价值共享应用生态，推动整个电力行业金融体系实现技术变革、组织变革和效率变革，为构建电力能源供应链金融体系做出贡献。

4. 信息技术服务：云集成

随着云计算、大数据、区块链、人工智能等企业级技术应用的发展普及，互联网电子商务实际已经在各行各业展开实践。广度上，不仅覆盖服务业、工业和农业，而且从商业扩展到公益和政府，使整个社会走向全面互联；深度上，从营销服务、生产研发到运营管理，互联渗透到组织内部的各个环节。数据信息急需从消费端到供给端的高效流通，通过数字产业与传统产业相互协同带动，助推中国经济迈向高质量发展新阶段。

在提供云集成服务方面，平台以服务于采购共同体的降本增效为主，旨在高效推进行业整体信息化水平提升，加强供应链管理与协同。即由多个工业企业联合运营，快速集合行业内主要大中型买方企业，形成规模订单优势，为作坊式管理的下游供应商提供云化服务与整体解决方案。

案例 5.7

东莞众家联供应链服务有限公司
——家具行业的集成创新应用

价值主张：平台定位

东莞众家联供应链服务有限公司（以下简称众家联）整合中国家具产业资源，依托工业互联网平台，对产业上下游的物料供应链、仓储、物流等数据进行采集和分析，以“互联网＋金融资本”双轮驱动，推动家具行业供给侧结构性改革，实现互联网、大数据、人工智能和家具实体经济深度融合，从而实现提升生产效率、降低企业成本、推动传统家具行业转型升级的产业链整合服务平台。

2017 年 2 月，公司由 16 家知名家具企业及蓝源资本公司发起成立，首期投资 1 亿元；2018 年 1 月，10 家知名家具企业作为第二批产业合伙人加入众家联平台；2019 年 3 月，完成绥芬河源头供应商企业合伙人数千万元融资。平台聚合了500亿元市场规模的头牌家具企业，连接了广东家具协会、东莞家具协会、东莞家具定制协会等行业资源，也得到国家工信部、广东省经信委、东莞市委市政府及镇区各级政府的大力支持，具有强大的区域资源协同能力和区域规模推动能力。

价值传递：经验做法

场景化的产业互联网“共享经济”生态圈。众家联通过构建供应链集采平台、产业链金融平台、云物流平台、O2O平台，建立大数据中心、设计创新中心、标准检验中心、品牌传播中心、智能制造中心、人才培训中心的“四平台、六中心”商业模式，从C端到B端，从B端到F端，结合新动能、新产业的优势，充分发挥在用户流量、产业流量和场景容量的优势，与平台8 000多家企业用户、10多家政府机构、20多家行业协会、近百家产业投资机构，一起主动应变，形成规模订单优势、产业资源整合优势、技术升级服务优势等，致力于打造一个家具领域的产业互联网“共享经济”生态圈，推动创新型产业综合资源整合大生态的建设与升级。

一站式的供应链集成服务“赋能体系”。平台以大宗商品领域多年丰富的行业服务经验为基础，配备强大专业型人才队伍，深耕家具互联网、原料供应链、共享仓储、专线物流配送等大宗商品领域，为产业链上下游客户和合作伙伴提供“端对端”的电商贸易、智慧物流、供应链金融、大数据应用等一站式集成服务，为相关企业快速实现供应链创新和转型提供专业化赋能支撑。

众家联针对家具行业长期存在着行业分散、企业规模小、供应商作坊式管理等问题，采取了“连接、优化、改变”三步走的策略。

第一，众家联通过产业合伙人机制，聚合区域产业头部企业，通过互联网的技术和工具，连接头部企业的供应链管理。众家联打造众家联供应商关系管理（SRM）系统，连接家具企业采购商和供应商的交易，形成信息流、物流和资金流，形成家具行业的大数据和交易场景及企业征信。

第二，众家联通过产业大数据，汇聚头部企业的规模订单优势，优化产业供应链结构，提升供应链效率，降低供应链成本；同时，积极与银行和各级资本连接，通过众家联平台的真实交易和数据，为上下游企业提供应收、应付、库存等各方面的金融服务，提升上下游企业的资金周转速度，并解决中小型企业融资难、融资贵的问题。

第三，众家联通过互联网技术，构建了家具行业的供需数据，为家具智能制造的转型奠定了坚实的基础；同时，积极与政府、大学以及跨行业的企业联系和合作，通过孵化器模式，打造智能家居、定制家具、新材料创新、健康环保创新等家具新生态，为家具行业指引方向，引领其转型。

众家联以家具行业供应链服务为主线，围绕产业链上下游提供产业电商、工业互联网 SaaS 平台、智能采销、源头集采、源头代采代销、共享仓储、物流、产业链金融以及技术研发检测等产业供应链综合服务，优化供应链结构，提升供应效率、降低供应成本，打造一站式的供应链集成服务“赋能体系”，全面提升家具行业采购商和供应商信息化水平，并大大提升交易效率。

闭环式的平台大数据风控体系。目前众家联正在 PC 端、App 端及微信小程序搭建“找资金”“E 家宝”等金融服务模块功能，为平台的注册用户提供银行贷款产品、网络小贷融资产品、互联网金融平台融资产品等多渠道融资产品整合服务。平台通过与阿里云、第三方信贷专业评测机构合作，借助海量的数据、金融云、线上场景和用户精准分析方面的领先优势，以及资金对接和金融牌照服务资质，利用互联网技术、数据、模型对接线下传统金融资金，形成一个标准化的闭环式产业链合作模式，覆盖采、销全流程业务管理，建立大数据及风控模型，为智慧金融服务提供大数据分析及风控支持，助力大宗商品产业协同与升级发展。

价值实现：应用价值与推广性

众家联以家具原材料交易为主线，从营销服务、生产研发到运营管理，互联渗透到组织内部的各个环节，围绕产业链上下游提供产业电商、工业互联网 SaaS 平台、智能采销、源头集采、源头代采代销、共享仓储、物流、产业链金融以及技术研发检测等产业供应链综合服务，优化供应链结构，提效降本。

平台推动原材料标准化，通过大数据拉通上下游需求计划，实现集中采购、降本增效，目前连接了 900 多家采购商，7 000 多家供应商，通过标准趋同将原来海量品类接近的材质统一形成核心品种材质，大大减少供应商生产品类，增加单品类一次性生产数量，提高生产效率，2019 年已实现综合成本节约 8% 以上。

截至 2019 年 12 月，平台注册用户在线下单交易金额高达 135 亿元。企业通过内部 SAP（企业管理解决方案），把采购订单导入众家联供应商关系管理平台。平台通过 PC 端和手机 App 端产品，可同时向所有的供应商沟通和下单，并且整个过程都有完整的记录，订单整体成交效率提升 120%。

二、MRO 电商平台：逐步兴起的“蓝海”

（一）行业集中度低，流通环节多，平台拓展空间大

1. 行业特点：MRO 市场规模大，行业集中度低

MRO 通常指企业在生产过程中不直接构成产品的，只用于维护、

维修、运行设备的物料和服务。目前MRO所覆盖的范围还在不断扩大，其服务对象和内容也在不断增加。市场调研数据显示，MRO全球市场规模已超过4 000亿美元。日本MRO市场规模稳定在700亿美元左右，拥有众多转包以及从单产线或者小批发商发展而来的MRO企业，形成了MRO市场层级较多、行业非常分散的局面。美国有超过15万家的MRO从业企业，市场规模已超过1 400亿美元，其中排名前50的企业占据整个市场的30%。中国工业产值的4%~7%构成MRO市场容量，总规模超过万亿元。

中国MRO产业上游相对集中，例如电气类目下就有施耐德、西门子、ABB（阿西亚和布朗勃法瑞合并而成的公司）、正泰、德力西等品牌占据市场主要份额。下游渠道极其分散，以电气分销行业为例，ABB、施耐德等品牌的前十大分销商平均分销额不足供应商销售总额的5%，绝大多数分销商对单个品牌厂商依赖程度很高，呈现明显的区域特征；在更靠近终端企业客户的整合式MRO采购平台环节，行业前三名的市场份额甚至远不及1%。反观成熟市场，美国的固安捷、快扣、Amazon Business（亚马逊面向企业客户的商城）和日本的MRO公司米思米、MonotaRo、Trusco在当地市场份额合计接近20%。

以汽配行业为例，中国汽车后市场配件部分市场规模约6 000亿元，但行业中存在超过50万家各级经销商、贸易商，下游大大小小的修理厂接近100万家，而目前市场上几家头部汽配工业电子商务平台的市场份额合计不超过5%，基本没有对行业形成太强的话语权。反观美国汽配行业，在总量近千亿美元的市场中，汽配公司NAPA、Autozone等行业巨头已经占据超过30%的份额，从生产到流通再到零售，共同掌控着美国汽车后市场供应链生态。

随着人工智能、大数据、互联网等新一代信息技术与中国制造业融合逐步深入，柔性生产理念渐趋普及，中国整体供应链正完成规范化和标准化，如京东（电商供应链）、华为（制造领域供应链）、利丰（贸易领域供应链）等中国模式供应链，逐渐成为世界舞台的主角，为中国MRO供应链打破了成长的枷锁，再加上智能工厂、大数据管理、智能机器人、无人仓储等技术突破，造就了“中国特色”的MRO市场。

2. 平台特色：外资平台垄断性强，国内平台成长性好

依托完善的在线渠道、全面覆盖的服务网络以及整体供应链优势，美国MRO市场形成了以固安捷等为代表的MRO托拉斯（垄断组织的高级形式之一）。财报显示，固安捷近25年的营收复合年均增长率达到6.5%，毛利率一直保持在35%以上。其主要产品线有劳防安全、物料搬运存储、清洁、金属加工、工具等。

作为日本最大的MRO分销商，米思米成立于1963年，初期以电子设备和轴承的设计销售为主。自2010年开始进入MRO分销领域，逐渐发展成为日本自动化零部件和冲压模具的标杆性分销企业。目前，在全球拥有近22万个制造业客户，其中，本土客户11万个，海外10.8万个。自有工厂24家，全球合作工厂400家。下属SKU（最小存货单位）约有1 600万种，2017年营业收入约为9.4亿美元，企业利润率约为9.6%。核心业务为模具配件、机械标准件和VONA（销售非米思米品牌的MRO产品）。其在模具配件方面的主要竞争对手是盘起工业（日本企业），机械标准件方面的最大竞争对手是东莞怡合达（中国企业），VONA事业部在美国和中国市场的表现尤其亮眼。从企业模式上来说，米思米走的是设计—生产—销售整条供应链模式，为客户提供高性价比的产品、标准化和数据化的服务以及个性化定制的按需生产。

从国内创业企业来看，阿里巴巴1688、京东工业品、震坤行工业品超市、工品汇、佰万仓等企业都已建立采购商城，打造MRO工业电子商务平台。有研究机构以品类为横坐标，时效和服务为纵坐标，综合毛利率和营业额对现有MRO电商进行了综合分析，发现国外MRO企业

相比国内一般都有比较高的毛利率，但西域和震坤行等企业领头作用凸显，在品类、时效以及服务方面发展势头强劲（见图 5.10 和图 5.11）。

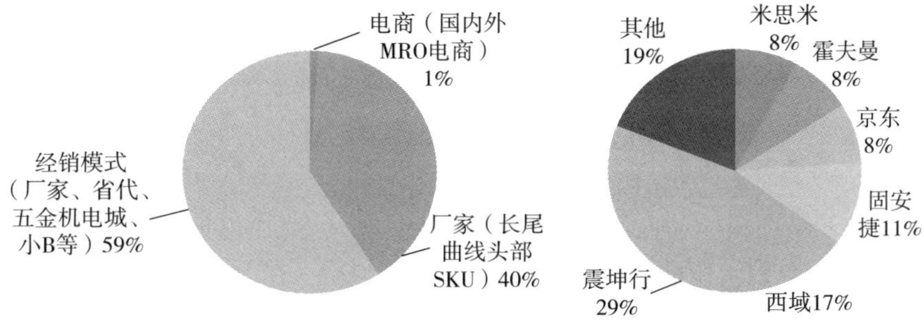

图 5.10　中国 MRO 市场主要模式及主要电商平台分布

资料来源：B2B 内参。

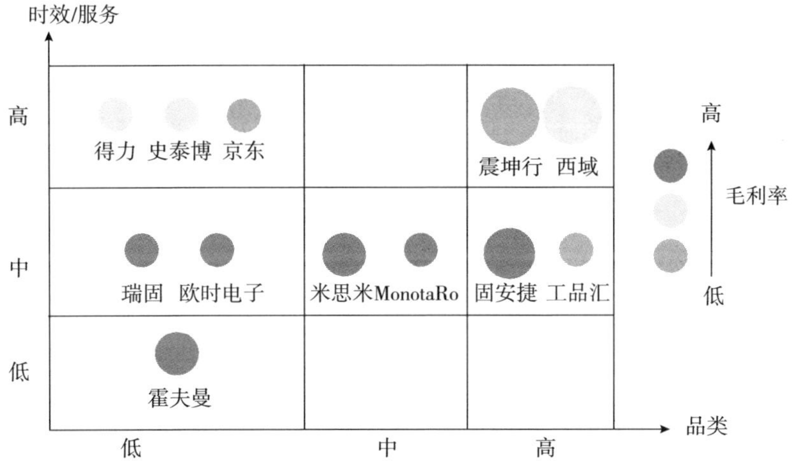

图 5.11　MRO 市场综合分析

资料来源：B2B 内参。

（二）SKU 多，非标化，数字化采购需求强

1. 提升采购效率及降低采购成本

从供应链角度来说，目前国内占据 MRO 主流的依然是传统供应链模式，即生产厂家—品牌商—省级代理—市级代理—小 B—工厂用户，此模式存在耗时长、价格不稳定、售后成本较高等弊端。从采购管理角度来说，企业 MRO 采购行为往往分散在不同的职能部门，职能分散，部门间沟通不流畅，导致工作量加大和潜在的采购错误风险。在 MRO 行业中，高达 70%~80% 的客户是没有 ERP 的 ①，集中管理实现程度较低，导致 MRO 采购具有不确定性。从采购特点角度来说，MRO 采购的物品数量大，平均价值低，供应商众多，采购工作效率低下，采购金额只占企业采购总额的 10% 左右，却消耗了采购部门超过 60% 的工作量。MRO 采购对于企业成本控制、利润的影响不可忽视。随着技术的成熟和发展，MRO 行业提出了越来越多关于系统对接的需求，制造企业希望 MRO 供应商通过平台或技术赋能，快速对接自己的系统，同时通过供应链协作，以达到缩减中间环节，实现集中采购、生产、配送等环节在内的快速反应及协同运作，降本增效等目的。

2. 质优价廉的 SKU 及深度优化的产品解决方案

品类策略则是连接前端营销体系与后端供应链系统的一个重要纽带，也是工业品电商获取盈利的一个重要手段。MRO 的特性是宽、杂、乱，有严格的技术要求，这会导致对产线建设的要求非常高。其中的一些主要门类，例如劳动安全防护用品、搬运和包装物料、各种手动或液压 / 气动 / 电动等动力工具、紧固件、电工电料、清洁设备以及它们的配套耗材，都是企业用户会高频采购的类目。研究显示，MRO 行业具有最佳 SKU 比例

---

① 数据来源于 B2B 内参，作者为姚俊。

时，可以解决客户 60%~70% 的基本需求。因此，从企业用户角度出发，把握客户核心需求，深度优化 MRO 电商平台 SKU，简化产品的选择，提供质优价廉的高性价工业品，对提高采购效率和优化管理成本大有助益。

3. 快速的资金流转与智能化的库存

需求、订货周期及运输的不确定性，以及资金和库存管理水平等是制约 MRO 库存的重要因素。企业的利润是由其提供的价值和服务决定的，高效的流动（信息流、现金流、物流）是提升运营效率的关键。一般来说，现金流天数等于库存天数加上应收账款天数减去应付账款天数。举例来说，MRO 电商企业库存天数约 30 天，应收账款天数约 90 天，应付账款天数约 60 天，现金流是 60 天，这就意味着客户会占用电商企业 60 天的资金。另外，如果 MRO 工业电商销售额 120 亿元，那么其中有 20 亿元资金被客户占用。对于 MRO 行业，现金流的压力是与生俱来的。

企业对设备维护和维修的计划性不强，而且并不关注历史数据的发掘和需求的预测，导致不确定的提前期和不合理的库存成为 MRO 工业电子商务平台发展的一大瓶颈。因此，迫切需要发挥工业电子商务平台的数据资源优势，构筑智能库存管理模式，通过数据分析和预测，助力 MRO 企业精准备货，加快库存周转和资金流转，并且在人力、库存空间、车辆方面满足 MRO 库存管理的要求。

4. 可控的交期与匹配的物流体系

由于工厂客户对工业用品销售的专业性、技术性有特殊要求，MRO 分销商对物流企业的服务水平要求较高，工业用品销售的“最后一公里”是行业的普遍痛点。例如在服务方面，由于客户位置固定，平台只能在固定区域选择固定的物流企业及时完成点对点配送，这就凸显了 MRO 平台建立区域配送中心的重要性。此外，当货物出现破损或者丢失时，还需要有专业的售后服务进行处理。因此，可控的交期和匹配的物流体系是工业电子商务平台发展的必要保障。

5. 专业的供应商评价与风险管理

MRO 供应商普遍存在规模小、品种少、管理欠规范、价格不透明、中间环节多、品类繁杂、采购分散、仓储投入费用高等问题。MRO 尤其对于设备备件等涉及企业生产的战略性物料的采购、供应商的选择及备用供应商资源来说是非常重要的。同时，生产商和经销商为了规避风险，往往利用信息不对称，造成金融账期拖欠十分严重的现象。因此，构建科学、规范、高效的供应商遴选、评价和管控体系，提升供应商管理水平，是当前 MRO 平台急需解决的问题。

（三）多样的数字化采购服务新趋势

1. 信息资讯：专业化、社区化与互动化

不同于消费互联网的“眼球经济”，受限于工业品的规则参数多、价格不透明、交期不稳定等特点，MRO 工业品电商平台，以“价值导向”为主，深耕服务，提升客户体验就显得至关重要。具有工业品采购、审批、物流、结算的一站式服务的信息沟通能力，以及匹配海量信息的沟通能力成为 MRO 电商平台发展的重中之重。据国家工业信息安全发展研究中心统计，间接物料类工业电子商务平台面向用户提供一种或多种信息资讯服务，主要包括行业资讯、专业问答、培训课程和技术指导等。其中，提供行业资讯功能的平台占比为 79.31%，提供专业问答服务的平台占比为 31.03%，提供技术指导服务的平台占比为 46.55%，提供培训课程的平台占比为 18.97%。

随着人工智能、大数据等新兴技术的发展，MRO 电商在精准营销、小批量快速补货和极致单品运营方面不断发力，提升用户采购体验，这也驱使越来越多的平台寻求社区化、互动化的专业技术指导、培训等服务，以提升售后服务和客户体验，形成高复购率。例如土猫网平台设立的猫

工问答知识板块，为用户提供了技术交流、知识普及推广的平台，用户可在平台自由发帖，各抒己见，开展相关技术的讨论交流。

案例 5.8 西域 MRO
——专业、及时、便捷的在线技术咨询服务

西域于 2002 年 1 月在上海注册成立。2009 年 1 月，业务核心全面聚焦 MRO 工业品市场；2015 年，成功实现“互联网 +”，升级为专业 MRO 自营电商。2017 年的总体营收超过 20 亿元，目前处于高速发展阶段。

价值传递：经验做法

电商技术方面加大研发资源，使网站、App 的使用体验不断提升；EAS（电子商务防窃 / 盗系统）、Punch-Out（数据对接）的框架和接口效率再做优化，以满足更多企业客户的需求；报表系统更加清晰与智能，为客户分析决策提供有力支持。2016 年 3 月，西域推出国内首个 MRO 工业品 App。

西域提供百万级 SKU，为行业领先，能够覆盖客户的大部分需求，加之强大的搜索引擎，使客户能快速找到产品。

提供面向企业客户流程的售前、售中、售后全方位服务。西域拥有百余名产品专家负责线上产品的规划和技术支持。对于客户的线上技术疑问，西域同时提供线上线下咨询（通过官方微信平台或就近现场技术咨询）。

价值实现：主要成效

西域机电实现工业品流通的“线上与线下”对接，改变消费模式，

从传统的 B2B 和 B2C 转变为移动互联网模式，极大限度地提高了企业采购效率和市场交易率，优化传统产业结构。

通过线上和线下的努力，西域机电的业务已覆盖全国各省五金机电城，并在上海、南京、济南、广州、武汉等地建立供应链中心，更有超过 50 名专业工业工程师提供专业的技术支持，向客户提供更为贴近的技术支持及物流服务，就近配送，紧急产品采购即时送达。

2. 在线交易：多样的数字采购服务

为满足用户多样采购需求，间接物料类工业电子商务平台通常提供一种或多种采购方式，包括按品类采购、按品牌采购、按场景采购、按行业采购、按需询价采购、按需非标定制化采购和快速下单等几种类型。根据国家工业信息安全发展研究中心统计，87.93% 的平台实现按品类采购，65.52% 的平台实现按品牌采购，20.69% 的平台实现按场景采购，20.69% 的平台实现按行业采购，56.9% 的平台实现按需询价采购，24.14% 的平台实现按需非标定制化采购，34.48% 的平台实现快速下单采购。

（1）渠道优化与系统集成服务

电商平台的核心竞争力集中体现在渠道掌控能力上。平台会把厂家、代理商、零售商全部整合起来，建立新的流通渠道，让整体物流效率得到提升，优化中间环节，同时使成本也得到极大的节约。MRO 集成采购服务商可以为客户定制电子采购目录，不仅提供物料规格、价格、最小订购批量等基本信息，而且提供物流信息查询、追踪、意见反馈等服务。除此之外，通过 SaaS 针对不同类型的企业提供不同方式的信息集成服务，如面向已经拥有 SAP 等采购系统的大中型企业，通过提供 API 或自行开发软件实现与 ERP 系统对接，对于没有 ERP 的中小型客户，通过定制化采购商城助力其 MRO 在线采购规范化、专业化。

案例 5.9

工品汇
——MRO 渠道数字化解决方案服务

工品汇成立于2014年2月，总部位于江苏省苏州市，是一家专注于工业用品供应链的电商平台。通过打造MRO供应链电商平台，连接品牌商与客户，优化中间环节，为客户提供品类齐全、价格透明、具备正品保障的一站式采购服务，通过渠道数字化，践行阳光采购，促进效率提升，助力产业升级。目前，工品汇在北京、武汉、成都、深圳等多个城市设立城市服务中心，并于华东、华南、华北等地运营物流中心，多仓直发，为客户提供及时现货保证。

价值主张：渠道优化需求

中国工业品MRO市场大概有万亿元规模，每年增长率为25%左右。随着2014年底我国启动工业4.0规划和推广工业自动化，工业品市场规模增长不断加快。以往，MRO销售渠道主要是通过线下代理—批发的销售渠道。工业用品行业的传统销售模式层级多、渠道杂，存在较多“假货”，而零售商客户规模小，对上游经销商话语权弱，维权成本高，权益难以保障。工品汇专注于打造MRO供应链服务，从产品、价格、物流、服务、数据等方面切入，聚焦次终端客户（工业用品领域的经销商和零售商），同时延伸与拓展终端客户（中大型企业），在自营模式下，以品牌授权优势与自建仓储优势为核心发力点，为客户提供稳定的货源和正品质量，5年内建立起较强的渠道规模优势。

价值传递：经验做法

首先，工品汇以电商平台的方式连接品牌厂家和客户，品牌授权优势突出，价格优势明显，目前已与 3 000 多个品牌方达成战略合作，高效整合上游资源，持续丰富 MRO 品类、提升技术研发实力与精准服务能力。平台涉及工业用品品类达 27 个，常备 SKU 6 万，单个 SKU 属性多达 15~30 个，与此同时，采购体系不断提炼各品类共有属性，根据产品参数层级筛选型号，方便选型，提高效率。为了解决现货、时效等方面的问题，工品汇在全国多地设有物流中心，通过品牌 EDI 对接实现共享库存，日发货量达数万单，全年无休，重点城市实现一日两配。

其次，工品汇采用 CRM（客户关系管理）、OMS（订单管理系统）、PMS（工程生产管理系统）、SRM、WMS（仓库管理系统）等，通过数字化整合前端、中后端，完整覆盖了电子商务信息流、商流、资金流、物流，形成了闭环支撑及管理，使线上交易的频率、效率发生了质变，用短短几年时间成为 MRO 电商头部企业。

再次，工品汇利用互联网与物联网优势，不断推出新的增值服务与产品板块，例如工业品采购助手、供应链金融、工品汇云 ERP、小汇云柜、“工品汇 +”、工品汇采等，助力传统 MRO 行业内的企业发展，逐步构建完整的 MRO 生态链及配套的服务工具和平台，为传统工业品行业提供数字化解决方案。

最后，工品汇深耕次终端客户，建立规模优势，通过一站式供应链服务的方式与区域经销商客户不断增强客户黏性；同时稳步拓展终端客户，为中大型企业提供定制化的采购系统对接与解决方案，实现数字化采购。依靠已形成的区域次终端客户优势，通过联合方式，一起更好地为终端客户提供技术与售后服务，把互联网的连接能力在 MRO 行业释放出来，提高整体交易率，形成更大的市场影响力。

价值实现：主要成效

目前传统 MRO 供应链渠道的成本在 30% 左右，通过信息化转型升级和综合服务能力提升，工品汇将供应链运营成本控制在8%~15%。主要是减少中间渠道、提高商品上线效率和减少供应链人员成本，支持24小时在线智能选型服务和在线下单、在线支付、物流跟踪等服务，提高用户下单的比率至80%。终端客户提及工品汇时，经常会说：“工品汇整合了众多品牌资源，帮助解决了正品进货渠道问题。不需要再找那么多供应商了，价格和品质上也不用想着多方比价，以前还担心被骗，现在放心多了。网上系统下单方便，送货上门，也让我们省心很多。”

工品汇MRO供应链电商平台自2015年1月上线以来，受到业内伙伴与行业客户的持续关注。目前，工品汇提供数字化服务的行业已超15个，终端客户主要为央企、国企、世界500强企业、上市企业等，涵盖金属制品、汽车、建筑、农牧食品、电子信息、化工等垂直细分领域。上游供给端与世界500强ABB、西门子、施耐德、欧姆龙、3M（明尼苏达矿务及制造业公司）、霍尼韦尔、SKF（斯凯孚，轴承科技与制造商）等头部厂商都已是多年的重点合作伙伴。工品汇现已成为国内中高端MRO的主要竞争者，可以和固安捷、米思米等MRO电商巨头进行竞争。

（2）采购品类优化与智能场景化服务

MRO标准品及品牌产品是电商平台的追逐目标，而对于数量庞杂且金额少的MRO长尾产品，因为存在复杂性及不确定性，需要较多线下服务，实现需求澄清、标准化、推荐替换及定制化服务，图5.12展示了MRO的产品属性。因此，MRO电子商务平台对应用范围广、标准化程度和电商化采购接受程度高的产品采取按品类下单的方式。而对于一些品牌产品，则通过设立品牌馆，对独家授权及合作品牌进行展示。一方面，方便用户选择自己所需品牌的相关产品，节省采购时间，提升采购效率；另一方面，彰显简化SKU，提供品质可靠、价格更低的品类，有助于提升客户体验，形成客户黏性。

此外，为提供简化、便捷、直观的客户采购服务，超过20%的间接物料类工业电子商务平台在选品与营销策略上采用按场景下单的模式。如模拟生产流程的不同使用区域、产品的不同使用场景，通过VR（虚拟现实）技术将采购场景划分为包装区域、搬运区域、仓储安防区域、卫生间区域、办公区域，给用户采购以真实的体验感，方便用户采购选品。

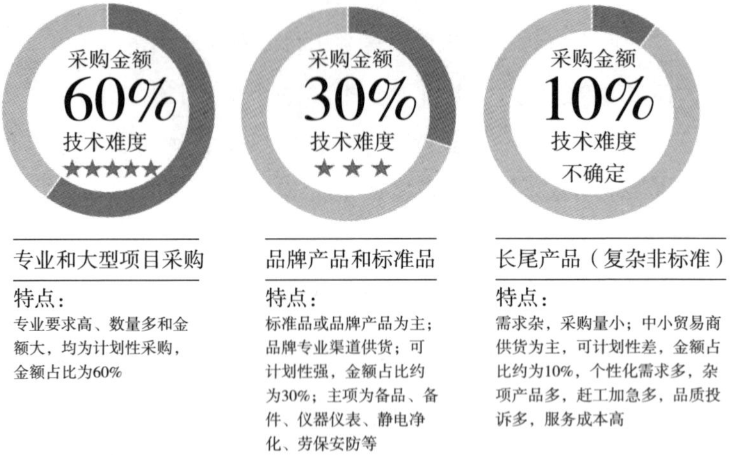

图5.12　MRO的产品属性

资料来源：作者根据公开资料整理。

（3）**按需非标定制化采购**

非标零部件是与标准零部件相对的概念。标准零部件是指结构、尺寸、画法、标记等各个方面已经完全标准化，由专业工厂生产且定义了型号和名称的零部件，例如螺纹件、键、销、滚动轴承等。而非标零部件主要是指没有严格的标准规格和参数规定，由企业根据图纸定向加工出来的零部件。按需非标定制化采购的是非标准的、定制研发的产品设备，相对于标准化产品设备，它是根据用户的独特需求，定向设计、研发、制造的产品设备。此类模式的典型代表有海智在线、爬爬网。海智在线一站式采购服务专为国内外非标零部件买家提供一站式采购解决方案，帮助采购商解决供应商寻源的难题。爬爬网提供的非标定制化采购服务，支持用户按图定制、进口产品替代或其他企业型号替代。

案例 5.10 海智在线
——非标零部件跨境出口平台推动工业转型发展

海智在线是国内领先的非标零部件领域专业服务平台，旨在帮助国内中小零部件加工企业对接全球采购资源，满足传统零部件制造企业的订单和产能需求，整合上下游产业链，优化工厂业务结构，加速中小零部件企业逐步实现生产智能化和管理智能化。同时基于全球在线采购市场和一站式采购服务两大业务方向，构建动态数据模型，自主研发智能化数字工具，实行供应链全程透明的交付模式，将非标零部件采购标准化，提升行业整体采购效率。

价值主张：行业痛点与需求

大部分国内外传统制造企业在订单对接过程中面临很多问题，比如双方沟通时效性差、文化差异大、信任建立难、质量难以管控、生产交付不透明等。从国内工厂角度看，绝大多数中小型企业面临缺少订单及渠道、无法辨别前来询价的买家的真实意向等问题；从国外采购商角度看，逐年降本压力不断加大，跨国看厂成本高、难度大，难以准确分辨工厂能力。因此，无论是国内工厂还是国外采购商，都迫切需要可靠的国际采购平台来破解行业痛点，帮助买卖双方实现跨国采购，优化采购流程，提升采购效率。

据估计，欧美非标零部件市场总需求超过 8 万亿人民币，然而从中国采购的非标零部件规模仅为 5 000 亿人民币左右。海智在线询盘统计数据显示，平台现有海外客户中 30% 的企业都是首次在中国开展采购业务，根据目前海外订单需求可知，非标零部件跨境电商市场潜力巨大。

在此背景下，海智在线在服务模式创新、技术研发应用、行业资源整合等方面积极探索，为非标零部件跨境出口平台建设提供了宝贵经验。

价值传递：经验做法

在服务模式创新方面，海智在线基于真实订单导向，构建专业跨境在线采供垂直市场，解决国内外采供需求对接痛点。自建买家服务团队，深入了解全球采购图纸和需求；专业工艺工程师团队仔细分析图纸，保障产品质量要求并协助完成加工；组建专职采购中心，管理订单、报价，择优匹配，监督生产；供应商质量工程师团队全程跟踪生产进度，严格保证交付产品质量；专业客服团队，一对一实时反馈信息，及时协调买卖双方在生产、交付过程中的沟通问题。

在技术研发应用方面，海智在线投入大量资本，推进平台数字化、信息化、标准化、规模化运营，打造平台技术优势。深度研发的AI核价工具和工厂智能匹配系统，可以有效实现项目标准化、报价精准化、工厂标签化、生产自动化以及交付透明化，提升平台供应链协同管理能力，吸引更多国外采购商使用出口平台在线下单的同时，实现采购需求和生产供给的精准智能匹配。

在行业资源整合方面，海智在线海外一站式采购服务团队高效协同，充分利用平台规模化、数据化、工具化特点提升行业整体效率。平台一方面可以帮助工厂降低不同产品的工艺开发和管理成本，提升工厂整体生产效率；另一方面可以帮助采购商更快更准更省心地开发供应商，降低供应商管理成本。除此之外，平台利用订单拆分及整合方式管理采购发布的多种类零部件，按工艺和匹配度重新分拆，将加工能力要求相近但买家不同的零部件派发到同一家适合的工厂，集中派单，在提高供应商配合能力的同时保障了交期稳定性。

价值实现：主要成效

平台自2015年成立以来，获得了业内的广泛关注和肯定，先后获得了海尔、清华控股旗下沃富金信、钟鼎资本、智数资本和洪泰基金五轮财务及产业投资。截至2019年9月，海智在线平台全球注册采购商超18万家，超过100个国家和地区发布采购订单，累计采购项目超20 000个，采购额逾千亿元。

3. 支付与结算服务：电子钱包与信用价值兴起

工业品电子商务平台的支付服务主要分为线上支付和线下支付。线上支付主要为第三方支付、账户余额支付、线上储值卡支付、企业电子钱包、信用支付等，线下支付主要为汇款、转账及货到付款。目前支持线上支付的工业品电子商务平台约占51.72%。如工业品零部件BOM（物料清单）供应链平台爬爬网，支持用户通过支付宝、微信或银行卡为平台账户余额充值和提现。掌窝工程机械工业电子商务平台提供线上储值卡和店铺购物卡服务，支持用户使用储值卡充值或购买工业品，但不支持提现。

工业品电子商务平台面向用户提供一种或多种结算服务方式，主要包括直接结算、信用结算和租赁。其中，采用直接结算服务的平台占比63.79%，采用信用结算服务的平台占比31.03%，采用租赁服务的平台占比10.34%。例如，仕泰隆与平安租赁合作，为平台用户提供设备融资租赁服务。

值得一提的是，随着工业电子商务平台的发展及模式创新，一些平台根据实际交易需求推出新的支付方式，例如企业电子钱包和信用支付，以便企业完成在线交易闭环。

企业电子钱包为买家、卖家各开立一个电子钱包，户名为企业名称。卖家发货、买家收货在企业电子钱包系统中完成，当交易完成后，企业电子钱包通过“虚拟账户调账”功能，将买家的资金转入卖家的电子钱包中，而后卖家将资金从电子钱包中转出到本企业的实体账户。

案例 5.11

仕泰隆集团：工业见证宝
——以交易担保为核心的支付结算服务

仕泰隆创立于1999年，专注于“机床＋模具＋自动化”等工业品销售，是中国首家提出“工业超市”连锁概念的企业。2017年成立江苏仕泰隆物联网有限公司，依托线下20年行业经验和全球供应商资源，紧跟“互联网＋先进制造业”的国家战略，整合“供应商＋服务商＋海量用户”等生态资源，通过“工业电商＋科技金融＋数据征信”为金属加工领域中小企业提供一站式公共服务赋能云平台，平台将汇集全球10万家高端品牌供应商、全国1 000万家中小企业采购商和10 000多家综合服务商。主要服务行业为电子通信、汽车制造、轨道交通、航空航天、军工制造、新材料等精密制造业上下游供应链客群。

价值传递：经验做法

工业见证宝是仕泰隆与华夏银行共同开发的支付产品，会员注册时自动生成工业见证宝的银行电子账号（电子钱包），会员无须在银行另行开户。银行为买家、卖家提供“N+1”的资金交割。工业见证宝为平台注册会员企业提供交易撮合服务，为买家、卖家提供电子交易凭证，并显示买家、卖家信息，便于对账，图5.13展示了工业见证宝的工作流程。

价值实现：主要成效

通过工业见证宝支付入口，形成上下游企业交易的资金池，为供应链金融服务提供大数据支持，增加企业互信，提高交易速度，为中小企业提供更好的融资服务。

图 5.13　工业见证宝工作流程

资料来源：仕泰隆集团。

4. 仓储服务：区域配送中心 + 智能仓库

工业品电子商务平台的仓储服务主要分为第三方合作仓库和平台自营仓库。间接物料类平台多以自营仓库为主，据国家工业信息安全发展研究中心统计，建立自营仓库的间接物料类平台在间接物料类平台中占比高达 67%，包括分散各地的仓库、区域服务中心、门店、客户工厂（智能柜）四种形式，从而保证企业采购的商品能够及时、完好地送到企业手中。其中，拥有第三方合作仓库的平台占比 43.10%；提供区域服务中心的平台占比 22.41%，提供分散各地的仓库服务的平台占比 25.86%，提供门店服务的平台占比 22.41%，提供客户工厂服务的平台占比 5.17%。

（1）客户工厂（智能柜等）

平台提供的客户工厂仓储服务主要是通过智能柜的形式实现的。智能柜解决方案是平台基于物联网技术，通过对接客户的ERP/PPS（生产计划系统）/MES/CAD（计算机辅助设计）等信息系统，在工厂车间部署智能柜，以“人脸识别”等先进方式验证身份，实现工厂与零部件供应商的所有信息孤岛的联通。目的是以合理的成本组织整个工厂的物料管理，实现长期性消耗控制：报告物料的所有移动数据，使物料成本更加透明，管理更加容易，是“精益生产、智慧工厂”的重要扩展。如工牛网研发的、有完整发明专利及软件著作权的工厂VMI智慧供应链，采取先进VMI供应链管理模式，以“互联网＋物联网”技术，提供“密封、防潮、防静电、保温、冷藏、冷冻”等各类智能柜，实现供应链数字化、可视化，智能操作高效，上下游深度协同（见表5.2）。

表5.2　客户工厂模式

工厂部门	传统供货	智能柜供货
采购	①买断库存，占用资金 ②供货交期长，容易缺货 ③下采购单、劳神费力 ④跟单催货，劳神费力 ⑤对账结算烦琐	①零库存，节省资金 ②零时差供货商，不缺货 ③系统自动生成采购单，无须下单 ④项目合伙人主动补货，无须催货 ⑤系统自动生成结算单
仓库	①变质生锈，浪费资金 ②手工领料，容易出错	①零库存，无损耗 ②电子标签领料，高效精准，操作简单
生产	①退料不方便 ②用料监管难，容易浪费	①刷脸退料，简单方便 ②自动监控用料，节省资金
高管	①难以获取实时数据，管理滞后	①App+显示屏看板，实时监管，高效便捷

资料来源：工牛网。

案例 5.12

震坤行工业超市

——取货“零距离”，智能化供应链直通生产一线

价值主张：市场需求

智能的库存管理模式是制造型企业的发展诉求。比如，JMI（联合管理库存）的成熟应用，这是在VMI的基础上发展起来的上游企业和下游企业权利责任平衡和风险共担的库存管理模式。强调供应链中各个节点同时参与，共同制订库存计划，使供应链过程中的每个库存管理者都从对方的协调性考虑，使供应链各个节点之间的库存管理者对需求的预期保持一致，从而消除需求变异放大现象。KeepStock是固安捷近年来非常重要的对外解决方案，它是指通过系统直连/Vending Machine（自动售货机）/驻场服务为客户提供不同的MRO解决方案。比较有代表性的就是客户管理库存和供应商管理库存。在欧美企业精简供应商的大趋势下，KeepStock成为固安捷在过去5年内增长的重要驱动力。

价值传递：经验做法

在终端客户现场，震坤行创新性地提出了智能仓库这一新型仓储模式。通过智能仓、移动集、智能柜等智能仓储设备，帮助客户实现联合库存管理，从而在配送、仓储等环节打造智能化的供应链，实现了MRO物料零库存、无人化管理。具体而言，就是把仓库前置到工厂的生产现场，对于易耗品完全实现24小时无人看管，领用情况通过物联网系统进行实时监测。“领用即下单，月度再结账”的联合管理库存模式，缩减了所有流程，能够显著降低工厂的库存压力和库存成本，解决行业库存管理痛点。

价值实现：主要成效

为了满足客户的长尾需求，震坤行一直在加快布局全国服务网络，截至2019年9月底，在全国铺设线下区域联合总仓9个，区域服务中心共计50个。计划到2020年，在全国建成12个联合总仓及300个区域服务中心。

以震坤行为代表的智能仓储的解决方案，结合“互联网＋物联网”，通过智能硬件和传感器，自主研发在线智能仓储管理系统，将智能小仓库和无人仓库摆放在工厂现场，通过实时在线、免费开放，高频使用及精准的数据记录，实现了MRO物料的零库存、零流程及无人化管理，促进了整个产业的库存下降，效率大幅提升。

（2）区域服务中心

平台的自营仓库最大程度地表现了企业实力。当企业将产品储存在自有仓库时，会给客户一种长期持续经营的良好印象，使客户认为企业实力强、经营稳定，这有助于提高企业的竞争优势。据国家工业信息安全发展研究中心统计，设立区域服务中心仓的平台在整个间接物料类平台中占比22.41%。

案例 5.13 中驰车福联合电子商务（北京）有限公司
——围绕汽车后市场的区域化智能配送服务

价值主张：平台定位

中驰车福联合电子商务（北京）有限公司（以下简称中驰车福）由联想集团全球原副总裁张后启博士创办，是国内领先的汽配供应链服务云平台。已在产品供应、客户销售、平台和配件数据、仓储物流和供应链金融等方面逐步建立核心竞争力，2017年位列中国B2B百强企业第十四位（在汽车配件B2B领域排第一位）。

由于种种原因，多年以来国内汽车配件行业和技术垄断现象严重，主机厂只向4S店、特约维修店等授权机构供给汽车配件和提供维修技术，导致授权体系内的产品和服务价格高昂，汽车零整比甚至达到近10倍（2017年10月奔驰GLK车型的零整比达到8.3倍）。授权体系外，独立售后市场存在40多万家独立维修企业，服务水平也是良莠不齐，它们在整体行业处于垄断的情况下无法从正规渠道获得原厂配件，只能通过若干级代理商采购其他品牌配件，而市场充斥着高仿、假冒伪劣配件，配件质量无法获得保证，流通市场非常混乱。

为改变传统授权体系垄断严重，流通市场混乱的局面，中驰车福核心打造“互联网+”平台，赋能零售服务商，与其共同服务汽修厂。其中，零售服务商包括中驰车福与各地合作伙伴合资成立的区域运营公司（管控力更强），以及开放赋能社会化的零售服务商（扩展速度更快）。

价值传递：经验做法

赋能中驰轮胎零售服务商。中驰车福在各区域通过协议控股轮胎合作伙伴作为其区域授权轮胎业务运营商，从各自区域自采通过中驰轮胎供应链销售给所有轮胎店，通过交易数据找到各区域规模较大的轮胎店，作为中驰轮胎零售服务商。中驰车福为中驰轮胎零售服务商赋能集采、平台和数据及供应链金融，提升自身赢利能力，同时为周边其他小轮胎店和维修店提供轮胎销售和配送服务。最终，将建立覆盖全国的轮胎服务网络，逐步撬动所有轮胎品牌厂商直供。

赋能车型件零售服务商。中驰车福车型件业务核心是，与车型件零售服务商（小V）合作，建立区域运营公司，双方合作经营。中驰车福通过整合上游车型件供应资源，赋能车型件零售服务商开展三类业务，一是面向汽修厂的零售业务，二是整合车型件零售服务商的需求与上游供应商集采，三是满足供应商之间同行销售。目前，车型件业务已覆盖纵向20~30个主流车系和市场保有量80%以上车型，覆盖横向60个主流品类和90%以上产品。车型件业务经过不断迭代，零售业务快速落地发展，并且已陆续在北京、上海、广州、杭州、郑州建立共管仓服务车型件业务，最终将建设100个共管仓，覆盖全国主要城市。同行销售也发展迅速，集采服务已经启动。

赋能易损件零售服务商。中驰车福易损件业务核心是，通过下沉区县级招募易损件零售服务商（R），覆盖更多地县级汽修厂。中驰车福整合上游配件厂商资源并赋能易损件零售服务商，为易损件零售服务商提供全品类产品，做到按销补货、滞销换货，不断提高库存周转率，为R提供定制化本地商城和底层标准化配件数据，使易损件零售服务商实现自主经营。目前，易损件业务已实现全品类覆盖和多品牌组合，经过快速拓展业务覆盖全国近30个省份，平台会员汽修厂超过5万家，并且与维修连锁、主机厂、保险公司等大客户开展战略合作。

赋能仓储物流。中驰车福建立VMI（厂商库）—RDC（中心仓）—FDC（前置仓）的智慧化供应链运营机制，为上游厂商提供全程供应链看板，实时看到各级库存和终端销售数据，指导厂商精准补货生产，帮助厂商转型大规模定制模式。中驰车福借助云计算和大数据分析，基于FDC—RDC—VMI模式反馈机制，动态区分产品类型（快消件、常用件、长尾件），每天补货，不断迭代优化库存周转，不断提高整体供应链运营效率。

价值实现：主要成效

中驰车福基于各类业务特点，为易损件、轮胎、汽保工具建立20多个中心仓和数百个前置仓，覆盖全国近30个省份；为车型件设立共管仓，覆盖全国主要城市。同时，通过整合专线物流并建立城配体系，实现全天公交式门到门终端配送，最终保证产品稳定、及时交付。中驰车福不断打造 4PL（第四方）物流系统，全面提升仓储物流效率，降低物流成本。

（3）线下门店

随着电子商务领域进入存量竞争阶段，拼价格、拼服务已成为电子商务竞争的重点方向。而平台建立的分散各地的仓库的物流服务，能够保证物流效率，提升服务水平。目前，通过建立分散各地的仓库完善仓储服务能力的平台占比为 25.86%。

统计数据显示，中国有 82% 的工业客户会选择通过“线上工业品商城”购买工业用品，87% 的亚洲受访者表示会更多地考虑线上采购。若想真正让零售商从传统的电话或 QQ 类订货方式转向线上,需要学习成本，也需要建立信任，因此，线下门店必不可少。据国家工业信息安全发展研究中心统计，建立门店的间接物料类平台在间接物料类平台中占比达 22.41%。如果设备供应商加盟工品汇线下 O2O 门店，即可享受丰富的品牌资源、优厚的激励政策和专业的硬件支持。目前，工品汇 O2O 门店已覆盖全国，累计开设数百家。

5. 物流服务：以第三方为主

MRO 品种多、批量小、管理复杂、难度大、费用高，电商平台通过集中客户与数据处理，可以让库存更加科学，库存周期更短，SKU 更多，既可以实现集中配送，也可以委托第三方完成配送。根据国家工业信息安全发展研究中心统计，目前可提供第三方合作物流服务的平台占间接物料类平台的比重超过 58%，与此相比，配置自营车队 / 人员进行运输服务的平台占比不到 16%。第三方物流在衔接供应商生产销售管理与工业企业采购库存管理方面具有多重优势，既能为上游供应商提供准确、及时的订单信息，避免出现供需不匹配现象，又能满足下游及时、快捷配送的需求，降低工业企业库存成本，实现采购计划平稳、销售顺畅。

第三方合作物流为工业品电子商务平台带来三方面好处。一是企业能够将相对有限的人、财、物集中于核心业务，进行新产品和新技术的研究与开发，以提高自己的竞争力；二是与配置自营车队/人员的平台相比能减少相关固定费用，如包括车辆投资、仓库费用、发货设施费用、人员工资等开支；三是借助物流计划和适时运送手段，使平台减少库存开支。例如仕泰隆与合作物流商一同为平台供应商提供物流服务，在平台供应商发布物流需求后，平台合作物流商（物流公司、快递公司、零担车队）承担配送职责，将货物送达客户，大大节省供应商成本，提高发货效率。

三、能力类工业电商平台：共享经济下的新宠

（一）数字新技术提升制造资源与能力开放共享

能力类工业电子商务平台是指围绕生产加工、计量检测、物流配送等制造资源和制造能力的均衡配置，提供在线化、网络化、协同化服务的电子商务平台。能力类工业电子商务平台与制造业产能共享的概念密切相关，其主要目的是整合配置分散的制造资源和制造能力，实现生产资料和制造能力的高效配置。从能力包含的内容来看，包含生产能力、技术能力、综合服务能力等。

1. 形成以大型制造企业搭建开放式平台为核心的多方协作生态

能力类的工业电子商务平台的参与主体主要包括大型制造企业、第三方互联网企业、中小制造工厂，以及研发、物流、仓储等生产性服务企业。其中，大型制造企业、第三方互联网企业多为平台搭建者，中小制造工厂、

生产服务企业多为平台的资源供应方或需求方。

大型制造企业搭建的开放共享型生产制造能力平台比较常见。实际应用中，大型制造企业以自身生产能力搭建开放式共享平台，将自身生产设备、工厂生产线、办公空间、工人等资源开放。比如，航天云网云制造平台以企业研发生产及其协作配套为核心内容，将航天科工的产品设计、工艺、质量保证、制造、试验等丰富的资源进行优化重组，提供全产业链云端信息化作业平台及应用服务，实现制造资源和能力的发布、选比、搜索、评价等功能。

第三方互联网企业搭建平台主要通过承接订单，根据需求拆解将其分配或对接给合适的制造企业。比如，第三方平台“淘工厂”立足于纺织服装行业，主要为淘宝上的卖家提供产品生产服务，实现生产供需方的对接，整合工厂的空闲档期以实现协作生产，更好地满足需求方要求。一方面解决商家找服装加工厂难的问题；另一方面通过共享闲置产能，提升工厂的生产效率。

2. 提供以工业互联网为基础设施的多样化制造能力服务

随着大数据、云计算、物联网、数字孪生、边缘计算等技术在工业领域的深入融合应用，工业互联网等基础设施不断完善，能力类工业电子商务平台功能日趋成熟，实现包括研发、采购、生产、质检、物流等多种制造能力的在线发布、协同和交易，使需求方可以根据自身的生产需要选择定制化的能力内容。

工业互联网能够实现工业全要素、制造资源的泛在连接和弹性互补，能够为产品赋能，形成新的工业分工方式，从而推进除生产能力共享之外的研发、检测、物流等多种制造能力实现在线交易和协同。而通过技术的运用，能力类平台可通过集聚多个类型服务资源、云化资源或者优化自身资源能力的方式，推进工业软件、制造资源的在线调用和共享，面向全行业提供生产加工、计量检测、测试认证、物流配送等服务，推动制造资源与生产能力的集成整合、在线分享和优化配置，打造网络化协同制造新模式。

以“生意帮”为例，“生意帮”通过整合甬台温等地区的中小微工厂，基于工业互联网构建的协同制造供应链体系和第三方能力电商平台，利用物联网、云计算等技术实现工程验证、软件衔接、过程管理等多种产品生产的增值服务。智能云科平台基于工业互联网，将工厂机床装备统一接入，实现智能装备的在线互联，连接智能制造装备、智能工厂，连接区域制造生态，通过装备互联产生的工业大数据，提供行业供需对接、生产力协同与产品定制的生产服务，以实现装备的全生命周期运营，提高装备利用率，打造制造业新业态。

3. 解决资源配置失衡与产能利用率低等行业痛点

目前，我国制造业资源配置不均衡、供需信息不充分对接等问题较为突出。一方面，淡旺季失衡，淡季时订单不足，劳动力、设备等闲置率高，旺季时生产压力大，劳动力供应紧张，生产成本加大。另一方面，供需信息不对称，对核心资源及服务能力的整合与对接能力较弱，比如，当企业有订单需要购买数控机床的加工能力时，往往找不到拥有相应制造能力的企业。

通过能力类工业电商平台，企业的富余的制造能力能够实现在线发布，供需信息能够实时对接，拓展了企业上下游配套圈，实现资源的最大利用，重构制造体系中的分工、合作和协同关系，降低生产活动中的协作成本，提高生产交易效率。随着越来越多的大型制造企业开放能力资源，以及越来越多的第三方能力平台出现，中小企业可通过以租代买、线上供需对接等多种方式，低成本地共享优质制造能力，有效降低创业者及小微创业企业获取设计、咨询、融资等资源 / 能力以及同等的市场竞争机会的门槛，支持产业技术创新、商业模式创新和管理创新。

以航天云网云制造平台的价值为例，通过打造制造的交易市场，实现制造资源的竞争性配置与增效，动态盘活了资源，减少了重复投资，提升了企业整体竞争优势。

（二）个性化、多元化、协同化制造能力需求稳步上线

工业互联网等技术浪潮正在引领工业逐渐从封闭走向开放，企业间的合作关系不断发生变化，工业服务模式创新，按需定制、个性化、多元化等新生产能力需求的交易逐步显现。

1. 分行业、分地区制造资源能力协同，共享服务与日俱增

围绕设计、采购、生产、营销、售后服务等产业链环节，以研发设计能力、生产能力、管理能力、试验能力、分析服务能力等为核心的制造资源的协同共享生态体系加速形成。越来越多制造企业、ICT 企业共同提供自身的生产制造能力，共同使用云服务、生产设备、工厂生产线、办公空间、工人等资源的平台，实现订单共享、协同生产等云端信息化作业平台及应用服务。

比如，“生意帮”聚焦于挖掘甬台温等地区的小型制造企业的制造能力；佛山市家居行业推出云制造平台，深度整合与配置线上线下资源，打造区域内家居产业链条上下游企业内外部生产、设计、销售、物流等环节的云协同体系。目前，已有 130 多家龙头企业入驻平台，并带动两万多家企业集聚。

2. 平台客户个性化、定制化需求不断升级

能力类工业电子商务平台有效改变了制造业的运行模式。对于平台上的需求端企业来说，同为生产制造过程中的深度参与者，由于其区域、行业、能力、应用场景等不同，呈现出个性化应用需求，需要平台供给端提供个性化定制的解决方案。所以，现有的能力类平台不断衍生丰富制造能力服务的内容，来满足不同用户的多样化需求。

以三一重工集团建设的在线诊断能力平台为例，它能够实时远程在线监控工程机械的运行状况，深度挖掘装备运行大数据并及时有效地安排设备检测和维修；“找我测”平台聚焦于检测行业，不断挖掘检测深度、完善数据资源中心，提供全数字检测服务。

3. 从研发设计协同到服务协同的全价值链，以及全生命周期生产制造等多元化能力服务需求加速深入

能力类电子商务平台除了提供生产制造能力共享服务外，更重要的是为制造过程提供各种技术能力服务，包括数据共享、设备和工厂维护、生产控制、产品管理等。这些服务的实现主要是随着工业互联网应用的不断推广，推动平台各主体开展生产设备及智能产品的泛在接入、供应链运营管理流程的云化迁移，以及经营管理系统与工业电子商务平台的无缝对接，构筑 IT 和 OT（运营技术）融合、产品全生命周期环节贯通的供应链数据资源体系，使工业电子商务平台交易不仅仅局限于实体商品的交易，研发设计能力、测试检验能力、物流服务能力等多元化制造能力的交易变成可能。搭建能力类电商平台对工业技术的要求较高，需要拥有较完善的工业技术服务系统、较高的管理能力和专业人才等。

目前，能力类平台上可提供的服务范围逐步扩张，涵盖从研发设计、生产制造、产品管理到维修售后等全价值链上的技术服务，通过技术服务和技术输出，为企业制造能力赋能。例如，东莞市与中国科学院合作共建智能制造云服务平台，推进研发设计、数据管理、工程服务等制造资源的开放共享。智能云科 iSESOL（工业互联网平台）提供装备全生命周期服务，包括机床档案获取、保养与维修、联网监控、机床再制造等，有助于企业间产能的盈缺互助、上下游产能的协同互补，以及跨区域、跨行业的协同，成就“万能工厂”。全生命周期制造能力主要服务内容见表 5.3。

表 5.3　全生命周期生产制造能力服务主要内容

分类	具体内容
工业设计类	解决制造企业工业设计类软件的在线接入及在线使用问题，包括 CAD、CAE（计算机辅助工程）、3D 展示等
生产制造类	生产过程管控、仿真设计、质量检测、计量检测等
运维服务类	故障检测、远程监控、能效优化等多类应用
数据分析类	大数据展示、数据决策
企业管理类	协同办公、客户关系、人力资源、企业资源管理、财务管理等模块
其他	与生产制造能力相关的服务

资料来源：作者根据公开资料整理。

（三）协同制造、精准定制等能力类平台服务模式日趋成熟

能力类工业电子商务平台包含传统的信息服务、交易服务、供应链金融服务等，支持各类制造需求与制造服务在线发布、搜索、询盘、应标、选比、评价等供需对接全过程，同时基于新的需求以及新技术的推进，衍生出协同制造、信息技术、精准匹配等新型服务内容。

1. 中介型或开放型等协同制造服务

从当前衍生出来的协同制造服务来看，协同制造类能力平台的参与者主要是同行业、同区域中的企业。一方面，这些同行业的制造企业拥有相似的生产流程和标准，工序的分离与协同生产可以更好地实现对接；另一方面，区域集中性让空间、设备、生产线等协同共享变得更加容易，也有利于降低物流成本，促进上下游产业的集聚。

目前，提供协同制造能力的平台主要有两种搭建方式。一种是由第三方企业主导的中介型协同制造能力类平台，为制造的供需双方提供对接服务的第三方平台，平台自身不拥有诸如设备、厂房等制造资源。平台充分整合多方资源，促进供需双方对接，需求方可以寻找多个生产方实现众包生产，生产方也可以根据自身产能同时接受多个订单。例如淘工

厂、硬蛋科技等。另一种是由大型制造企业自己搭建或者小微企业联合搭建的开放型协同制造平台，以租赁和购买服务的方式交易企业闲置的能力资源。

案例 5.14 航天云网云制造平台开放制造能力

航天科工集团下属企业近600家，设计资源/能力分6大类，包括708款关键设计软件；试验资源有17大类，共452个试验设施；生产制造资源包含16大类，各类生产设备达到5 150台（套）。

价值主张

航天科工集团的制造资源的总量相对丰富，但是大多处于分散、封闭的状态，再加上科工集团每年有上千亿的能力协作及采购需求，以传统的招投标、电话沟通、实地考察、线下谈判、合同签约等方式完成交易，存在配套圈固化以及对市场价格波动反应迟缓的弊端。开放生产制造能力能够最大限度地帮助企业降本增效。

价值传递

打造制造能力交易市场，实现竞争性配置与增效。云制造技术与能力交易的应用就是利用市场化原则，解决资源大多数处于低效运行状态、实际运行忙闲不均、时有局部短缺的情况甚至负效运行的大难题，在不触及体制重组问题的情况下，是针对提升资源利用效率的一条有效途径。

拓展接入制造能力服务，动态盘活减少重复投资。通过云制造云协作平台，以技术手段实现资源竞争性配置，按照市场化原则，以能力交易平台促进专业化能力和水平的提升，便于由易到难、由简入繁地阶段性、渐进性操作，避免通过行政手段一步到位带来的剧痛。以时间换空间，变剧痛为阵痛，将巨大矛盾化为较小矛盾逐步消化，便于各方接受，减少博弈。每个单位都可以通过自身的努力发扬自己的长处，找到自己的准确定位与合适的生存发展空间，不断地激发创造热情。

构建按需动态能力协作平台，提升整体协同竞争优势。在当前相对封闭、固化的配套格局下，航天科工集团现有的信息化建设只实现了制造资源/能力在有固定协作关系的单位之间的集成与协同。在实现了竞争性的对接交易以后，各类跨单位的业务协作缺乏信息化平台支持，直接面临协作效率低、信息一致性差等问题，无法支持精益管理从单位内部有效延伸到业务上下游，不利于打通产业链、优化价值链、形成产业整体竞争优势。航天云网为此定制化打造分布互操作的动态协作网络，实现业务数据的灵活采集、按需分发、高效传递，业务过程的柔性重组、自动衔接，并实现全局优化。

构建全网协作平台，提升人工询盘、跨企业招标难等问题。航天科工集团在航天云网的私有云能力协作平台上公开询盘，集团内部企业优先报价，提供多种解决方案，如未通过方案优选，则流转至航天云网公有云平台，向社会企业公开招募能力协作需求，扩大能力协作选择，最终选择最合适的供应商，从而解决跨企业询盘问题。

通过质量认证及信用评价体系，解决能力需求双方信任基础。航天云网对此问题建立了完善的质量认证体系，通过第三方平台爱信诺的征信基础报告，完成航天云网的实名认证，通过多种线上线下结合的验证方式，提高认证的等级。针对已完成能力交易的双方用户，提供双向评价的平台，不仅供需双方可以获知彼此对合同执行的满意度，也可以为其他企业挑选客户提供参考。

价值实现

航天云网云制造能力协作平台在这样的背景下，以航天科工集团各单位核心资源/服务能力，在云制造平台实现资源和能力的对接、公平比选、线上交易的应用示范，奠定了集团协同共享业务运行的基础。2017年，航天云网公开资源能力累积发布1.1万余条（不包含专有云涉密数据），能力需求发布8.7万余条，总金额738亿元，成交金额超过271亿元。

2. 数据驱动的定制化、精准化解决方案服务

现阶段，能力类工业电子商务通过应用智能化的设备、传感器、物联网的信息技术，能够获取供应链上下游数据，拓展供应链数据资源集成、分析、应用能力。通过提升数据资源集成、分析应用能力，涌现出服务于上游供应链精准管控、下游供应链精准营销和产品预测性维护等供应链典型场景的定制化解决方案，推动以数据为驱动的供应链能力配置。例如智能云科以机床能力的精准匹配与在线交易为牵引，形成集聚在云端的人、设备、工厂等生产要素大数据资源池，并建设工业App应用商店，培育形成智能增效、刀具预警等工业App，打造工业App应用服务闭环。

另外，能力类工业电子商务平台还能通过沉淀生产制造全流程的交易数据，基于供需企业的地理位置、装备工况、工艺能力、设备工艺、产能、人员、原材料、物流能力等因素，连接企业计划层与生产过程控制层的生产信息集成，通过大数据、人工智能等分析技术，实现“供—需”智能筛选和精准匹配，并由平台支持订单的交付、支付和双线评价，进而提升产业整体协同优化，实现资源的竞争性配置与增效。

案例 5.15 生意帮打造协同智造众包平台

价值主张：协同智造的众包平台模式

生意帮协同智造众包平台，通过互联网智能匹配、众包分包，为所有有新产品定制开发需求的客户提供柔性供应链服务，搭建全国领先的云工厂，通过产品的标准化实现网络化协同生产。生意帮平台上主要的服务提供者是小微工厂。生意帮是典型的轻资产模式。平台在接到用户订单后，通过需求拆解、设计优化、工程验证等环节，将产品生产任务分解到最基本的生产单元，然后分包给具有比较优势的小微工厂，在平台的智能调度和统筹优化下，实现协同生产。通过协同生产，最大化利用社会闲散产能资源，以低成本快速实现产能的集中调度和供应链的弹性整合。

价值传递：利用工业互联网设施打造多层次能力服务

生意帮协同智造众包平台依托物联网、互联网等新一代信息技术，整合甬台温等地区中小微工厂形成结构件的协同制造供应链体系，搭建互联网众包平台，建设针对智能硬件研发、工艺优化改良等专业的工程验证实验室，并搭建“物联网 +C2M/M2C（用户直连制造 / 生产厂家对消费者）”的协同生产物联网平台。平台核心模块主要包括四部分：协同制造供应链体系、众包服务平台、智造工程验证实验室和协同生产物联网平台。基于上述功能模块，平台可以根据产品生产需要，随时组合形成针对该产品的“云工厂”，盘活闲置产能进行生产，无须购买设备、扩建厂房，也无须培训工人。

价值实现

目前，生意帮已经聚集了 15 000 多家有“绝活”的小微工厂，覆盖 23 个大行业分类、131 个细分加工行业。在成立不到一年的时间里，产值已经达到 1 亿元，月增长率达 70%。

四、综合类工业电商平台：互联网能力的产业端传导

（一）传统电商平台转战工业领域，以技术赋能工业企业转型

1. 建设主体：综合性平台多由京东、阿里巴巴等传统电商企业搭建

工业电子商务综合型平台多由传统互联网企业搭建，其业务模式多以资源统筹、技术支撑赋能工业企业数字化转型。综合性平台可一站式覆盖企业办公、工业辅料、生产物资、生产制造能力等多个场景的业务需求。国内综合性电商平台借助在 B2C 领域积累的丰富经验、大数据资源和强大的技术支撑，使业务模式基本成熟，进入高速发展阶段。2018 年，企业电商化采购市场综合性平台的交易额已接近 2 000 亿元，年复合增长率 83%。[①]

目前，京东推出的京东企业购致力于打破工业各环节的壁垒，通过建立企业级供应链，在供应端提高效率、降低成本，在需求端实现零售基础设施升级，并运用智能技术驱动整个工业行业的资金、商品和信息流动不断优化，构建工业行业的闭环生态圈，推动自身逐步从采购供应商升级成为企业采购领域的综合解决方案服务商。阿里巴巴打造的四大企业级服务入口——1688 大企业采购平台、企业汇采、阿里钉钉、淘宝企业服务频道，全方位为企业提供工业制造全场景的企业采购服务生态。

① 数据来源于《中国企业电商化采购发展报告（2018）》。

2. 主要优势：以规模效应、技术水平、资源能力等见长

综合类电子商务平台利用其在消费互联网领域积攒的经验，在转向工业电商之后，依然拥有领先优势，其中以规模效应明显、资源能力强、服务体系多样化见长，成为传统制造业开展数字化转型的重要载体。

一是规模效应明显，汇集资源能力强。综合类电商平台由于强大的品牌公信力，供给端和需求端都能汇集强大的资源池。从交易的产品来看，综合类工业电商平台的产品品类丰富，并且多种品牌商家汇聚，很容易形成供给侧规模效应。从用户规模来看，该类平台用户基数大，需求侧规模效应明显，相对来说就摊薄了昂贵的流量购买成本，流量优势突出。

二是技术水平强，能够满足不同类型需求。此类平台依托在云计算、人工智能、大数据、区块链等领域的优势，能够为用户提供全方位的智能搜索、在线交易、集采集销、数据分析、金融增值及线上线下融合等系统化服务与整体解决方案，能满足不同类型客户的需求。

案例 5.16 京东采购云平台的智能采购服务

2014 年 5 月 18 日，京东企业频道——京东企业购上线，通过智采、慧采、云采、翼采四大企业级采购平台与客户实现无缝对接，有效提高效率，合理管控成本，让企业采购变得阳光、高效、简单。2017 年 6 月 28 日，京东正式进军工业品领域，为工业企业提供线上贸易、采购等全流程服务。京东工业品频道在 9 月 6 日正式上线，一经上线，超过 200 家行业知名品牌商在京东开通其线上销售渠道，向工业电商化迈进。

价值主张

京东企业购虽然起步晚，但发展迅速，通过智采、慧采、云采、翼采四大企业级采购平台，分别面向已建成企业内部采购系统的大型集团型企业、没有自建采购管理系统的企业级用户、小微型和创业型公司、京东自营企业级客户，进行采购平台与不同类型客户的无缝对接，完成技术多形态部署，覆盖全类型的管理系统，匹配各种系统采购与需求，为企业提供高效、便捷的采购服务。

价值传递

京东采购云平台通过运用工业大数据、人工智能等技术，为企业客户提供精准化、智能化的采购销售服务。

依托于京东大数据平台，对企业所需商品进行个性化分析、遴选，形成成熟的选品模型，通过大数据模型匹配，快速导出满足企业采购需求的产品池，智能而高效。

通过智能供应链，对前置仓管理、智能补货、销售预测等环节进行智能化管理，加上定点送、定时送、精准达等配送服务，提供高效的采购供应链服务。

通过分析采购历史行为，深挖数据价值，给采购决策者和管理者提供清晰的数据决策报告，实现数据的可视化管理。

京东在原有的物流网络基础上，面向企业级需求建立基于场景并能实现端到端服务的物流供应链体系。

价值实现

在工业品厂商方面，京东企业购与三一重工、博世、史丹利等多家知名工业品品牌商签约，让工业企业在线上完成从采到销的过程。2017年，京东企业购已涵盖工业品绝大多数品类，包括工具、劳保、电器、清洁、包装、照明、安防、仪器仪表、金属加工等九大类；各大品类TOP（头部）品牌覆盖率达到80%，实现工业品商品销售同比增长230%。目前，京东企业购约占整体企业电商化采购市场份额的49%，为制造业整体实现15%的综合成本节约和30%的效率提升。

三是资源能力强，易于实现综合集成。综合类工业电子商务平台具有雄厚的行业资源、强大的客户基础及丰富的专业经验和技能，能聚合产业各利益相关方，深挖产业目标客户群，实现跨界服务的横向集成及供应链上下游资源的纵向集成。

（二）大企业"采"和小企业"销"

1. 大型工业企业对阳光、透明采购的需求日趋上升

对于工业基因很强的大型企业来说，由于组织机构庞大，存在低效率、高能耗的生产痛点，以及经营管理方式老套、数字化或智能化水平亟待提升等发展瓶颈，需要通过发展工业电子商务解决供应商管理效率不高、优质资源难以获取、采购成本偏高等问题，从而在整个集团层面实现阳光、透明、高效的采购，达到降本增效的目的。综合性工业电商平台能够提供在线询价、在线竞价、电子招标、超市化采购等多样化、一体化采购服务，满足大型工业企业阳光、透明、高效的集中采购需求，助力其实现内部流程再造与外部资源协同。

从现有的综合性电商平台来看，阿里巴巴大企业采购业务的主要客户包括中国联通、山东万华、中国铁建、中粮、中烟、神华集团、正大集团等160余家大型企业集团，助力其实现透明化采购。京东企业购则与三一重工、博世、史丹利等多家知名工业品品牌商签约，让大型工业企业在线上完成透明的从采到销的过程。

2. 中小企业急需利用平台拓展数字化营销渠道

中小企业急需开拓市场，痛点在于企业自身资源（资金、人才、技术、线上流量等）有限，数字化和智能化的能力和渠道缺乏，迫切需要通过工业电子商务平台实现从粗放式管理到精细化管理的转型升级。针对中小企业在线营销需求，综合类电商平台打造定制化线上门店，提供门店装修、维护、管理，门店和产品信息展示、推荐，用户、物流等资源对接，基于数据的经营决策支持服务，以及培训、展会等服务。帮助中小企业精准对接上游海量采购需求，提升其下游分销商的招商、铺货、渠道管理和营销效率，降低渠道管控和市场推广成本。

以阿里巴巴 1688 网站为例，平台目前有超过百万个认证中小企业供应商搭建起面向大型工业企业买家供货的渠道。慧聪网也为中小企业提供以标王搜索、买卖通、采购通及流量宝等增值服务为基础的在线交易解决方案，并通过系统速配的询盘宝和线下洽谈会、交易会、展会、行业品牌盛会等促进业界沟通与活动，加强线上线下营销互补效应，最大化电子商务营销效果，提高交易成功率，助力中小企业发展。

（三）以云化软件为切入点构建新生态

1. 数字化基础设施与智能采购服务

综合类电商平台借力于自身在消费互联网行业领域的技术积累，在工业品买和卖的基础上，不断丰富自身能力类的交易产品，围绕生产制造企业、研发设计企业、创客、终端消费者等主体，汇集产品交易能力、设计研发能力、制造能力，打造按需定制平台，支持与企业内部以及外协制造企业中的有关生产管理系统 ERP、MES、PLM（产品生命周期管理）、SCM（供应链管理）等集成，提供按需研发、设计、生产和个性化采购与直销服务，服务内容、服务产品越发多样化，逐步发展成为囊括从研发、生产、采购到销售等服务的一站式平台。

案例 5.17

阿里巴巴（中国）网络技术有限公司
——以数字化基础设施为切入点的采购供应链管理整体解决方案

1688 网站是国内领先的工业采销平台，拥有近百万注册付费会员、超过千万采购买家和千万注册供应商。近百万的付费认证会员和超过千万的各类采购买家，提供了从海内外生产商及批发商采购产品的渠道。1688 网站经过十余年的发展，成为全球首个企业类注册用户超过 1.2 亿人的平台。每天超过 1 200 万客户来访，产生 1.5 亿人次在线预览；覆盖原材料、工业品、服装服饰、家居百货、小商品等 50 余个一级行业，1 709 个二级行业，涉及数十亿商品。

价值主张：平台建设切入点

传统采购以线下面对面交流为主，并通过电话、传真和书面合同辅助沟通，这是采购的 1.0 阶段。后来，国内企业纷纷引入 ERP 系统，试图通过信息化建设来提升内部管理效率，但总体上还是停留在点对点沟通的层面，难以形成中心化的集中采购效能，过程也不够透明化、可视化。急需通过技术与数据赋能，打通部门间的信息孤岛，实现各个管理系统的有效连接及上下游企业的高效协同。

价值传递：经验做法

从 2013 年起，阿里巴巴开始打造面向大型企业的互联网采购项目——“阿里巴巴大企业采购”，依托于 1688 网站千万级的企业供应商，连接蚂蚁金服和菜鸟网络等结算支付、金融服务、物流基础等业务板块，搭建起了从采购需求、寻源、采购执行到合同签订、支付的全过程线上一体化的集中采购平台。

同时通过阿里云高效的大数据和云计算服务能力，拥有智能化建模体系，具备对不同领域快速定制建模的能力，对供需双方精准匹配和推送的能力，形成以物资采购为核心，有效串联信息流、物流、资金流，反哺生产、制造、销售全方位的智能化采购服务平台。同时辅以阿里巴巴线下生态服务中的技术推广、管理咨询、金融服务、人才培训、市场拓展等信息化综合服务手段，推动信息化与工业化的深度融合。

大企业采购项目通过与工业企业管理信息系统的综合集成，提高供应链协同和商务协同水平，实现产业链上下游企业的信息共享和业务协作。平台提供了一整套的开放API帮助企业实现与ERP、SRM、财务软件、OA（办公自动化）等系统的对接，帮助企业在实现电商化采购的同时，更大限度地提高管理水平、工作效率并降低管理成本。在通用性方案的基础上，平台还会按照不同企业需求，为其定制个性化的集成对接方案。

价值实现：主要成效

目前，阿里巴巴大企业采购业务已实现在线集中采购额一年达约千亿元规模，并成功帮助中国联通、山东万华、中国铁建、中粮、中烟、神华集团、正大集团等近300家大型企业集团实现降本增效，并为阿里巴巴1688网站上超过百万个认证中小企业供应商搭建起面向大型工业企业买家供货的渠道。

2. 快速3D建模和图像识别技术提效商品数字化服务

借助互联网、人工智能、图像识别等技术，工业企业传统产品快速实现产品3D建模，产品类型、材质、属性、参数比对识别，多角度视频快速拍摄，打造工业电商商品智能数字化应用解决方案。让工业企业扫描设备或商品照片，自动识别商品类别、属性，生成产品在电商平台的名称、卖点文案、商品视频，自动处理图片和生成商品详情，快速实现产品在电商平台的上架上新，降低电商经营成本，提升产品数字化准确性和企业经营效率，图5.14展现了阿里巴巴慧眼识货商品数字化过程。

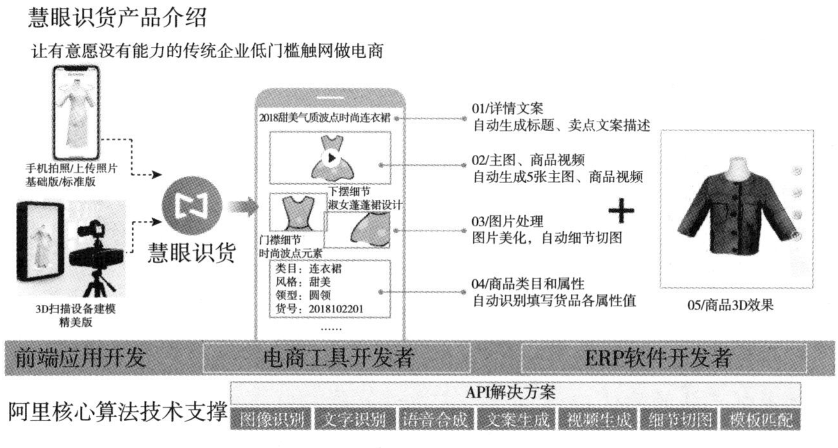

图5.14　阿里巴巴慧眼识货商品数字化示意图

资料来源：阿里巴巴。

案例 5.18

阿里巴巴（中国）网络技术有限公司
——快速3D建模和图像识别技术提效实体商品数字化解决方案

1688慧眼识货是1688平台联合达摩院、阿里云、阿里妈妈以及生态合作伙伴，通过人工智能等前沿科技帮助传统企业在不改变原有经营习惯的情况下低门槛轻松上线做电商，同时帮助1688会员企业提升产品上线效率、降低上新成本、提高商品详情页美观程度的应用工具。

企业通过慧眼识货的应用，即可实现用手机拍一张照片，系统自动识别并填写商品类目、属性，根据商品属性自动生成标题、推广文案，自动完成商品细节切图并搭配卖点文案，自动排版并支持海量精美模板，提升上新效率，大幅降低使用门槛。搭配1688自助研发的魔立拍3D扫描设备的慧眼识货，在拍摄箱中放入待上线的商品，仅需5分钟即可自动拍摄完成商品多角度高清白底照片和3D全景展示，整套流程全部由机器自动完成，显著降低上架商品的人工成本、时间成本，让工业企业从事电商经营更轻松。

解决方案设计及价值

以产地产业带企业为切入点，打造新一代智能电商综合应用工具，降低产业带企业人力成本，减少重复性工作投入，助力电商全面提效。同时，自动生成的产品3D模型，还可应用于工业企业产品快速推广，个性化定制产品的快速建模，产品三维设计等工业应用中。慧眼识货的快速3D建模搭配3D打印技术还能够实现个性化产品的快速生产复制，降低开模成本。

山东临沂一家经营儿童座椅的企业，是慧眼识货的用户，在体验了智能功能后直接表示："一键生成，直接可以把美工省略掉了，软件方便实用，简单几张图片就能生成首图、详情和小视频，很方便，信息质量也高，发布信息能节省大部分时间。"

价值实现成效

目前，阿里巴巴1688慧眼识货商品数字化解决方案已覆盖支持包含服装、箱包、鞋帽、配饰、食品、五金、家装建材等快消品、工业品共

20 个主流行业类目，累计帮助 10 万余家 1688 平台商家，识别上新商品超 26 万件，服务商家高效高质低门槛数字化实体商品，让更多传统生产企业触网经营更便捷。

3. 品牌策略与精准营销服务

针对中小企业在线营销需求，通过“1+N”（一个平台 +N 个门店）及 O2O 模式，打造定制化门店，提供门店装修、维护、管理，门店和产品信息展示、推荐，用户、物流等资源对接，基于数据的经营决策支持服务，以及培训、展会等服务。帮助中小企业精准对接上游海量采购需求，提升其下游分销商的招商、铺货、渠道管理和营销效率，降低渠道管控和市场推广成本。

案例 5.19

慧聪集团有限公司
——面向中小企业销售的线上线下一体化服务

慧聪网是中国领先的工业电子商务运营商。凭借专业的信息服务与先进的互联网技术，为中小企业搭建可靠的供需平台，提供全面的商务解决方案。经过 24 年的发展，慧聪网的业务范围已经拓展至全国上百个城市，在九个城市拥有分公司。2003 年 12 月，慧聪网在香港创业板成功上市，为国内信息服务业及工业电子商务服务业首家上市公司。慧聪网以国内众多的中小企业为服务对象，以帮助它们发展为己任，利用信息网络技术手段，在线为中小企业用户提供服务，以降低交易成本、提高交易效率、缩短汇款时间、扩大销售范围等特点，有效提升中小企业竞争力。

价值主张：平台切入点

在过去几年里，慧聪网坚定地执行专业、专注的策略，为传统行业客户提供专业、全方位的营销解决方案。同时，慧聪网也积极拓展高增值服务领域的快速消费品市场。根据目标市场性质的差异，慧聪网开发了两种分别适用于关系型客户与交易型客户的独特业务模式，配合直销、代理商销售及电话销售团队，为关系型客户提供一对一、深入及专业的解决方案，为交易型客户提供高效、易用及标准的解决方案与业务平台。通过提供此类服务，满足慧聪网不同客户的需求。慧聪网承诺会以专业和创新的服务与产品来满足市场和用户需求，以及促进达成交易。

价值传递：实践经验

慧聪网搭建安全可靠的供需平台，为中小企业提供以标王搜索、买卖通、采购通及流量宝等增值服务为基础的在线交易解决方案，并通过系统速配的询盘宝和各种线下洽谈会、交易会、展会、行业品牌盛会等促进业界沟通与活动，加强线上线下营销互补效应，最大化电子商务营销效果，提高交易成功率，图5.15展示了慧聪网的服务模式。

交易撮合服务。2015年7月，成立多个交易撮合团队，在买卖通基础上为各类行业买家卖家提供交易撮合服务，日均服务一万人次以上。目前，交易撮合团队每日成功撮合的交易单数在1 000单以上，部分资金交易透过慧付宝在线支付系统完成。撮合交易主要与工程机械、化工、纺织、工具、家电等行业有关。

代运营服务。2015年底推出，旨在帮助小微企业开展电商运营业务。为客户提供装修网店、发布产品、接待买家、实时维护等服务。代运营服务已获得客户认可，目前每月超过2 000家客户报名使用该服务。

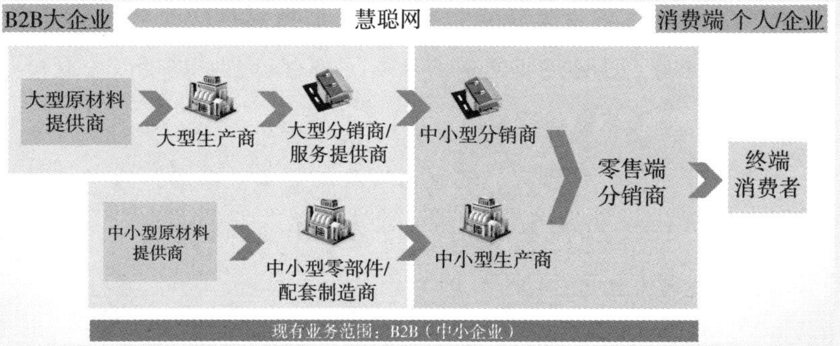

图 5.15　慧聪网平台面向中小企业销售的服务模式示意图

资料来源：慧聪集团有限公司。

流量宝产品。2016 年底推出，是一种推广精准、操作灵活、按推广效果付费，并为企业节约广告成本的营销模式。不仅在站内拥有内部广告位可进行多向分流，而且有庞大的外部网络以提供定向连接及利基市场营销，可以使推广的商品获得免费海量曝光，按点击付费。是慧聪网为买卖通会员推出的新一代增值效果类服务。

询盘宝服务。旨在为买家找到高性价比产品及商家，目前是买卖通的增值服务的一部分，在未来，慧聪网计划按逐层递增级别中的有效买家数量向卖方收费。

搜索产品。以“标王”品牌经营的搜索产品是其中一项向买卖通付费用户提供的服务。其通过改良及优先处理用户页面链接或产品排名，以及在搜索特定关键词后在慧聪网平台上提供滚动条显示，提供关键词搜索结果服务。

销售渠道服务。慧聪网通过行业直销、代理销售及电话销售三大销售团队向细分专业市场客户提供慧聪网线上线下产品与服务。

价值实现：主要成效

慧聪网经营平台的类型为综合类工业电子商务平台。凭借过去 24 年来在各行业市场积累的专业经验和技能，慧聪网以提供有效买家信息，撮合买卖双方互动，最终完成交易为核心，为中小企业提供以互联网信息为基础的买卖通及关键词搜索的B2B1.0营销解决方案，还通过专业撮合团队、代运营团队、询盘宝、超级商情及流量宝等产品，为客户提供交易效果可见的B2B 2.0服务。2017年，在B2B电商排行榜中，慧聪网稳居第二，紧追阿里巴巴。

4. 以需求为导向的C2M、F2C服务

随着产业互联网的深入应用，综合类电商平台开始直接切入上游制造企业领域，利用自己积累的数据、技术提高工厂效率，反馈C端需求；与此同时，迎合消费升级趋势，通过直连工厂，为消费者提供高性价比和个性化的商品，即C2M、F2C（从厂商到消费者的电子商务模式）逐步兴起。这类型的综合类电商通过直接连接上游工厂与下游消费者，利用消费大数据分析用户偏好，指导上游工厂提升设计、工艺水平，并通过去除流通中经销商的加价环节和品牌溢价环节，为消费者提供高性价比和个性化的商品。另外，通过“先订单后生产”的方式，也帮助工厂降低了库存压力，实现效率提升。这种模式是电子商务平台对B端工厂和供应链扶持的一种探索，使一些具备了优质的生产工艺和设计能力的代工厂能够打开渠道，打造自主品牌。

例如，网易严选自营生活家居品牌，通过建立自己的设计团队，根据消费需求自主设计委托生产，目前网易严选已经不再局限于线上电商，而是通过一系列线上线下布局和异业合作，打造出一个丰富的业务矩阵。必要商城的模式下，工厂以自主品牌方的身份入驻，用户在平台下单后，订单将直接反馈给工厂，工厂收到订单后进行生产和发货配送。其中必要商城对入驻的代工厂具有严格的品控制度。

案例
5.20

网易严选
——将品牌打造作为重要的战略目标

网易严选作为网易旗下自营生活类家居品牌，于2016年4月正式上线，围绕一二线城市的中产、新中产人群，提供高性价比的商品。

价值主张：自营生活家居品牌，将品牌作为战略目标

网易严选是国内首家ODM（原始设计制造商）模式的电商，以"好的生活，没那么贵"为品牌理念，通过ODM模式与大牌制造商直连，剔除品牌溢价和中间环节，为国人甄选高品质、高性价比的天下优品。"严选模式"走精细化路线，提供的商品不在于量大，而在于质优。

价值传递

大数据驱动，精选推荐。通过大数据的驱动，将用户的具体属性（性别、收入水平、地域等）、用户在网易严选的行为属性（短期、长期）、及时间上下文（季节、上次购买时间间隔等）作为属性空间，挖掘属性空间与商品的相关性，对有明显相关性的商品进行精准推荐，从而提高消费者的选择效率。

严控产业链上游。调研确定该品类最先进的工厂，随后，网易供应链及质检部门会先进行验厂，考察的维度包括工厂基本情况、技术专利情况、新品开发能力、生产流程管控能力、质量管理能力等，最后会给出一个工厂的评估分数，来确定工厂是否符合严选的硬性标准。

第六章

应用场景逐步渗透

企业经营管理信息化的发展，推动中国大中小企业积极探索，基于企业实际需求，面向供应链开展网络采购、网络销售、内部协同及供应链协同，实现了差异化的应用创新。一是以中央企业为代表的大型企业积极开展网络集中采购，如中国船舶、鞍钢集团等央企积极开展集中采购建设，逐步推进寻源比价、招投标、物资采购、服务采购的在线化，有效降低采购成本，规范采购流程，提高采购效率。二是以消费品领域为主的中小企业积极开展网络销售，探索个性化定制新模式，如尚品宅配、怡合达等中小企业充分利用电子商务拓展市场空间，实时对接用户需求，打造需求实时响应、用户深度参与、全程实时可视、资源无缝对接的个性化定制新模式。据中关村信息技术和实体经济融合发展联盟数据，2018 年重点骨干工业企业网络采购普及率和网络采购额占比分别为 44.7% 和 29.6%，如图 6.1 所示；2018 年重点骨干工业企业网络销售普及率和网络销售额占比分别为 46.2% 和 22.9%，如图 6.2 所示。

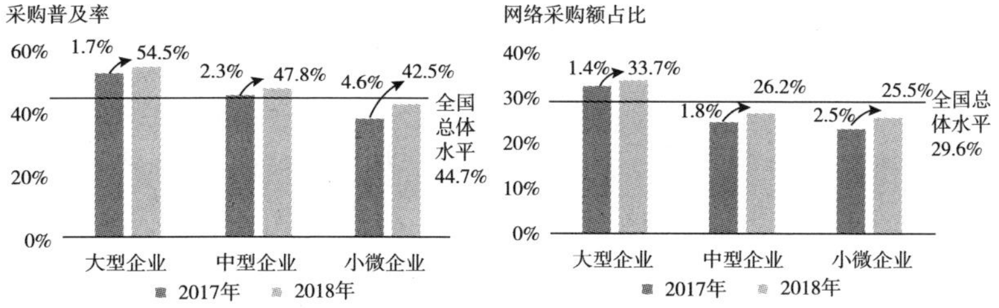

图 6.1　2018 重点骨干工业企业网络采购普及率和网络采购额占比

资料来源：中关村信息技术和实体经济融合发展联盟。

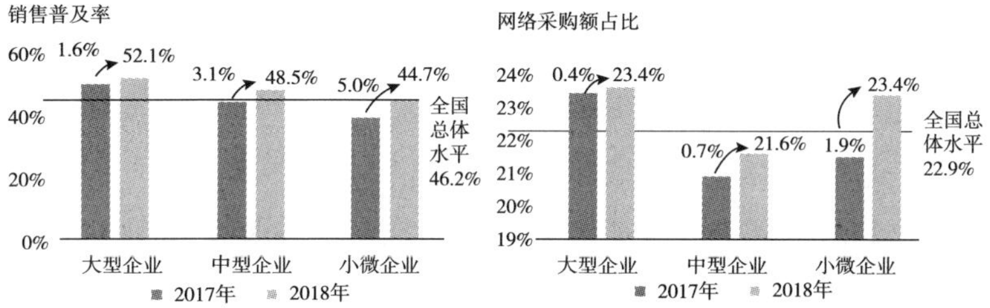

图 6.2　2018 重点骨干工业企业网络销售普及率和网络销售额占比

资料来源：中关村信息技术和实体经济融合发展联盟。

一、网络采购：集中化、模块化、智能化

采购是工业企业价值链起点和主要成本环节，据统计，制造业采购成本占产品成本总额的比例较高，采购成本每降低 1%，企业利润将增加 5%~10%。[①] 面对市场竞争的逐步加剧和成本压力的不断上升，以工业巨头为代表的骨干企业纷纷将内部采购转移到线上，着力打造高效率、低成本的集中化、模块化、智能化采购新体系。

---

① 董春云 . 浅谈制造业全面成本管理与控制［J］. 纳税，2018.32: 277.

（一）集中化采购

相比于联合采购和自主采购，集中采购成为当前大型工业企业网络采购的关注重点：在统一的集中采购目录、流程及供应商资源管理等基础上，依托信息网络和网络采购平台，实现企业内外在集中采购全流程中的协同合作，充分获取规模效应，实现降本增效（见图 6.3）。

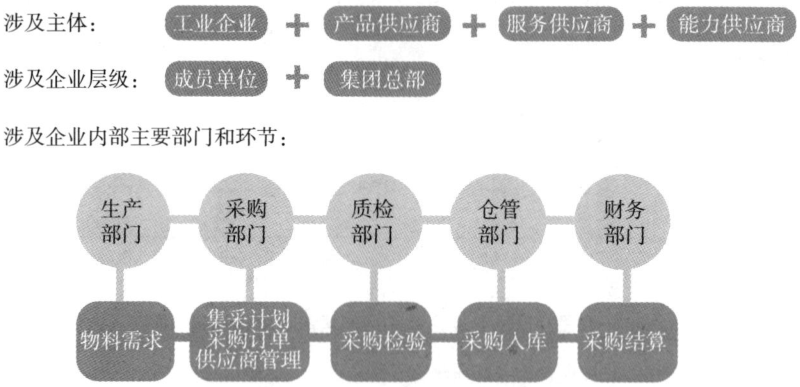

图 6.3　网络集中采购涉及的主体和主要环节

资料来源：国家工业信息安全发展研究中心，《工业电子商务白皮书》。

对于具备重要性高、需求量大、计划性强、高金额、高要求、高波动性等特征的采购品，比如直接用于产品生产并构成产品实体的直接物料等，企业可以依托网络采购平台采取询价、竞价、招标等多种方式进行集中采购。

以统一询价为例，直接物料网络集中采购的典型情景大致如图 6.4 所示。首先，各成员单位根据统一的采购管理制度及销售、生产与仓储等部门间相关信息的交换和共享，形成各自的集采直接物料需求计划并报至集团总部。其次，总部汇总各单位需求后编制询价单，并依托网络采购平台统一向供应商发布询价和接收报价。再次，经报价汇总、比价和评审后，总部可在平台正式发布结果通知并形成采购订单。然后，供应商即可按订单组织生产、检验和配送等流程，并依托平台及时反馈关键进度等信息，助力企业实现订单全过程跟踪、监督与协调。最后，企业依托平台到货通知和发票等信息流有序驱动内部质检、库存和财务等部门协同完成原材料检验、入库和结算等环节，从而实现网络集中采购全过程的高效协作。

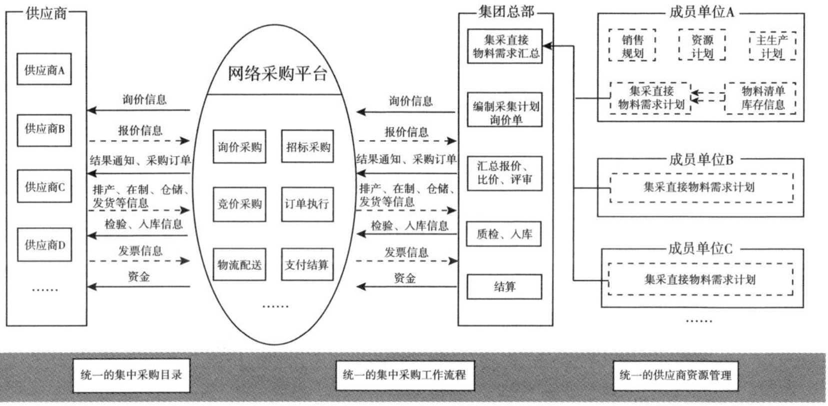

图 6.4　大型工业企业直接物料网络集中采购典型情景

资料来源：国家工业信息安全发展研究中心，《工业电子商务白皮书》。

对于具有种类多、类型杂和采购周期不确定等特征的采购品，例如间接物料等，企业可以超市化采购方式，推动网络采购集中化。首先，在集团统一协调下，根据集采目录，针对部分标准化程度高、通用性强、采购频次多、供应极大丰富的间接物料（如备品备件、办公用品和商旅服务等），遴选优质供应商，签订框架协议，确定相关供应目录和价格体系。其次，供应商即可入驻网络采购平台并进行商品上架，形成网上超市。最后，各成员单位则可根据内部实时采购需求，依照相应采购制度，通过平台直接开展所需产品和服务的在线选购、下单和跟踪，并驱动有关部门协同完成验收、入库和结算等环节，实现间接物料的一站式集中化按需采购。

案例 6.1 中国兵器工业集团有限公司——兵器装备制造业集中化采购实践

实际需求

面向当前国内外兵器装备发展形势，急需推动兵器制造向兵器智造转型，探索“互联网＋供应保障”新模式、“互联网＋精益供应链建设”新体系和“互联网＋监督管理”新机制。

主要做法

以国家《电子招标投标办法》《电子招标投标系统技术规范》《电子招标投标系统检测认证管理办法》等相关法律法规为指导，并制定《采购办理办法》、《集团级供应商管理规定》和《废旧物资管理规定》等管理制度。

建立中国兵器工业集团采购电子商务平台，搭建招投标、询价、竞价、网上超市等在线采购模块，以及供应商管理、需求计划、合同管理等管理模块和第三方转移支付、票据支付、在线委托物流仓储等支撑服务。

依托平台推进企业与上游供应商在订单、排产、在制、仓储、发货等方面的信息互联共享。

通过平台建设在线管理中心，设置不同权限的监察管理端口，可实时查看供应商及平台交易情况，及时终止违规或异常交易，实现采购过程的全线上、全流程可追溯、可管控。

主要场景

固定资产投资类项目等以招投标形式采购，实现从立项、审批、采购过程管理、合同执行、评价结果反馈等在内的全流程闭环管理。

对生产运营所需多种物资和服务等以询价方式进行采购。

对标准化程度高、采购频次多的产品，由兵器集团（或成员企业）确定供应商，签订入场协议后，各需求单位直接在平台进行超市化采购。

对企业生产经营过程中产生的各类废旧物资，通过线上竞价、拍卖的方式进行公开处置，为国有资产保值增值提供了有效支撑。

主要成效

截至2019年底，平台注册各类用户9.7万余家，累计实现交易规模1 850亿元。其中网上超市交易规模9.34亿元，为企业节约采购成本7 306万元；询价交易交易规模1 632亿元；招投标定标金额97.38亿元；看板管理交易规模87亿元；废旧物资处置交易规模23.56亿元，实现溢价3.3亿元。

案例6.2 中国航空工业集团有限公司
——航空装备制造业集中化采购实践

实际需求

当前航空装备制造业正处于升级换挡阶段，急需推进供应链管理模式向专业化、标准化、电子化和集约化转型升级，实现与供应商的互联互通，提高采购与供应在质量、进度、价格和服务管理方面的功效，推进航空产业链的整体提升。

主要做法

集团层面成立采购管理提升工作领导小组（由集团公司总经理担任组长），并设立采购管理提升专项办公室。各采购企业相应成立企业采购管理提升领导小组和企业电子化采购推进办公室，明确组织架构、定位分工、业务推进负责人和归口部门。

明确集中采购分类分级机制，按照通用范围，将采购对象分为集团通用、行业通用、企业专用三类，并以此原则确定集中采购的三级组织机制（集团级、板块级、成员单位级），建立统一供应商资源库，明确供应商分类分级管理机制。

先后出台《物资集中采购管理办法》《电子化采购管理办法》等11个采购管理制度，并将采购管理提升工作纳入企业经营业绩考核。

设立平台、物流、金融、招标等专业化公司，组建采购管理支撑体系。

建立航空工业电子采购平台，针对不同类型物资，支持开展超市化、集成化和专家化等网络采购。

通过平台与智能制造的互联互通，促进企业内和企业间生产协同。

主要场景

对于大宗物资，采用联合采购模式，由需求量大、议价能力强的单位牵头，其他需求单位共同参与价格及服务规范谈判，谈定的协议植入平台，各单位按需采购即可。

对办公用品、劳保福利用品、差旅及备品备件等物资或服务推行超市化集中采购。

对于生产消耗品、专业性较强的物资（如标准件和刀具等），采用智能选刀、标准件开架管理等模式进行采购。

主要成效

截至2019年9月，平台注册用户15.7万，累计交易额927亿元，覆盖采购企业359家，上线供应商15 000多家，实现年度降本18亿元。

案例 6.3 国家电网有限公司
——电工装备制造业集中化采购实践

实际需求

企业采购种类繁多、数量庞大、流程复杂，急需整合各类采购资源，降低信息不对称，提升采购集约化管理水平，降低采购成本。

主要做法

明确物资和服务分级分类体系及相应的供应商分级分类管理体系。

制定《招标活动管理办法》《供应商关系管理办法》《电子化采购管理细则》等规章制度，编制重要物资采购标准，规范采购技术要求。

建立国家电网有限公司招标平台和国网商城平台，搭建在线招标和零星物资一站式在线采购服务体系。

主要场景

依托招标平台，开展输变电项目、电源项目、信息化设备及服务等相关物资与服务的在线招标活动。

针对办公用品和劳保用品等零星物资，依托国网商城进行超市化采购。

主要成效

截至 2018 年底，国网商城入驻供应商 6.7 万家，上架商品 82 大类共计 70.72 万件，2018 年累计交易额达 1 079 亿元。

案例 6.4 国家能源投资集团有限责任公司
——电力工业集中化采购实践

实际需求

企业业务覆盖面广，采购规模大，采购业务分散，急需加大集中采购力度，强化物资保障和服务能力，有效对接产业链、价值链、供应链和资金链，推进产业链转型升级和提质增效。

主要做法

针对涉及的工业领域和生产环境，建立按库存生产、按订单生产及按订单设计生产三类生产组织方式及相应采购管理机制。

建立“国能e购电力工业品智慧采购平台”，打造招投标、询比价和网上商城“三位一体”的完整电子采购体系。

依托平台构建统一的数据中心，建立数据标准、业务标准和流程标准；构建统一的供应商管理平台，集聚整合供应商资源；构建综合的统计分析系统，满足不同层级管理和运营的可视化需求。

主要场景

金额较大的生产运营所需物资和服务等依托招投标平台开展集中采购。

金额较小的生产运营所需物资和服务等依托询比价平台开展采购。

部分办公用品、劳保福利用品和备品备件等物资依托e购商城进行超市化采购。

主要成效

截至2018年底，入驻供应商9万余家，聚集外部电商、银行、物流、快递、第三方支付等20余家服务商，服务采购客户近4 000家。其中，国能e购商城上线14个月，交易额已突破10亿元；询比价采购平台上线19个月，交易额突破2亿元；招投标平台2018年定标金额达490亿元，累计定标金额逾1 300亿元。通过招标和询比价方式采购，平均降低采购成本约4%，通过网上商城平均降低采购成本约10%。

（二）模块化采购

20世纪90年代，随着信息技术的不断发展和全球化竞争的不断加剧，消费市场逐渐从质量消费转向个性化消费，迫使企业一方面要通过产品的批量化、标准化和通用化缩短上市周期，另一方面要通过柔性化生产满足客户的定制需求。在此背景下，模块化生产组织方式凭借其独立性、通用性和互换性在汽车等行业得到了充分应用和发展。

采购是模块化生产组织方式的重要应用领域。模块化采购的交易品集成度很高，交易对象是模块集成供应商。模块化采购要求供应商具备成套设计能力和供应链整合能力。成套设计能力是指供应商能够根据市场发展的趋势和顾客的需求，参与或联合采购方进行功能、结构等模块的设计，提供功能价值最大化的成套模块的解决方案的能力。而供应链整合能力是指供应商能够整合供应链资源，以模块供货为基础，进行全套模块、多生产区域的供货服务，培养、管理并提升二级供应商在技术、质量、成本、交货、服务、诚信方面的绩效，帮助采购方持续提升产品市场竞争力。

通过模块化采购，零部件供应商不仅能够获得更多订单，而且能够在零部件系统化、集成化的过程中创造新的价值。而产品制造商则会因为产品开发环节上游供货商的加入，更加有效地控制产品质量、降低组装成本、缩短生产周期。

案例 6.5

海尔集团
——模块化采购转型实践

实际需求

海尔集团处于国际化战略和全球化品牌战略时期，不同国家和区域的产品外观不同，产生了大量的型号，同时消费者的需求趋向于个性化，这也增加了型号。模块化就是为了用最少的模块支持最多的型号，整合采购资源和供应商资源，降低成本提升效率。

主要做法

海尔模块化的核心是模块商参与设计，提供模块化解决方案，满足用户不断升级的需求。

从 2008 年开始，海尔采购按照零件—模块—系统化 / 成套化 / 智能化的方向推进，供应商也按零件商—模块—系统集成商的方向同步发展。

主要场景

以滚筒洗衣机的观察窗模块为例。在出口欧洲的滚筒洗衣机产品中，因为长时间的海上运输，出现螺钉生锈的质量问题。按照零部件的思路，就会延长螺钉的盐雾试验的时间，但是在模块化思路下，模块商提供了无螺钉设计的观察窗模块解决方案，不但美观漂亮，而且彻底解决了螺钉生锈的问题，全流程成本反而下降。

以冰箱为例，第一步，从几百个零件变成 23 个模块和部分连接件、辅料；第二步，在模块化的基础上推进系统化，例如制冷系统，包括压机模块、两器模块和管路模块，由一家供应商参与设计，这家供应商就是系统集成商；第三步，在模块化基础上推进成套化，例如整个冰箱的后背、梁等钣金模块成套采购，便于供应商选用原材料；第四步，在模块化基础上推进智能化，包括增加物联网智能控制模块，从而使冰箱成为智慧厨房的一部分。

主要成效

整个模块化推进期间，零件减少了89%，模块增加了33%，专用型号从20万个缩减到8万个；供应商由1 500多家零件商转变为700家左右模块商，通过模块商管理二、三级供应商。同时大幅提高了生产效率，缩减了生产线人员规模。

（三）智能化采购

随着全球互联网快速发展，越来越多的企业通过不同终端、平台积累数字内容，形成海量数据资源池。在海量数据和人工智能等新一代ICT的共同支撑下，智能化采购应用场景不断拓展。

1. 自动化采购执行

在采购执行环节中，智能化采购将提供自助式采购服务，自动感知物料需求，并根据规则自动审批、执行、支付、发货，从而有效地管理风险，确保合规性，提高采购执行效率。

2. 供应商前瞻性管理

一方面，智能化采购能够基于历史沉淀数据，建立供应商画像模型，对供应商进行多维度、标签化处理，并结合交易数据不断完善，从而实现供应商绩效的数字化管理。另一方面，可以通过数据挖掘匹配多种数据源，结合行业发展动态，实现供应商信息、价格、成本等关键信息的精准预测，从而帮助企业提升采购风险管控能力。

3. 可视化智能辅助决策

智能化采购可以基于先进的算法技术，实现可视化管理功能，直观展现寻源洞察与建议，简化决策制定流程，缩短决策周期，提升企业市场灵活度。例如，智能化采购能够通过预测供应商对企业成本与风险的影响，为寻源提供可视化预测及业务洞察，帮助企业制定寻源决策。又如，智能化采购能够通过建立支出管理分析模型，实现实时采购支出结构的可视化分析，进而定位关键支出，帮助企业实现采购支出优化决策。

未来，随着5G、工业互联网等新一代ICT基础设施的不断完善，人工智能、大数据等技术的不断进步，供应商端、下游用户端、生产制造端等主体和环节数据搜集分析能力将不断加强，并将供应链中的不同环节，包括供应商、供应商的供应商、客户、客户的客户串联起来，真正实现采购智能化。

二、数字营销：全面覆盖、动态感知、敏捷高效

销售是驱动工业企业运营的引擎和连接终端用户及目标市场的关键纽带。CloudCraze（电子商务初创公司）调查显示，欧洲和美国48%的B2B企业通过在线渠道销售全线产品。2018年，美国通过电子渠道达成的B2B交易比重为50.7%，B2B电商网页和市场销售增加了11%，达到1.082万亿美元。此外，在尚未运营电商网站的制造商、分销商、批发商中，75%计划在未来两年内启动电商网站。[①]Frost & Sullivan（弗若斯特沙利文咨询公司）预测[②]，到2020年，B2B在线交易或创造营收6.7万亿美

① 2019 U.S. B2B Ecommerce Market Report，Digital Commerce 360.

② Future of B2B Online Retailing，Frost & Sullivan，April 2015.

元，交易额达 25 万亿美元，全球 B2B 在线零售市场将成为 B2C 的两倍。

当前，在经济运行稳中有变、变中有忧，外部环境复杂严峻，经济面临下行压力的形势下，我国工业企业在销售上也存在诸多挑战。例如面临复杂多变的国际贸易环境，急需拓展全球市场新空间，降低企业“走出去”门槛；面临市场动态化、个性化需求增多，企业急需提升快速准确获取市场动态及个性化需求的能力；工业企业传统销售模式在成本、效率和空间上受到多方挤压，急需优化传统销售渠道并构筑新一代信息技术条件下的销售新体系；企业与下游经销商及终端用户的协同不足，急需加强与下游经销商及用户间关键信息共享。

工业企业在进行产品销售时，其下游企业对中间产品的需求属于引致需求，即对中间产品的需求量取决于市场环境的状况，处于上游的供应企业时刻面临下游企业的需求量调整，在信息不对称情况下极易出现“牛鞭效应”[①]，因此搭建电子商务平台利用数字营销的模式有助于提升要素市场资源配置效率。[②]

数字营销是指企业围绕自身产品、服务和能力的销售目标，依托 EDI、互联网和移动互联网等信息网络，推动销售报价、订单、跟踪、发货、退货、开票和收款等销售全流程的在线化、网络化和协同化，从而助力构筑全面覆盖、动态感知、敏捷高效的销售新体系。随着全球一体化进程的逐步加快，通过电子商务迅速开辟全球市场、打造产供销一体化的数字营销新体系成为大中小工业企业的重要选择。近年来，我国工业企业在通过电子商务打造工业品流通新体系方面也展开了积极探索。下面我们首先看一下 B 端线上销售与 C 端销售有何本质区别。

---

① 牛鞭效应是指营销过程中需求变异放大的现象，它加重了供应商的供应和库存风险。——编者注

② 郑了 .B2B 模式驱动下论电子商务内在运营机制构建［J］. 现代经济信息，2015（5）.

（一）C端与B端销售业务逻辑存在本质区别

工业企业线上销售与消费品线上销售在业务逻辑上存在本质区别。首先，面向对象存在差异，C端销售面向的是终端消费者，其用户群体庞大，用户更关注产品使用；B端销售面向的则是企业等组织主体，用户体量基本固定且决策更加理性，用户更加关注于解决方案的提供。其次，在满足需求方面存在差异，C端销售主要是创造消费需求，需要从单个用户需求出发挖掘其日常生活中的需求点，并且因C端用户较多，所以在销售时需要对需求进行分类，找出核心用户需求并进行设计，最大程度满足其需求；B端销售更侧重于满足业务场景需求，B端用户清楚地知道自己的需求，因此更加聚焦业务场景。再次，在交易方面，相较于C端，B端交易呈现出高客单价和非高频购买的特点，企业一般采取线下转账汇款等交易方式，并且B端销售客户黏性更大，销售方一般会与企业建立长期稳定的合作关系，产品价格一般都是供需双方通过协商或谈判确定的。最后，在反馈周期方面，B端的营销活动转化为直接销售的一般周期较长，即使订货当场下单也要经历合同签订、交付、支付、服务等流程。

B端与C端在销售业务逻辑上存在本质区别，工业企业在采取线上模式进行销售时往往存在不能找出用户真正的需求点和痛点，找不到合适的方式和时机切入，不能系统和全面地构思商业逻辑等难点和痛点，所以工业企业在进行B端销售时不能盲目套用C端的逻辑，应该充分考虑B端线上销售的业务逻辑，采取适合企业自身的销售方式，才能取得成功。那么哪些行业和企业适合优先探索采用线上销售模式助力企业高质量发展呢?

（二）上下游分散、标准化程度高、SKU 多的行业适合数字营销

工业企业传统线下销售面临诸多难点和痛点，而线上销售也存在难以找到行业痛点和合适的切入方式等问题，哪些行业更适合优先探索线上销售模式以帮助企业实现高质量发展，我们发现主要可以从如下几个维度进行考虑。一是可以从行业上下游集中度进行考虑。上下游分散度较高的行业更适合采用电子商务平台等线上模式进行销售，因为行业集中度较低就存在众多的中小厂商和用户，平台的出现就能更好地发挥资源集聚优势和议价能力，例如钢铁行业，虽然上游较为集中，但是下游的建筑工地和房企比较分散，这样电子商务平台就有较好的机会切入，钢铁行业也涌现出一些知名电商平台，如找钢网、欧冶云商等平台。二是可以从产品的标准化角度进行考虑。产品相对标准化的行业更适合线上销售模式。产品标准化程度较高则产品的可量化指标和价格可以直接用数据形式展现，这样更容易利用互联网的手段进行比较和传播。三是产品 SKU 庞大的行业更适合使用线上销售模式。SKU 是指一款商品或者服务，每款都会出现一个 SKU，便于电商品牌识别商品。产品的 SKU 足够丰富，线上平台相较于贸易商就能覆盖更多的 SKU，平台就能更大程度地发挥优势。如 MRO 行业就是典型的 SKU 众多的行业，该行业也涌现出震坤行这样具有丰富产品线的 MRO 行业电商领头企业。我们已经找到了筛选适合电子商务平台的行业。那么企业在使用电子商务平台具体实践时都有哪些场景？

（三）工业企业数字营销典型场景：面向下游经销商的网络销售和面向终端用户的网络直销

此部分工业企业线上销售场景主要分为面向下游经销商的网络销售和面向终端用户的网络直销。大型工业企业开展网络销售，需要企业基

于信息网络实现内部与外部、B2B 与 B2C、线上与线下销售活动的全方位融合，共同构筑全资源整合、全流程贯通、全渠道覆盖的销售新体系，详情如图 6.5 所示。

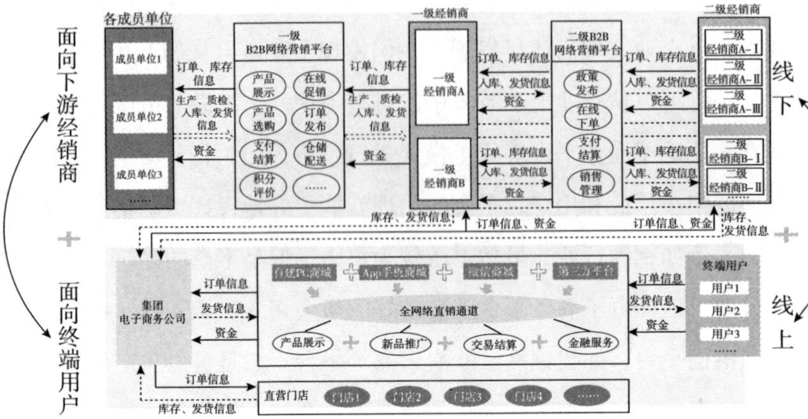

图 6.5 大型工业企业全渠道网络销售典型场景

资料来源：国家工业信息安全发展研究中心，《工业电子商务白皮书》。

在面向下游经销商的网络销售场景中，为推动下游供应链整体的数字化和网络化改造，加强信息传递的及时性、准确性和完整性，提升下游供应链整体运作效率和协作水平，其主要环节包括企业与一级经销商间的网络销售和一级经销商与二级经销商间的网络销售。在企业与一级经销商间的网络销售环节，主要内容包括一级经销商根据一级 B2B 网络销售平台展示企业产品体系、价格体系和销售政策等，面向企业多个成员单位直接进行产品选购、下单及支付等在线交易；各成员单位依据订单信息有序驱动内部产品生产、监测、入库、发货和结算等流程，并依托一级 B2B 网络销售平台实现销售全流程跟踪反馈及与一级经销商间的协同联动。一级经销商与二级经销商间的网络销售主要内容包括二级经销商根据二级 B2B 网络销售平台展示的产品体系、价格体系和销售政策等，面向其对应的一级经销商直接进行产品选购、下单及支付等在线交易；一级经销商依托二级 B2B 网络销售平台在线开展销售、仓储、出货和财务管理，并实现销售订单全流程跟踪反馈及二级经销商间的协同联动；企业依托二级 B2B 网络销售平台实时跟踪一二级经销商间订单动态和一级经销商库存等关键信息，监督协调销售资源、优化调整企业决策。例如九牧厨卫股份有限公司建立 B2B 订货宝移动订货系统，为企业与一级经销商间、一级经销商与二级经销商间及企业与部分二级经销商间搭建在线选购、下单、支付和评价等网络销售服务体系。

案例 6.6 九牧厨卫股份有限公司
——面向下游经销商的网络销售

主要场景

企业面向一级经销商的网络销售。企业销售管理部在 B2B 后台设置并发布活动，一级经销商收到活动消息后可以登录下单网进行查看，并在线直接选购商品、确认提交订单、支付订单款；企业订单部可在 App/PC 端接单，然后通过接口传到订单管理系统。系统确认交货期，一级经销商则可在线查看订单状态，并在收货后，进行在线确认和评价。

一级经销商面向二级经销商的网络销售。一级经销商在 B2B 后台设置并发布活动，二级经销商收到活动消息后可登录 App 进行查看，并在线直接选购商品、确认提交订单、支付订单款；一级经销商在 B2B 后台接单，确认库存，安排发货，二级经销商则可在 App 上查看订单状态，并在收货后，进行在线确认和评价。

企业面向二级经销商的网络销售。随着营销方式日趋扁平化，企业尝试培养重点二级经销商。当二级经销商满足一定条件时，由企业销售管理部直接对这些重点经销商在线发起销售活动，实现销售全流程的在线化和网络化。

在面向终端用户的网络直销场景下，为及时获取终端用户的动态需求和产品使用等市场信息，促进新产品研发推广及企业转型，打造线上线下协同响应的终端销售新体系，其主要环节包括线上线下差异化发展和线上线下融合发展形式。在线上线下差异化发展形式下，需要严格区分线上线下产品体系，在线面向终端用户推出个性化定制、众创设计和新产品发售等特色功能，并逐步拓展配送安装、监测诊断和维护回收等产品全周期服务及金融等增值服务。在线上线下融合化发展形势下，需要推动线上线下产品、库存、订单和用户等信息的集成共享，以及线上时空资源与线下产品、仓储、配送和体验资源的集聚整合，形成线上线下互为补充、互为依托的新型渠道体系。例如，三一集团有限公司搭建了面向终端用户的网络销售平台，通过优化升级官方网站并自建三一发发电子商务平台和“5231”后市场服务平台，为终端用户提供线上线下相结合、传统产品与新品相结合、产品与服务相结合的平台化服务体系。

案例 6.7

三一集团有限公司
——面向终端用户的网络销售

主要场景

O2O 销售。重新打造三一集团官方网站及产品站，将其从单一品牌宣传转变为“品牌 + 电商型”网站，并强化 O2O 售前撮合成交职能，使其成为线下交易的前台，实现线下营销和线上销售的结合，同时利用促销、宣传以及专业技术，拓展更多销售商机，实现精准营销。

网络直销。利用平台对新品、非热卖品及单价较低、利润低、客户分布广、与其他产品客户重叠率低等特点的产品进行直接网络销售，用户可直接在线下单支付定金，并通过线下服务点试机，试机满意后支付尾款，然后由工厂直接发货。

后市场服务。利用App、微信小程序等渠道，用户可便捷通过“5231”平台绑定所属设备，实时在线查看工况数据，查询保养节点、大修厂，并召请服务工程师，三一集团则可及时采集用户需求并进行精准响应。

三、内部协同：订单驱动、数据共享、系统互联

近年来，全球工业经济形势发生深刻变革，工业企业面临着外部环境和内部传统经营模式难以为继的压力。首先，从市场大环境来看，工业企业发展面临个性化需求升级、行业竞争重新洗牌、新技术变革、国家战略引领等多方面变化。其次，从企业自身的内生需求来看，企业普遍存在关键业务环节间信息不畅、协同不足的难题。例如销售端信息无法及时传递到生产端并进行采购反馈，采购端无法及时获取库存信息开展有效采购，库存端无法及时获取质检验收信息更新库存，财务端与业务不同步、计算周期长、准确性低等，影响企业运营效率。工业企业转型升级迫在眉睫。

为解决工业企业内部信息孤岛问题，企业可以通过内部协同消除信息孤岛从而实现降本增效。内部协同指企业内不同环节及部门间通过数据基于互联网等信息网络的横向转移、交换或共享，开展各类经济活动，从而打破关键环节间的信息壁垒，推动建立以销售订单为驱动的，集销售、研发、生产、采购、质检、交付、售后和财务等核心环节为一体的企业内部高效协同运作新体系。

内部协同可助力工业企业管理者足不出户尽知“工厂百态”。当工业

企业实现内部协同后，企业管理者可以通过应用软件实时掌握企业内部和产业链上下游的运转情况，包括来料、库存乃至销售状况。除此之外，还可以实时看到各部门的工作进行情况、各部门间的动态衔接协调状况，监测到具体车间的设备运行状况。即使管理者远在海外也可实时观测设备运转状况。

企业内部协同的典型应用场景是，产供销集成。面向实时动态的用户需求，企业可以关键数据横向转移、交换和共享为牵引，以销售订单—研发设计—生产计划—原料采购—生产作业—质量检验—成品出库等核心流程为主线，以各业务环节和财务实时集成为依托，全面打造敏捷高效均衡的内部协同运作体系，有效提升市场响应水平。

图 6.6 展示的是大型工业企业产供销集成的典型场景，首先以销售环节客户需求数据为触发点，推动研发部门开展产品研发设计，进而以产品结构和工艺路线数据等为输出，结合销售订单数据共同驱动生产部门制定主生产计划及相应的采购计划和生产计划，推动原材料采购和车间生产作业。其次在采购环节，待原材料到货后，通过检验申请，驱动质检部门开展采购检验，检验合格，则以质检单信息为基础驱动仓管部门执行原材料入库，形成采购入库单。再次在生产环节，一方面根据生产作业数据和备料信息驱动生产领料，另一方面待产品完成后通过检验申请驱动产成品检验及入库等环节。进而通过产成品入库信息的共享，及时驱动销售部门发货及仓管部门销售出库。与此同时，通过各环节销售发票、采购发票及各类原材料和产成品的入库、出库单据数据与财务部门的快速交换和共享，有效驱动财务应收款、应付款和存货核算等流程。

由此，通过各关键环节的无缝衔接和内部资源有机整合，实现从销售订单到计划排产、从生产计划到原料采购、从作业计划到车间领料生产、从成品验收入库到销售出库、从业务到财务等经营全过程的集成优化，以及内部物流、信息流与资金流的三流合一，切实形成以客户需求为核心的跨环节、跨部门协同响应体系。

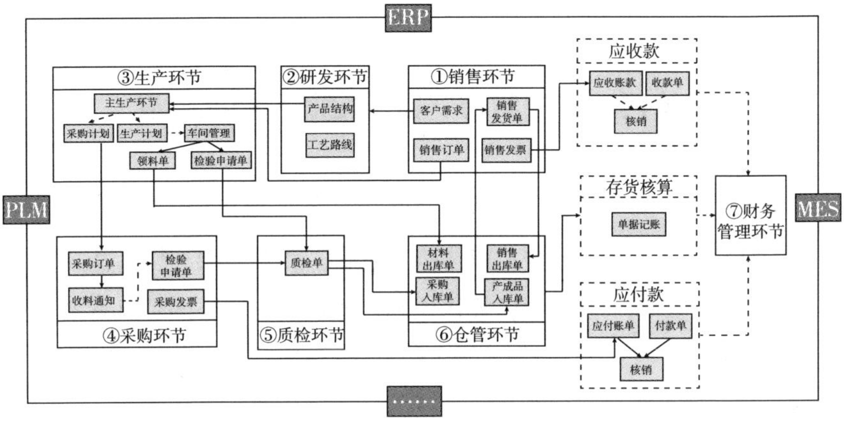

图 6.6　大型工业企业产供销集成典型场景

资料来源：国家工业信息安全发展研究中心，《工业电子商务白皮书》。

案例 6.8

上海剑桥科技股份有限公司
——产供销集成探索与实践

公司通过对工艺设计流程、生产设备维护流程、生产订单管理流程和质检管理流程等进行集成优化，引入微软 ERP 平台，并基于此组织二次自主研发，推进 MES、ERP、PLM、WMS 等系统集成，实现系统之间的数据共享，流程同步。

主要流程是在接到客户订单后，由销售部门与采购部门进行交货日期和采购评审的确认，然后交由生产制造部门进行生产排期；制造部门制订生产计划，向生产车间下达具体生产指令；生产车间按单生产，根据物料供应与设备运行状况来安排具体的生产日计划；整个生产过程由企业品质管理部门根据生产进度信息开展全程质量监控。通过内部协同，企业实现了对市场需求、计划落实、生产制造、质量管控等过程的有效管控，使业务从接受订单开始到完成交付形成一个完整闭环，提高了生产执行的准确性和效率。

四、供应链协同：用户驱动、需求定制、精准响应

当今全球市场竞争激烈，新产品的生命周期越来越短，供应链整体资源的整合水平和运营效率已成为决定企业、产业乃至一国经济竞争力的重要因素。虽然很多企业已经认识到，通过供应链协同可以有效降低生产运营成本、提高服务水平、减少“牛鞭效应”、提高资源利用率、提升企业对市场变化的反应能力。然而，供应链协同的本质是什么？该如何去推动实现？这些问题仍然值得企业去关注与思考。

（一）如何理解供应链协同

供应链协同是指企业借助互联网等信息网络，在内部及供应链各相关主体间实现产品全生命周期环节信息的横向转移、交换或共享，推动全供应链围绕共同目标开展紧密协作，实现供应链内各项活动、资源及优势的有序整合与动态优化，形成以市场需求为中心的全供应链高效协同运作新体系。

分解来看，供应链协同涉及三个维度：一是面向下游供应链，以从感知需求到实现需求的全流程环节信息交换与共享为牵引，实现下游供应链交易协同、产品协同和服务协同；二是面向企业内部，以订单信息为牵引，实现内部供应链各环节协同；三是面向上游供应链，以下游供应链和企业内部各环节信息的快速传导为牵引，实现上游供应链交易、研发、设计、制造、加工、检测、配送和服务等活动协同。

综合来看，供应链协同的全景在于同时实现下游、内部和上游供应

链协同，从而促进终端用户—经销商—工业企业—供应商的全连通，形成以市场需求为驱动、以工业企业为核心、以全供应链主体协同响应为支撑的“拉动式”供应链价值网络，图 6.7 展示了大型工业企业供应链协同全景图。

（二）如何实现供应链协同

在推动供应链协同的具体实践中，不同行业、不同规模、不同信息化水平的企业所采取的方法并不相同。一般而言，“用户驱动”“需求定制”“精准相应”是企业推动供应链协同过程中出现频率最高的三个关键词。

用户驱动，是指以用户驱动为核心，构筑“拉动式”供应链价值网络。系统优化企业内及企业与上游供应商、下游经销商和终端用户等供应链主体间的业务流程，打造以市场需求驱动研发、设计、采购、生产、销售、服务和回收等产品全生命周期环节的供应链运营体系，实现从感知用户需求到满足用户需求的端到端流程一体化。

需求定制，是指以需求定制为骨干，打造供应链数据资源共享体系。大力推进企业工业电子商务平台等信息化平台建设，利用平台实现企业内部及上游供应商、下游经销商和终端用户等主体间的深度对接，全面构筑满足市场需求的采集、响应和交付需求的全供应链信息交换与共享体系。

精准响应，则是指以精准响应为目标，推动企业组织结构平台化转型。为推动供应链各相关企业从传统集权式、专业化的金字塔式组织结构加速向分权式、协作化的扁平式、平台型组织结构转变，提高决策单元的自主性、灵活性及供应链响应的敏捷度和准确度。

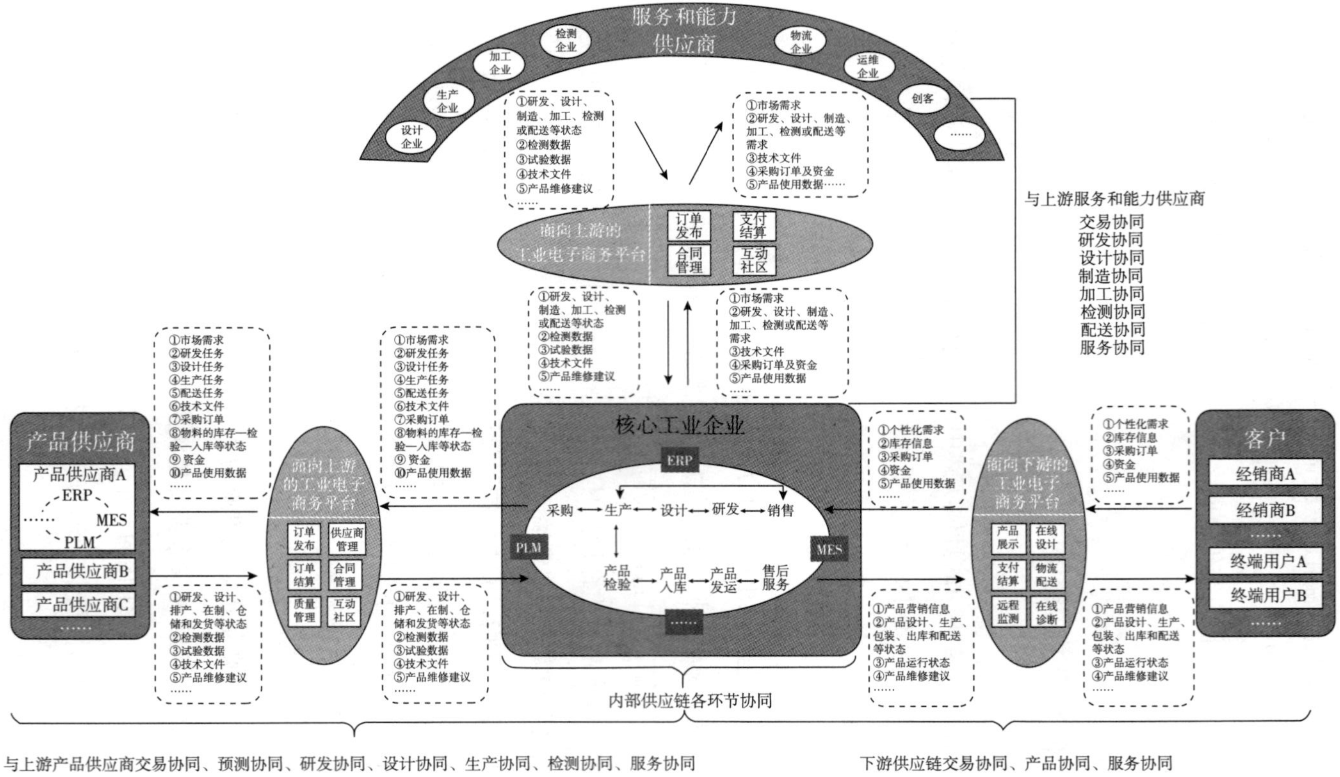

图 6.7　大型工业企业供应链协同全景图

资料来源：国家工业信息安全发展研究中心，《工业电子商务白皮书》。

综上，我们认为实现供应链协同需以终端用户个性化需求的快速采集、响应和交付为目标，以工业电子商务平台等企业信息化管理平台为载体，以全供应链信息迅速采集、交换和共享为纽带，推进全供应链主体在产品全生命周期环节的协同运作，实现以个性化需求为中心的精准响应和价值创造，表 6.1 和图 6.8 均展示了大型工业企业以个性化需求为驱动的供应链协同响应典型场景。

表 6.1　大型工业企业以个性化需求为驱动的供应链协同响应典型场景关键要素

关键活动	活动内容
夯实基础	明确产品结构、零部件标准、参数变量体系和编码规则等，为个性化定制奠定数据基础；提升装备、车间及工厂等的数字化、网络化和智能化水平，提高柔性生产制造能力
获取终端个性化需求	依托面向下游的工业电子商务平台，迅速洞察、采集和汇聚用户个性化需求
各部门协同响应	向企业内部实时传递与转化终端用户需求，并通过各环节、各部关键业务信息的集成共享，有序驱动企业内协同开展需求评审、需求设计、生产制造和配送安装等业务环节
供应商协同响应	依托面向上游的电子商务平台，在各业务环节执行过程中实现关键信息与各类供应商间的快速转移、交换与共享，有序带动供应商在各业务环节中的深度参与、敏捷响应与协同联动，形成以终端用户个性化需求为中心的资源集成与价值创造
与终端用户全流程互动	依托面向下游的工业电子商务平台，向终端用户实时传递各环节关键信息并接受用户反馈，从而推动各环节迭代优化，实现端到端的精准响应

资料来源：国家工业信息安全发展研究中心，《工业电子商务白皮书》。

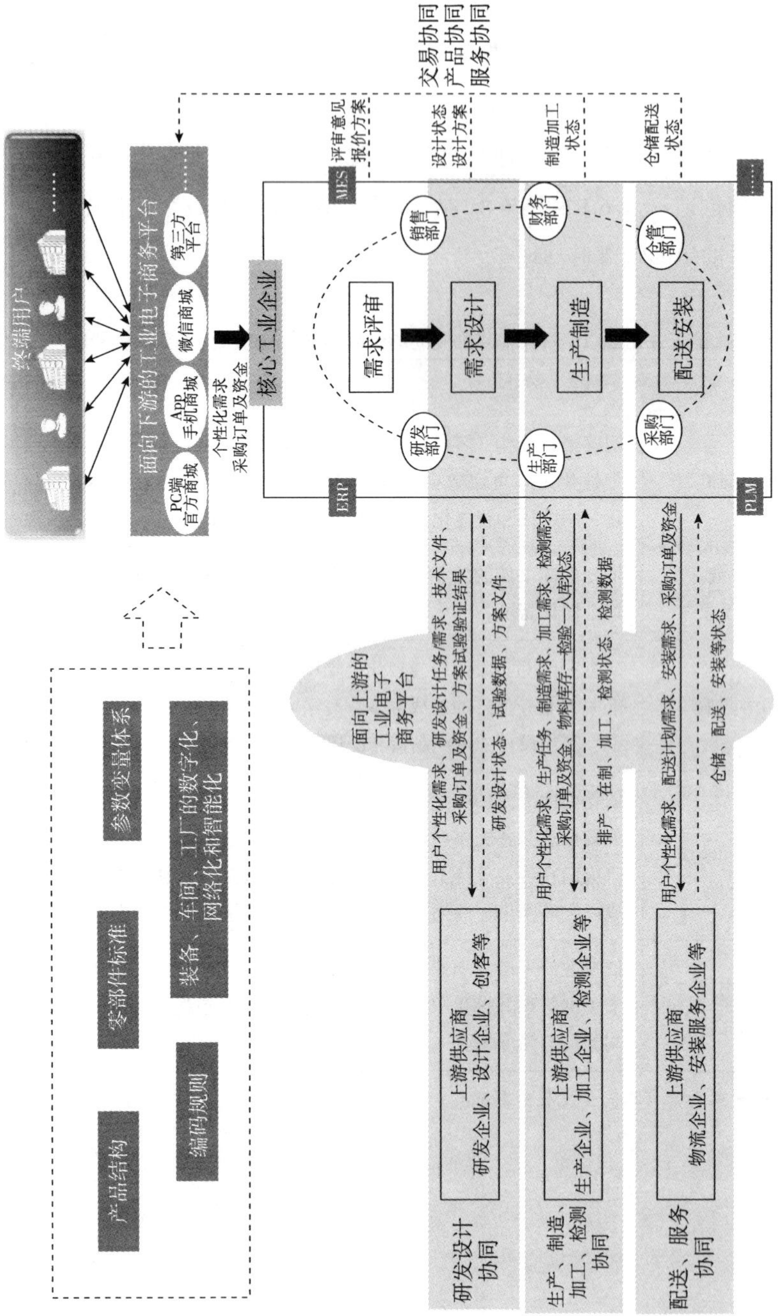

图 6.8　大型工业企业以个性化需求为驱动的供应链协同响应典型场景

资料来源：国家工业信息安全发展研究中心，《工业电子商务白皮书》。

案例 6.9 中国中车集团有限公司
——全供应链协同平台体系

实际需求

立足集团赶超国外先进制造业和实现全球化发展的战略要求，急需打造数字化、协同化的精益供应链体系，构筑“开放、互联、创新、协同、共享”的轨道交通产业生态。

主要做法

建立中车购、中车售、中车服、中车金、中车信和中车运等覆盖全供应链环节的平台体系，为面向上下游的供应链管理提供专业化、集成化和精细化服务。

推动中车购等平台与中车企业ERP、产品数据管理等内部信息系统对接及与供应链相关主体的互联互通，加快构筑供应链数据交换与共享体系。

主要场景

以中车购为载体实现上游供应链协同——通过将中车企业ERP、产品数据管理等系统中的采购订单及BOM数据等自动同步到中车购，并发送给供应商，实现与上游的交易、设计和生产协同，并且通过推动供应商生产过程中对质量检验、试验数据的自动提交，实现与上游的检测协同。

以中车服等为载体推动供应链协同——依托中车服向下游终端用户提供检测维修、整车产品运行监控和跨企业备件直采等服务，并根据终端用户需求直接浏览供应商产品和库存，发起采购过程，从而带动上游对终端用户的敏捷响应。

主要成效

大幅提升业务运行效率，有效提升企业管理水平。企业库存资金占用普遍减少 20%，在制品积压减少 15%，劳动生产率提高 10%，成本降低 5%，经济效益明显提高。

案例 6.10 东莞怡合达自动化股份有限公司

——自动化零部件个性化定制驱动下的供应链协同

实际需求

非标化是现代自动化设备的重要发展方向，每个非标设备由数千个不同零部件组成。面对多品种、小批量、低频次的非标零部件需求，零部件厂商往往面临订单量不稳定、生产成本高、质量管控难等问题。

主要做法

梳理推广新型标准，将“非标”变成“有标”——依托企业在自动化行业的经验沉淀，对行业非标件进行设计与整合，形成应用于自动化设备的标准化、系列化产品。迄今已累计设计 172 个大类、352 个小类、60 余万个型号的标准件，并汇编成设计手册和设计软件，对外免费发放，从而使怡合达标准成为业内通用标准和事实标准。年订单处理量约 40 万单，年出货总量超过 160 万项次，90% 标准件可实现三天内发货。

搜集用户需求，制定产品参数体系——通过广泛了解用户需求，归类整理得到数以万计的产品参数，便利用户进行复杂参数型产品的选型。

搭建一站式服务平台——建立 FA（工厂自动化）一站式采购平台，

为用户提供非标零部件的参数选型、3D 建模、支付结算和订单跟踪等一体化服务。

加强供应链数据共享——推动 FA 一站式采购平台与企业内部 ERP 系统互联，加强内部生产体系信息化改造并向上游供应商迅速反馈集成化的用户需求，推进订单、生产、检测、交付各环节信息交换与共享。

探索物流新模式——电商平台仓储智能化，根据怡合达的业务特点，新规划设计一整套的智慧物流、智能制造系统解决方案、技术和产品，包括智能仓储、智能配送、智能物流信息化等，规划应用 90 台多层穿梭车，多穿货架高达 20.3 米，拥有 20 多万个货位，可存储 40 多万个 SKU，出入库流量高达 6 800 箱 / 小时。该项目实施后，将落成国内单体容量最大的四向穿梭车密集式自动化立体库，有效解决电商平台交期瓶颈问题。

主要场景

用户在 FA 工厂自动化一站式采购平台注册，结合自身需要根据零部件产品的参数及 3D 图像选型，确认所需产品后进行询价，待价格确认后完成在线下单和支付；企业则根据用户订单信息，带动上游供应商和企业内部有序开展采购、生产、检测、配送等环节，并依托平台向用户实时反馈生产—备货—出库—物流全流程跟踪信息，实现全供应链协同运作。

主要成效

2019 年，平台注册用户 93 051 个，注册企业 74 044 家，成交用户数占公司整体比例为 51.29%，交易额逾 1 100 万元，库存占用资金比率降低 7.15%，生产效率提高 2.14%，自定义标准持续输出，行业影响力不断扩大。

案例
6.11

南京钢铁股份有限公司
——钢材 C2M 个性化定制驱动下的供应链协同

实际需要

传统标准化生产模式下，企业与用户间信息交互不充分，内部生产组织缺乏柔性，产品交付标准单一化，千篇一律的共性产品难以满足用户的个性需求。

主要做法

建设优化金陵钢宝网（中厚板现货线上交易平台），为用户提供定制化加工、包装和配送等一体化服务。

加强客户关系管理系统、生产制造执行系统、质量管理系统和智能仓储管理系统等系统的持续优化与互联互通。

主要场景

通过金陵钢宝网或客户关系管理系统直接采集（或录入）用户个性化定制信息；根据定制信息，驱动内部协同开展需求评审、工艺设计、品质设计、订单确认、计划排产、智能生产、仓储管理和精准物流等各环节，并依托客户关系管理系统向用户及时反馈订单生产、仓储、配送等关键流程信息，实现对用户需求的精准响应。

主要成效

平台充分利用互联网和信息化技术，有效缩短了新产品研发平均周期，提升了整票合同兑现率和原钢种合格率。2019 年，平台累计实现结算量 307.85 万吨，交易金额达 97.06 亿元，C2M 运营收入占营业收入的比重高达 45.43%。

第七章

重点行业垂直深耕

相比已经历上百年现代工业化发展、形成了成熟的工业生产和供应链流通体系的美国，我国各产业领域的市场集中度偏低、流通环节整合空间大、供应链基础设施不完善、运转效率低，呈现出“小、散、弱”的特征，因此互联网对产业的渗透和改造是一个从局部开始逐渐深化延展的长期过程。

随着我国供给侧结构性改革与数字经济的发展，国内企业（尤其是中小企业）转型动力十足，它们逐步认识到工业电子商务在帮助自身提升流通效率、降低流通成本、拓展市场渠道方面的作用，纷纷主动转型触网。工业电子商务成为众多中小企业落实“互联网+”的第一步，在各个垂直细分领域，已经形成一批扮演不同角色、提供不同价值的产业链参与者。从行业细分领域来看，钢铁电商处于快速发展期的最前沿。工程机械、服装纺织、电力等行业电商平台逐步发展成为新蓝海。化工行业逐步走出行业电商发展的低谷。

一、钢铁行业：电商去产能效应明显

自20世纪80年代以来，我国钢铁行业在整体自动化和信息化建设方面成果显著，相关数据显示[①]，2018 年我国大型钢铁行业关键工序数控化率为 78.1%，生产设备联网率为 54.8%，智能制造就绪率为 19.9%，分别比全国平均水平高 28.7、15.4、12.9 个百分点。相对较好的两化融合发展水平为其电子商务的应用发展提供了扎实基础和广阔空间，并成为钢铁行业转型升级的重要途径。

（一）钢铁行业的供应链特点

1. 生产工艺纷繁复杂，组织架构层级较多

钢铁行业的生产链大体可以分为矿山开采、炼铁、炼钢、轧钢等四个步骤。19 世纪末期，随着钢铁冶炼加工技术的不断发展和市场需求的快速扩张，联合企业逐渐成为钢铁产业发展的主流。一个完整的钢铁联合企业包含厂矿、化工、电力、运输等一系列工业企业，涉及采矿、选矿、炼焦、耐火材料生产、炼铁、炼钢、轧钢、化工产品生产、电力生产等多道工序。钢铁联合企业的出现在优化资源配置效率、减少外部交易成本的同时，也对企业内部协同管理提出了较高要求。

2. 资本技术高度密集，规模效应作用明显

钢铁行业是典型的多投入多产出的资本密集型产业，规模效应十分显著。因此，尽可能获取规模效应一直是钢铁企业重要的发展战略之一，而兼并重组和技术创新是其主要的两条实现路径。通过兼并重组，企业可以在快速扩大生产规模的同时占有更多的市场份额，从而获取规模效应，扩大竞争优势。然而，在一定技术水平下，钢铁行业的规模效应与其他行业一样，呈边际效应递减，因此在 20 世纪后半叶，随着信息技术的快速发展和应用，大型钢铁企业在技术创新领域都投入了大量资源，

---

① 相关数据来源于《中国两化融合发展数据地图（2018）》，由国家工业信息安全发展研究中心发布。

以期通过自动化、信息化建设提高生产效率，增加产品附加值，从而获取超额利润。

3. 生产消费差异明显，行业流通成本较大

受规模效应影响，钢铁行业生产端呈现显著的大批量少批次特点，而消费端则正好相反，以多批次小批量为主。在钢铁贸易的传统模式里，经销商是解决这一矛盾的重要主体，经销商从钢铁企业大批量采购后根据客户需求对钢材进行加工分类和销售，最终实现大批量生产到小批量消费的转变。虽然这一传统模式有效解决了生产端和消费端的矛盾，并且构建了完整的仓储物流体系，但较多的经销商层级也使钢铁行业的流通成本整体偏高。

（二）钢铁行业电子商务应用及作用

虽然在 20 世纪末，我国一些大型钢铁企业就已经在其生产管理运营活动中尝试推动电子商务应用发展，但是当时电子商务的概念刚刚兴起，理论内涵、业务模式等都尚不明确，因此包括钢铁行业在内的各行业电子商务应用都集中在业务电子化相关领域。2000 年左右，随着兰格钢铁网、东方钢铁电子商务有限公司以及阿里巴巴工业原料部门等公司、团队的成立，钢铁行业电子商务应用的商务属性被逐渐激发，直至形成集商务逻辑、设备技术、生态环境等要素为一体的行业整体电子商务应用方案。纵观钢铁行业电子商务三十多年的发展历程，我们认为，钢铁行业电子商务应用大致集中在供应链信息化、信息咨询服务、交易生态完善和商业模式创新四个领域。

1. 供应链信息化

20 世纪 90 年代，我国钢铁产业快速发展，产业集中度逐步提高，产业链纵向一体化逐渐深入，生产能力迅速扩张，行业国际化程度不断提

高。然而，与国外先进国家相比，当时我国钢铁行业生产、管理技术落后，自动化、信息化程度偏低，面对着日益扩大的国内市场需求和日益激烈的国际市场竞争，我国钢铁企业大力推进供应链信息化建设。

经过多年自主创新、引进消化再创新，中国钢铁企业已经将信息技术广泛应用于包括研发设计、生产制造、企业管理、营销及物流在内的全流程，实现了包括产销一体、管控衔接和三流（物流、资金流、信息流）同步等核心功能，有效促进了钢铁行业技术经济指标的整体改善。钢铁企业不仅将信息技术用于办公自动化、财务管理、采购管理、销售管理、人力资源管理和生产管理等单项业务管理，还重点建设了具有钢铁行业特点的产销系统、制造执行系统和 ERP 系统，在企业综合业务协同集成方面取得了显著成效。①

2. 信息咨询服务

在供应链信息化进程中，部分国内大型钢铁制造企业为满足自身产品采购、销售需求搭建了相应平台，以期实现采购及销售业务的互联网化，然而在 20 世纪 90 年代末和 21 世纪初，受制于钢材贸易商在交易链条中的特殊作用，此类平台的发展并不显著，钢铁贸易仍然以传统贸易模式为主。

在传统贸易模式中，作为核心角色的钢材贸易商，一方面通过提供流通和配货服务解决了钢厂大批量少批次生产特征和消费终端多批次小批量需求之间的矛盾；另一方面，通过垫资服务解决了钢厂流通资金需求量大与终端汇款缓慢之间的矛盾。凭借在钢材贸易链条中的枢纽作用，钢材贸易商在赚取物流配送、剪切加工、融资等服务费用以及批量采购和零售价差的同时，也可以利用价格波动带来存货价值波动的方式赚取时间差价。在我国钢厂普遍采取以销定产的背景下，作为销量数据主要

① 芦永明，王丽娜，陈宏志，赵华，潘秋娟，薛向荣 . 中国钢铁企业信息化发展现状与展望［J］. 中国冶金，2013，23（05）:1-6.

提供者的钢材贸易商加剧了钢铁市场信息的不透明和不对称。

为了解决这一痛点，2000 年左右，我国出现了一批类似于“我的钢铁”“中国联合钢铁网”的钢铁信息咨询类网站，以线下采集信息、线上加工发布以及提供行业研究咨询和培训为主业，以收取会员费、咨询费、培训费和广告费为主要赢利模式。

3. 交易生态完善

2012 年起，我国钢铁市场产能过剩程度不断提高，钢铁行业整体陷入发展困局，行业利润率不断降低，行业整体甚至一度处于亏损状态。持续下跌的钢铁价格，使钢材贸易商由价格波动带来的存货价值持续缩水，贸易环节资金存量和融资能力大幅下滑，信用风险集体爆发，传统钢材贸易商出现倒闭潮。此外，随着利润空间不断被压缩，钢铁行业迫切需要降低流通成本。

钢铁行业的全面危机为钢铁电商平台发展提供了机遇，并随之出现了两种平台运营模式。一种以钢厂自建、自营为主，例如宝钢的东方钢铁在线、沙钢的玖隆电商等；另一种是以第三方为代表的“自营 + 撮合”模式，例如欧浦钢网、钢银等。这些平台的出现，有效解决了钢铁流通产业链层次过多、流动费用高昂等相关问题。

钢铁电商平台虽然为钢材产品提供了交易平台，但抑制钢铁电商平台发展的关键问题并没有得到有效解决。钢材产品并不是普通消费品，销售费用占产品单价比例较低，并且对线下服务要求较高。首先，钢材生产周期长，品质要求高，需要电商平台就生产过程和交货期进行协调；其次，钢材产品单价高、交易量大、对融资服务要求较高；再次，钢材产品体积大、质量高，需要专业的物流配送和仓储设施；最后，钢材下游用户需求零散、不统一，往往需要专业的剪切加工服务。

针对钢材产品的特殊需求，各钢铁电商平台虽然在经营模式上存在一定差异，但在发展战略上，均以交易平台为依托，线上构建支付平台、融资抵押平台、仓储物流平台，线下整合金融机构、仓储物流企业、剪切加工中心，以打造产业链全流程服务生态体系为目标。只有构筑了完备的服务生态体系，钢铁电商才能真正推动钢铁贸易扁平化。

4. 商业模式创新

未来，随着服务生态的逐步完善，钢铁行业上下游企业之间的信息共享和工作协同程度将不断提高，钢铁行业电商将倒逼钢铁制造企业进行商业模式创新。例如，通过质量设计、计划、排程、调度等方面的CPS（商品推广解决方案）改造，助力制造企业提供大规模定制服务；发挥钢铁行业“互联网 +”“智能制造”的先行者的先发优势，利用积累的平台建设和运营经验，帮助制造企业发展为相应解决方案的提供商，为钢铁行业的后进者乃至其他制造业企业提供服务。

案例 7.1

宝钢集团
——钢铁制造企业向钢铁服务企业转型

基本情况介绍

宝钢集团致力于通过改革和发展，构建在钢铁生产、绿色发展、智能制造、服务转型、效益优异等五个方面的引领优势，打造以绿色精品智慧的钢铁制造业为基础，新材料产业、贸易物流业、工业服务业、城市服务业、产业金融业等相关产业协同发展的格局。旗下上市子公司宝山钢铁股份有限公司是我国钢铁行业最早开展电子商务应用的企业之一。在电子商务应用模式和场景深化发展的同时，公司也成功实现了制造企业服务化的转变。

需求与痛点

钢铁属于大宗商品，物流成本高且效率低下。钢铁行业存在生产力过剩、低价格竞争、库存和成本控制的空间有限等弊端，急需企业提高对信息的处理、传递和反应速度。

传统钢铁贸易交易层级多，钢厂与终端用户间缺乏信息传导机制。从钢厂到终端用户，需要经过多层代理商分销，信息传递不及时且成本高，公司急需加速交易流程，节省交易成本。

宝钢事业部及下属子公司多，各部门间业务分散，公司管理难度大。公司急需优化业务流程，建立有效沟通机制实现不同部门间信息的传递。

钢铁下游汽车、家电、造船等企业需求不断变化，对宝钢提出了更高的要求，企业为了更好地适应多元化的终端用户需求，急需及时搜集数据，快速响应，为用户提供更多的服务。

主要应用场景

供应链信息化。对于信息化建设，宝钢采用了“三驾马车”模式，即由IBM提供硬件，“中国钢铁公司”下属的中冠资讯公司担任咨询顾问，宝钢自己负责开发模式，专门成立了一个“983指挥部”推进信息化建设。最终于1998年实现了产、供、销一体化综合营销系统顺利上线。

交易生态完善。宝钢于2000年成立东方钢铁电子商务有限公司，主要负责宝钢旗下各部门电商网站及相关行业电子商务平台的搭建。公司先后成功搭建了东方钢铁在线、宝时达、上海钢铁交易中心等平台。此外，随着公司核心业务的平台化，围绕钢铁主业的相关支撑服务，例如物流、金融等，也逐步实现了线上化。

商业模式创新。宝钢于2015年成立欧冶云商，欧冶云商整合了宝钢原有钢铁电子交易资源，搭建起了生态型钢铁服务平台，构建了包括原材料供应商、钢厂、加工商、仓储商、物流商、金融机构、贸易商、零售商、终端用户等的商业生态系统，搭建了集交易、金融、物流、材料、加工、运输、数据、资讯服务为一体的钢铁电商平台，打造了集交易、物流、供应链金融、钢铁技术、大数据、资讯等综合服务为一体的第三方 B2B 平台，积极推进智慧供应链创新与实践，为钢铁行业企业提供各类服务及解决方案。

主要成效

宝钢完成了由制造企业向服务企业的转变。随着新一代信息技术的快速发展，企业之间的边界也逐渐模糊，只有跨组织、跨界限进行合作，整合各方资源才能发展得更好。宝钢以电子商务为核心，整合各方资源，实现了电商生态系统的构建，完成了由钢铁制造商向解决方案服务商的转变。

二、工程机械行业：基于整机数字化销售的空间拓展与能力转移

目前，我国工程机械行业基本形成国有、外企和民企三方共存的发展局面。以徐工、柳工、厦工为代表的国有企业，凭借丰富的行业经验、多元化的产品群和主导产品市场占有率高等优势实现了经营规模和市场影响力的较大发展；以美国卡特彼勒、日本小松、瑞典沃尔沃、韩国斗山等为代表的外资企业，凭借资金、技术、品牌优势在中国工程机械高端产品市场上占据主导地位；以中联重科、三一重工为代表的民营企业，依靠产权清晰、机制灵活和特有的管理模式成为行业的新生力量，市场竞争力快速增强。我国机械行业经历了低迷萎缩期后正进入新常态，行业内协同设计、全生命周期管理、网络精准营销和电子商务等新模式新业态不断涌现。

（一）工程机械行业地位高且具有强周期性

工程机械行业在国民经济中的地位高。工程机械行业是我国装备制造业重要的子行业，而装备制造业是为国民经济各行业提供技术装备的战略性产业，产业关联度高、吸纳就业能力强、技术资金密集，是各行业产业升级、技术进步的重要保障和国家综合实力的集中体现。

工程机械行业具有强周期性。工程机械行业与我国宏观经济、固定资产的波动密切相关，易受经济周期影响。近十年，我国工程机械行业经历了高速发展期、低谷期、复苏期三个阶段。2008 年为抵御金融危机，国内推出四万亿投资计划，直接拉动了对工程机械设备的需求，激进的销售模式和无序的产能扩张透支了未来市场的需求。2012—2016 年进入低谷期，下游市场需求急剧收缩，主要产品销量出现下滑，各大厂商纷纷缩减产量。2016 年下半年以来，随着下游基建回暖，工程机械筑底回暖，产能利用率逐步提升，产品销量同比大幅提升。

工程机械行业属于技术密集、劳动力密集和资本密集型行业。行业应用场景广阔，以工程机械行业主要产品挖掘机为例，其主要应用于土方挖掘、建筑拆卸和路面翻修等场景，对工程机械产品的需求主要来自国家基建、房地产投资、矿山采掘、企业固定资产投资和农村市场需求。

（二）工业电商全方位赋能工程机械行业

1. 工业电商拓展行业空间：从立足国内到放眼海外

工程机械行业呈现出国产替代和龙头集中现象。国内工程机械行业在起步阶段时，由于外资厂商具有资金和技术优势，在发展初期外资厂商垄断现象较为严重。国内企业通过不断提升技术水平，加强品牌和渠道建设，市场占有率不断提高。

工程机械行业逐步从立足国内到放眼海外市场。随着国内企业的不断发展，其产品在质量、销售和服务等方面逐渐可以比肩国外企业，国内龙头企业从2000年开始逐渐布局海外市场。同时，随着“一带一路”倡议的推动，工程机械行业企业海外发展迎来新的机遇，“一带一路”沿线国家和地区多为发展中国家和新兴经济体，这些国家基础设施建设相对落后，具有巨大的市场潜力。

工程机械行业全球化发展除了有市场机遇外，还由行业属性决定。工程机械行业具有周期性的特征，其生产、销售和价格等受国际竞争态势影响较大。随着中国经济的不断成熟，国内需求逐渐收缩，海外投资成为新的投资增长点，工程机械行业龙头企业为实现规模扩张和降低风险，国际化经营成为其必然选择。图7.1显示了2017—2019年中国工程机械行业主要企业全球市场份额变化情况，可以看出龙头企业在全球的市场份额呈现出逐年增长的趋势。

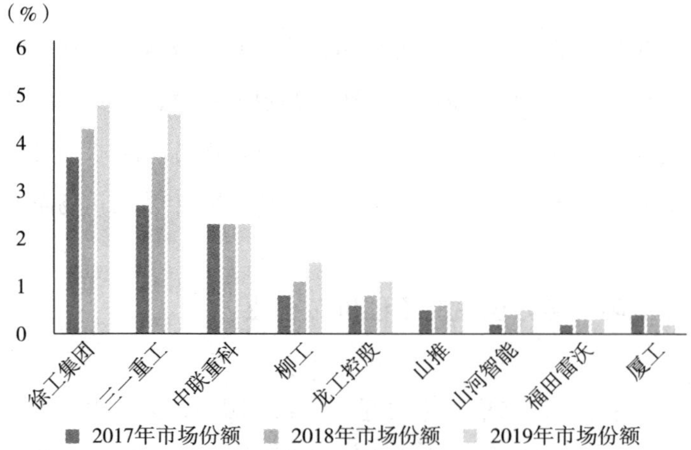

图7.1　2017—2019年中国工程机械行业主要企业全球市场份额变化情况

资料来源：根据英国KHL集团发布数据整理。

工程机械行业企业在拓展海外市场时面临挑战较大。首先，国内企业会面临企业品牌国际影响力远落后于发达国家水平问题，很多企业在提升企业品牌时只是简单地进行宣传推广，缺乏对产品功能及质量的深度挖掘；其次，工程机械行业参与方众多，当进行海外业务拓展时参与方会更加复杂化，出现了地域和时空的限制，会大幅增加交易的链条和环节。

工业电子商务平台可以助力工程机械行业企业走出去。首先，电子商务平台可以帮助企业实现贸易渠道多元化和精准化。企业可以通过“自建网站 + 全网营销”方式对企业产品进行展示和介绍，实现营销方式的多元化。其次，企业可以通过电子商务平台打破地域和时空的限制，大幅减少渠道的层级，缩短交易的链条和环节，降低交易成本。最后，企业可以利用电子商务平台实现服务的多元化，企业可以基于平台的历史交易数据来判断交易方的信用情况，为企业提供信用证审核、履约担保、企业索偿、平台结汇及出口退税等相关服务，实现企业的服务化转型。工程机械行业龙头企业也在积极进行探索和实践，例如2018 年徐工集团以“赋能供应链、创新生态圈”为主题成立了国际站点Machmall.com，平台在前端充分展示产品信息方便海外客户了解产品信息，在后端对资金和物流配送进行管理，为全球客户提供全方位的综合服务。

2. 工业电商助力模式创新：从代理模式到平台模式

工程机械行业传统商业模式下参与方众多，制造商难以快速抵达终端用户。工程机械行业主要参与方包括制造商、零部件制造商、代理商、个体经营者和终端用户。传统的工程机械行业商业模式是以制造商和代理商为主的销售模式和售后模式。整机制造商将整机、零配件销售给代理商，代理商再将相关产品销售给终端用户。当终端用户的设备出现问题时，由代理商反馈给整机制造商完成用户设备的维修及维护。在传统的机械行业销售模式下，制造商很难及时获取终端用户的需求，代理商对终端用户的需求很难做到及时有效响应（见图 7.2）。

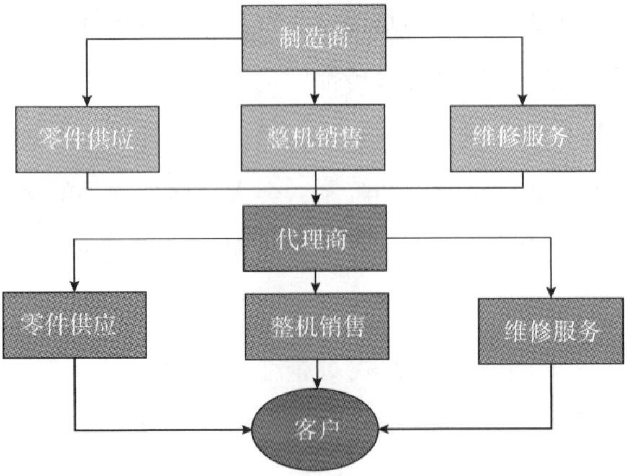

图 7.2　传统模式下的工程机械行业基于整机的销售模式图

资料来源：国家工业信息安全发展研究中心。

随着中国工程机械行业从增量市场步入存量市场，整机市场利润越来越稀薄，为了更好地生存，工程机械行业各参与主体开始利用电子商务手段改变行业现状，创造新的赢利模式。整机制造商为了缩短中间环节直达终端用户，开始从各个方面利用电子商务直达用户需求，制造商的转型也迫使代理商开始利用电子商务手段进行转型（见图 7.3）。

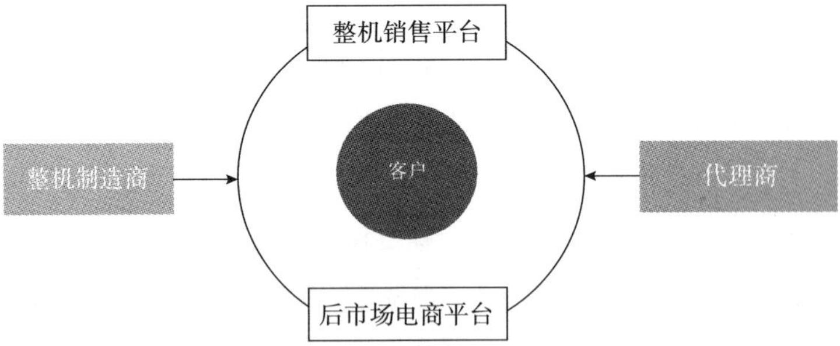

图 7.3　以用户为核心的商业模式图

资料来源：国家工业信息安全发展研究中心。

3. 工业电商开启行业“服务化转型”：从销售产品到拓展服务

工程机械行业企业发展重心逐渐由产品转向服务，这主要是由工程机械行业的高价值和耐用性决定的。首先，工程机械行业技术性强，一旦机器停运，用户无法直接修复，会对客户造成直接损失；其次，机器价值高，客户购置时资金压力较大，并且替换成本高。工程机械行业耐用品特性表明企业下游客户具有黏性，并且机器折旧期限较长，零配件更换率较高。因此，对下游客户来说，设备的费用不仅包括购买成本，而且包括配件、维护、维修服务以及折旧换新的转售价值。

伴随着整机由增量市场走向存量市场，整机销售量在逐年降低，但是配件的需求量却相对稳定。机械设备在使用过程中有一些易耗品、易损件损坏需及时更换，此时用户可通过电商平台购买需要的型号。这些配件可以直接面向市场终端，客户有需求可直接在网上下单，无须再线下配合。在整个工程机械行业内，配件销售是实现电子商务最好的网络销售模式，利用电子商务可以让相对较小的零配件达到资金流和产品流的高效运作。工程机械的“后市场”零配件领域进行电子商务的尝试则是相当可行的。例如徐工商城的后市场电商服务板块，其中包括备件销售、二手机买卖、租赁业务等都发展较快。

案例 7.2

徐州工程机械集团有限公司
——构筑以工程机械为核心的机电产业集群电商平台

基本情况介绍

徐州工程机械集团有限公司成立于1989年，提供工程机械类产品和服务组合，并为客户提供全面的系统化解决方案。公司提供的产品包括工程起重机械、铲土运输机械、挖掘机械、混凝土机械、道路机械、重卡、专用车辆、桩工机械等产品。公司一直注重信息化建设，并于 2017 年 12 月成立江苏徐工电子商务股份有限公司，专门负责电子商务业务。

应用场景

徐工打造的以工程机械为核心的机电产品电子商务交易服务平台国际站点 Machmall.com 和国内站点螳螂网（https://www.tlang.com），与徐工商城、路之家、铲运之王共享流量，共同打造一个纵横关联的生态体系（见图 7.4）。螳螂网为集团内电商平台提供统一的营销管理、支付结算、会员中心、物流配送、产品管理、活动管理等解决方案。Machmall.com 还可支持印尼站点、俄罗斯站点等。

徐工垂直型电商平台销售收入突破 6 亿元，实现撮合交易突破 10 亿元，全球注册会员用户突破 36 万。询盘覆盖 180 个国家和地区，线上销售至全球 88 个国家和地区，覆盖法国、加拿大、韩国等高端市场和瓦努阿图、圣马丁岛、特立尼达和多巴哥等传统渠道空白市场。

主要成效

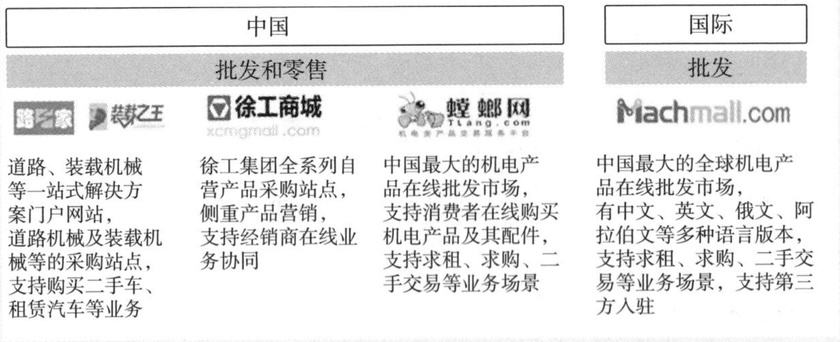

图 7.4　徐工集团案例

资料来源：徐工集团。

三、纺织服装行业：信息消费下的大规模个性化定制

纺织服装业是我国的传统轻工产业，分为纺织业和服装业。纺织业是把纤维原料最终加工成衣物等纺织成品的生产部门的总称，而服装业是把纺织成品加工成衣物的生产部门的总称。从上下游的关系来看，纺织业是服装业的上游行业。

（一）纺织服装行业的主要特点

1. 劳动密集型产业，对成本变动较敏感

虽然随着生产技术的不断进步，大型专业化的机械设备以及 CAD、CIMS（计算机 / 现代集成制造系统）等多种先进的生产组织方式不断被研发出来并在各个环节投入应用，但相较于其他大规模制造业，大多数纺织服装企业仍然没有脱离传统的生产模式，劳动力在生产要素投入中所占比例较大，因此该行业对于劳动力成本变动非常敏感。

2. 消费需求纷繁复杂，行业进入门槛较低

在“消费升级”的当下，消费者对于纺织服装品的需求也在发生着改变，设计个性逐渐成为与质量和性价比同样为消费者所看重的因素。然而，纺织服装的生产环节技术壁垒较低，新产品上市之后很容易被仿制。

3. 强周期性行业，出口占比较大

从整个服装零售业来看，由于受季节变动的影响，秋冬季服饰普遍单价高、利润厚，而春夏季服饰大都单价低、利润薄。从产品结构来看，秋冬装产品因单价、毛利率较高，其在整体产品销售收入中所占比重较大，因而服装业务具有明显的季节性特征。不同产品的销售高峰期虽说有差别，但对服装企业来说，营业收入和收益一般均呈现下半年高而上半年低的态势。此外，纺织及服装行业出口占比较大，受汇率及海外市场的

影响较大，同时市场化程度较高，集中度较低，行业内竞争激烈，低端产能偏多，企业风险抵御能力较弱。但两者又有各自的特点：纺织行业处于产业链的中游，以制造为主，受产能过剩困扰，上游原材料受政策因素影响较大，国内外棉花价格倒挂现象持续存在，成本压力较大；服装行业具有零售业特征，服装制造以贴牌加工为主，品牌运营企业以中低端品牌居多，品牌运营及渠道管理能力偏弱。

（二）纺织服装行业电子商务应用及作用

1. 纺织服装行业的发展痛点

纺织行业的长链条和与其他行业的强关联性导致了这个行业的复杂性和多样性，行业痛点十分明显。

纱线行业。上游是化纤厂、棉麻种植户和养殖户，下游是布坯面料商。在传统行业中，纱线原料采购以及成品分销链条长，中间成本高；棉花等原材料价格波动大，影响原料采购量，提高了库存和管理成本；纱线与前后两段存在明显的信息不对称，精准匹配难。

布料行业。上游承接纱线，下游对接纺织服装供应商，传统模式存在制造商家距离市场远、决策慢等问题，造成库存过剩，议价能力弱；纺织品产能过剩，同质化严重，产品定位和用户定位亟待升级；产品附加值低，难以标准化，订单碎片化与生产规模化存在较大矛盾。

服装行业。其上下游分别是面辅料和消费者，在这个链条上，服装产品难以标准化，采购端个性化需求强，供需双方难以高效匹配；中间环节多，利润受压，利润被中间商层层盘剥；存在账期，收款结算难，资金流通率低。

总体来说，整个纺织行业的特征可以总结为四点：产品 SKU 多；信息不对称，决策成本高；流通链条长，效率低下；已经充分市场化，竞争激烈。

2. 纺织服装行业电子商务实践

纺织服装行业电子商务应用主要集中在研发设计、大规模个性化定制、供应链管理等方面。

（1）研发设计方面

目前，相当数量的企业已经在产品研发设计方面广泛使用信息技术。纺织类企业中纺织品面料设计系统、计算机织物外观模拟系统已流行；服装类企业也已普遍使用CAD、CAE、NAD（辅助设计技术）、Photoshop（图像处理软件）等工具；有的企业已成功建立产品数据管理。对纺织服装行业而言，互联网和智能技术实际上是嵌套在一起的整体，因此服装智能制造技术也需要融合互联网相关技术。先进技术融合之后而生成的服装智能化、信息化服装生产整体方案，如3D人体扫描、CAD、数控裁剪机、智能铺布机、智能吊挂、智能仓储等，已经被不少一线服装企业采用，也被行业公认为服装企业的未来必经之路。

（2）大规模个性化定制方面

线上服装定制、快速回应顾客的定制需求，不仅需要企业自身，而且需要供应商转变思维模式，从而使整条供应链的快速反应能力得到提升，高效运作。相对线下定制，线上定制更容易聚集客户，提供服务不受时空的局限，中间环节的减少降低了运营成本，价格上具有天然的优势，也更能满足个性化的需求。因此，随着相关技术的进展和市场的完善，服装定制市场必定会引起各大服装品牌的争抢。

（3）供应链管理方面

一方面，政府和企业正在携手推进智能工厂（车间）建设，推动信息化技术在纺织服装生产、研发、管理、仓储、物流等各环节广泛运用，开展以自动化和智能化生产、在线工艺和质量监控、自动输送包装、智能仓储、智能管理为主要特征的数字化和智能化工厂（车间）试点示范。通过智能化生产和信息化集成管理，提高劳动生产率和产品质量稳定性。

另一方面，大型企业也在积极推动供应链金融、跨境电商平台的建设，以期以供应链核心企业为基础打造上下游企业协同发展的新生态。

案例 7.3

青岛酷特智能股份有限公司
——服装制造企业从“大规模制造”向“大规模定制”转型

基本情况介绍

酷特成立于2007年，在西装量体定制细分市场领域，已经成为研发制造销售一体化的世界领军企业。酷特主营业务包括：服装量体定制，计算机软硬件研发及销售，企业管理咨询，第二类增值电信业务中的信息服务业务（互联网信息服务和移动网信息服务）。现有员工3 200多名。

需求与痛点

市场产品同质化严重。传统的同质化标准号服装产品业务，行业内竞争激烈，基于预测的面向库存的同质化产品的批量生产。市场上不受欢迎的产品积压，大量占压企业的资金，造成资源的极大浪费。

市场需求多样化趋势凸显。消费升级在加快，同质化需求的高峰已过，个性化、多样化的需求正逐步成为主流，传统行业的供给方式无法有效满足个性化和多样化的需求，这造成了现有产能过剩和有效供给不足共存的困境。

主要应用场景

酷特打造的C2M平台，是集营销数据、供应链管理数据和市场行情数据等为一体的定制直销平台，以用户为中心的数据体系为核心，支撑

C2M、B2M（面向市场营销的电子商务企业）、M2M（机器对机器）、C2C（个人与个人之间的电子商务）、多品类多品种的线上交互交易，为所有交易提供服务支撑，形成数据沉淀，为整个价值链输出提供数据支持。

“C端”是客户个性化需求定制的平台入口，全品类定制展现的互联网接入，初期以呈现服装为主，实现数据实时交互采集。

“B端”是大数据统计分析应用平台，是数据驱动、数据挖掘分析的指挥中心，利用C端消费数据和M端工业数据进行分析应用，以更好地满足需求、创造需求。

“M端”是制造平台，从B端平台获取数据，按客户源点需求，通过大数据的智能驱动供应链，实现整个制造过程的大数据驱动智能化生产，确保来自全球的定制产品订单保质保量交付。

主要实施路径

推进企业的信息化。在研发设计、生产过程、企业管理、采购营销等环节组织CAD、CAM（计算机辅助制造）、ERP、SCM、CRM的单项应用，围绕装备、产品、营销、管理信息化组织集成应用，实现了内部全业务流程的集团管控；建设数据分析系统，利用各方数据辅助企业战略决策、品牌打造等。内部、外部信息化的全面实现，使酷特由一个传统的服装生产企业转型为一个现代化的品牌企业。

推进制造的个性化。进入互联网时代，零距离交互、分布式共生的互联网基因广泛渗透，酷特提出了构建并依托互联网平台进行集成设计、协同制造、在线营销，专注于服装个性化定制的思路。研发了将客户服装需求变成产品数据模型的关键技术，使国内外的服装订单都变成数据进入互联网流动，为集成设计、柔性生产提供了可能；研发了服装行业数据驱动的智能工厂解决方案，对企业管理与生产控制进行全流程改造，具备了智能制造的能力；研发了全球个性化服装定制互联网平台（MTM

平台），将 ERP、CAD、MES、PLM 等打通，把客户、供应商、工厂、物流等连接在一起，实现订单提交、设计打样、生产制造、物料供应、物流交付一体化；酷特大规模个性化定制模式，使世界各地的客户都可以在网上参与设计、提交个性化服装的需求，客户需求立即传到 RCMTM 大型供应商平台，依托平台形成数字模型，并完成自动化单件制版—智能化裁剪—柔性化缝制与加工—网络化成品检验与发货，形成了工商一体化的 C2M 商业生态。酷特也由一个现代化品牌服装企业转型为一个基于互联网平台的智能制造企业。

推进企业的平台化。当世界先进工业向 4.0 迈进的时候，CPS 平台成为政府或者领军企业争抢的重要领域。酷特认为，前期打造的基于互联网的个性化定制平台，作为我国服装行业的 CPS 平台，可以进一步开发并应用于其他终端消费品行业，依托该平台的大规模个性化定制模式，也可以在传统制造业推广。酷特在 RCMTM 平台架构的基础上，打造了 C2M 平台。全球的客户可通过 PC 端、App、线下实体店等，在个性化定制平台上提出产品需求，平台将零散的消费需求进行分类整合，以整体、规律、可操作的形式，将需求分别提供给平台上运作的数据驱动的工厂，完成个性化产品的大规模定制生产，产品在平台上实现直销与配送。酷特智能平台成为多行业客户、供应商、工厂、物流企业共生的平台（平台已有西装、衬衣、大衣、围巾、领带、皮鞋等行业，后续还有家具、皮具、自行车等多个行业）。

推广应用个性化定制系统解决方案。酷特把服装定制的成功经验形成了解决方案,在其他企业转化应用。适用于我国劳动力密集等基本国情，特别是中小企业，通过对标以及不同程度的投入，3 个月及以上不等时间的升级改造，将实现“零库存、高利润、低成本、高周转”的运营能力。数据驱动的大规模个性化定制，打破了“智能工厂 = 无人化”的传统思想，建立“智能工厂 = 企业每个流程都是数据驱动”的概念和模式，对往往受资金、技术等限制的广大中小企业而言，是一条正确的道路，也是传统企业转型必然认识到的逻辑。可单独为需求企业的一条生产线进行设计改造，也可以整体工厂实现柔性化生产，解决小批量订单快速交货问题，直至实现工厂完全个性化定制生产的需求。

主要成效

以互联网思维，实现客户与工厂的直接对话，以及实体经济与虚拟经济的有机结合。消除了中间商环节及其所产生的额外溢价，消费者以更合理的价格获得更高品质的定制产品，企业的利润空间同时提升了数倍。

以大数据技术，从设计开始用于个性化定制全过程，满足大规模的差异化需求。生产周期由传统的 20 天以上缩短为 7 天，成品零库存，原材料趋近零库存。

以源点论组织体系，实现企业经营管理的全面变革与效率提升。基于酷特智能平台，以及整个企业形成的围绕订单组织生产满足客户需求的源点目标，颠覆传统企业的层级制、审批制，建立极致扁平化的组织与流程，企业运营成本下降，运营效率提高。

双创模式带动定制产业发展。酷特单个工厂定制服装的生产能力逾 100 万套件，已经有多个异地协同制造工厂。目前已经有服装鞋帽、家具家装、机械电子等 30 多个行业的 70 多家试点企业应用酷特的解决方案。酷特 C2M 平台孵化的创业企业有 4 000 家以上，由酷特带动的转型升级企业有 15 000 家以上，到酷特现场培训的国内外人员有 7 万人以上。

四、电力行业：发力电商化采购与拓展服务化转型

电力行业是国民经济发展的基础产业和战略支撑产业。当前，电力行业已由高速增长阶段转入高质量发展阶段，正处在转变发展方式、优

化供需结构、转换增长动力的攻坚期，行业内企业正加快商业模式的创新和应用，大力推动“互联网+”、人工智能、大数据应用等信息化行动的落地实施，为广大用户提供更好的产品和服务。

（一）行业特点：资源垄断性强，数字化转型动力足

电力行业资源垄断性强，是资本密集、技术密集和装备密集型行业。行业内企业大部分是垄断资源的国有企业，资源实力雄厚，对市场及相关资源垄断性较强并且受国家政策性支持和影响较大。

电力行业产业链主要包括上游电力辅业公司和下游电力公司。电力辅业公司主要负责电力行业的设计、建设和设备制造。电力公司主要负责发电、输电、配电和售电，其中，发电公司以五大发电集团和四小发电集团为代表，负责输电、配电和售电主要是两大国网，图 7.5 展示了中

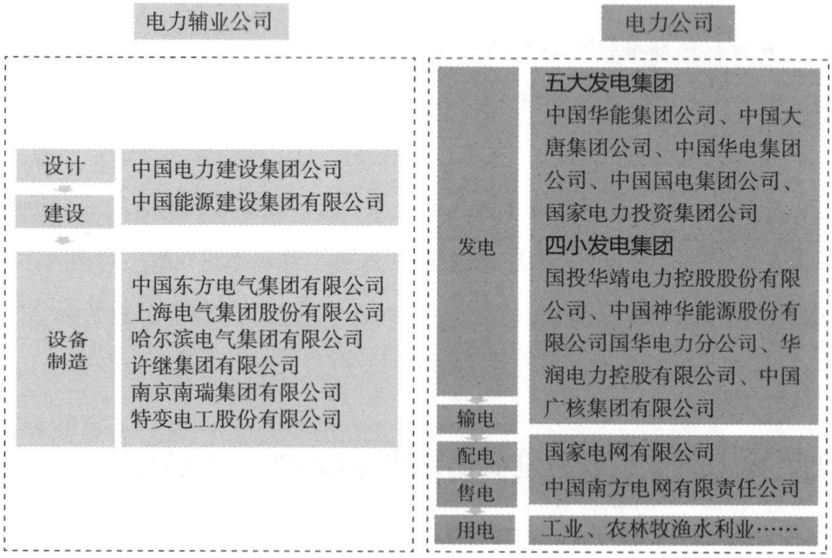

图 7.5　中国电力系统上下游产业链类别

资料来源：国家工业信息安全发展研究中心。

国电力系统上下游产业链类别。电力行业数字化转型动力足。电力行业企业一般是集团型企业，其业务涉及部门众多，审批流程长。例如在采购环节，企业采购种类繁多、数量庞大、流程复杂，急需进行资源整合，降低信息的不对称性，降低各项成本。

（二）电商探索：发力电商化采购与拓展服务化转型

《中国两化融合发展数据地图（2018）》显示，2018 年我国工业企业两化融合发展水平指数达 53.2，其中电力行业两化融合水平排名较高。中国电力行业信息化主要经历了三个阶段。[①] 第一阶段是企业信息化建设初期。20 世纪 60 年代至 80 年代初，信息化主要应用在电力试验的数字计算、工程设计的科技计算、电厂的自动监测、变电站所的自动监测等方面。第二阶段是电力企业专项业务应用阶段。20 世纪 80 年代初至 90 年代初，计算机系统在电力行业企业的广大业务领域获得应用，电力企业广泛使用计算机软硬件系统，例如电力负荷控制预测、电网调度自动化、电厂生产自动化控制系统、计算机电力仿真系统、计算机辅助系统等。在此阶段，企业开始重视开发设计管理信息系统的单项应用系统。第三阶段是企业信息化建设的高速发展时期。20 世纪 90 年代初至 21 世纪初，随着信息技术和电子网络技术的发展，中国电力企业信息化发展逐步加快，企业开始进行信息化资源规划。

电力行业内企业正在积极利用电子商务平台创新发展模式。我国电力行业主要包括电建企业、发电企业、电网企业、设备制造企业。目前，电力行业电商平台主要分为两类，一类是以服务于企业内部采购为主的采购平台；另一类是在服务企业内部采购的基础上开始探索新的商业模式的平

① 李宏平．电力行业建设和运营电子商务平台项目的关键成功要素研究［D］．北京：中国科学院大学，2015.

台。如表 7.1 所示，电力系统内企业大部分都建立了服务于企业内部的采购平台，在探索新的商业模式方面主要以两大电网和大型发电企业为主。

电力行业开展电子商务有其外在原因。首先，新一代信息技术的发展为传统产业开辟了新的商业模式，传统产业必须要根据新形势和新需求开辟新的商业模式，才能适应日趋激烈的市场竞争。其次，国家政策影响正推动电力行业采购行为阳光透明化。2013 年施行的《电子招标投标办法》为从事招投标信息系统建设的企业指明了方向。2015 年国家推行“互联网 +”行动计划，电子商务成为传统产业拥抱互联网开展转型的有利抓手。电力行业企业积极响应国家政策，推动企业业务的阳光高效透明。从企业内部来看，电力企业有实现阳光采购、不断优化供应商管理、节约成本提高效率的内在需求。电力行业电子商务发展呈现出如下特点。

一是电力行业电子商务平台多为企业自建，以服务于企业内部招投标采购为主。电力行业内企业大部分是垄断资源的国有企业，资源实力雄厚，搭建电子商务平台主要基于企业原有信息系统，依托企业内相关信息部门进行搭建。电子商务平台主要围绕供应商、内部员工、集中采购等开展具体业务，呈现出封闭的生态圈模式，面向市场的业务较少。例如国网基于 ERP 搭建了零星物资的电商平台，为零星物资的采购提供信息化在线支撑。

二是大型电力企业出于企业转型需求，开始基于电子商务平台开展对外服务型探索。在完成企业采购活动的电商化模式后，电力行业企业开始探索用电商助力企业销售模式转变。例如电力设备企业探索备品备件电商平台模式。电力设备企业的下游为发电企业，主要为发电企业提供备品备件。由于电力装备行业备品备件价格较高，目前市面上的产品和服务价格不透明，发电企业难以获得及时高效的服务。通过电商平台，电力装备企业可以通过端到端的服务减少中间流通环节，并且可以将服务和内容标准化、透明化，为发电企业提供更好的服务，这样也能跟下游发电企业建立更加稳定的合作关系。

表 7.1　中国电力系统企业电子商务平台汇总

类别	企业名称	平台名称
采购平台	中国电力建设集团公司	中国电建设备物资采购平台
	中国能源建设集团有限公司	能建商城
	中国大唐集团有限公司	中国大唐集团公司采购及物资管控平台
采购平台	中国华电集团有限公司	中国华电电商平台
	中国神华能源股份有限公司国华电力分公司	中国神华能源股份有限公司国华电力分公司大企业采购平台
	华润电力控股有限公司	华润电力电子商务
	中国广核集团有限公司	中广核电子商务平台
	上海电气集团股份有限公司	上海电气集团 SRM 系统
	哈尔滨电气集团有限公司	哈电集团电子商务平台
	特变电工股份有限公司	特变电工电子招标平台
综合平台	国家电网有限公司	国网商城
	中国南方电网有限责任公司	南电商城
	中国华能集团有限公司	华能集团电商平台
	国家能源投资集团	国电 E 购商城

资料来源：国家工业信息安全发展研究中心。

五、化工行业：平台赋能仓储运输和产业链

（一）行业特点：产业链复杂，仓储运输专业性强

化工行业是国民经济的重要基础产业和支柱性产业之一。化工行业产业链复杂，上游主要包括石油、天然气、煤、矿石等生产原料；中游主

要包括中间产品和衍生产品；下游行业主要包括建材、橡胶和塑料等；终端需求主要包括基建、汽车、农业等。图 7.6 展示了化工行业产业链图谱。

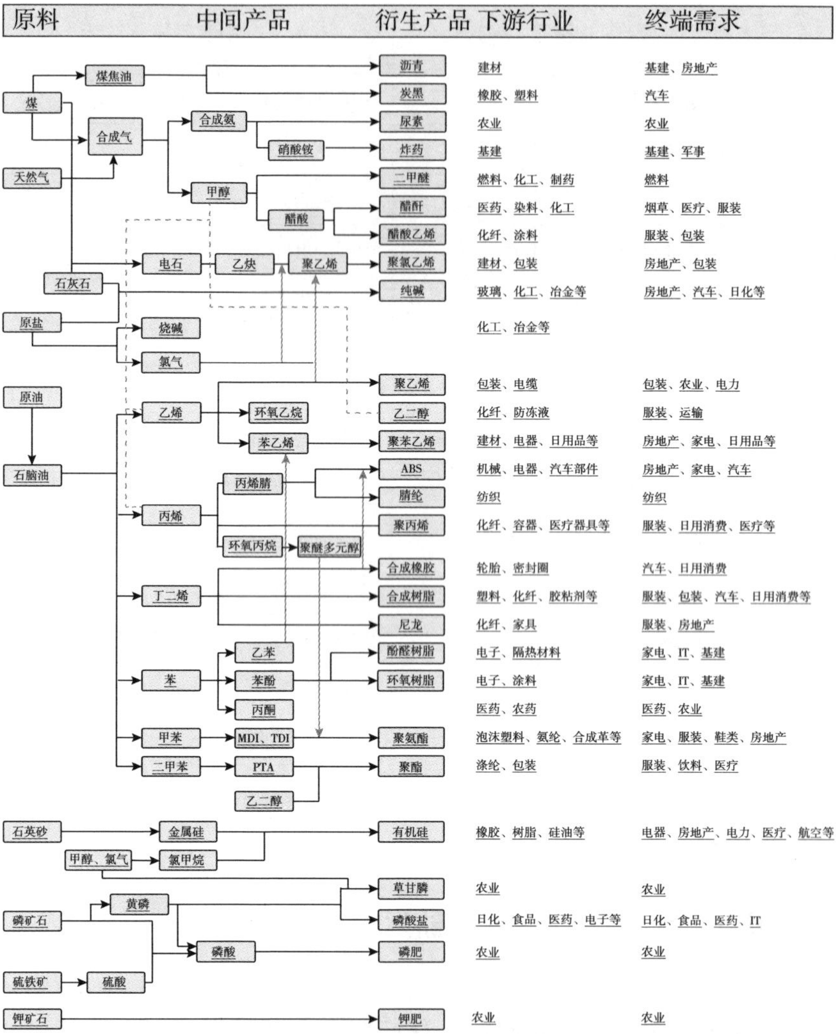

图 7.6 化工行业产业链图谱

注：图中 ABS 指丙烯腈—丁二烯—苯乙烯共聚物，MDI 指二苯基甲烷二异氰酸酯，TDI 指甲苯二异氰酸酯，PTA 指对苯二甲酸。

资料来源：Choice（东方财富旗下金融数据平台）。

化工行业复杂的产业链结构导致行业有两大痛点。一是产业链条冗长、信息不透明现象严重。化工行业企业上游生产企业集中、下游需求企业地域分布广泛，而且产品需求不聚焦导致行业信息不透明度现象严重。二是化工行业对安全性要求极高，因此对物流仓储要求高。传统线下物流模式获取的物流信息比较庞杂，存在价格不透明、安全无保障、接单速度慢等弊端，无法满足化工行业对物流的需求。

（二）电商发展：以垂直细分电商为主，专业化服务是平台核心竞争力

我国化工行业电子商务发展较早，并于 2015 年进入爆发期。摩贝行情发布的报告显示，2015 年内共有 37 家化工电商平台上线，截至 2017 年，化工 B2B 企业数量已达 100 家左右[①]。图 7.7 展示了 2002—2017 年化工行业工业电子商务平台新上线数量变化。

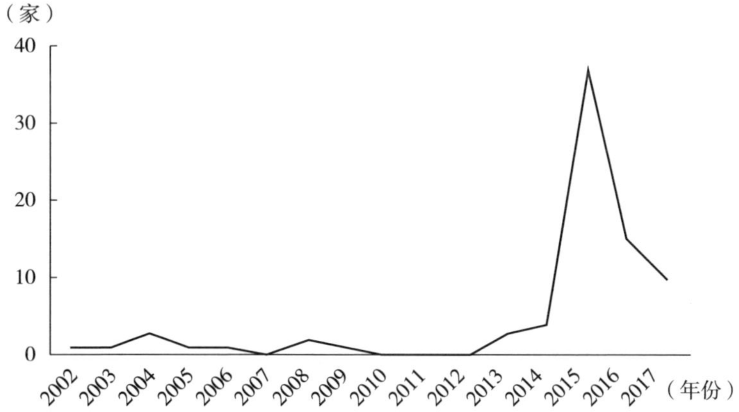

图 7.7　2002—2017 年中国化工 B2B 平台新上线数量变化

资料来源：摩贝行情。

① “化工 B2B，吹尽狂沙始到金！产业互联网新浪潮来袭，B 端领域再次受宠？”，摩贝行情，2018。

化工行业工业电子商务发展主要经历了三个发展阶段。第一阶段为信息服务阶段，主要通过将线下信息转移到互联网上进行线上供需信息展示。例如老牌化工电商慧聪化工，至今依旧保留着化工原材料指数的发布。第二阶段以撮合交易为主要特点，平台通过人工或系统将供需双方的信息进行匹配，促成交易。第三阶段为供应链管理深化服务阶段，例如平台融入大数据以及配套的金融、物流等增值服务。

化工行业工业电子商务平台主要有三大特点。一是化工行业专业性壁垒高，电子商务领域呈现高度的行业自治性。化工行业细分行业众多，并且行业专业性强、壁垒较高，所以化工行业电子商务创始人和核心层多数是深耕化工的行业人。二是化工行业电子商务平台以垂直细分平台为主。化工行业专业性壁垒导致不懂行业特性的企业无法保持客户的黏性，所以化工行业电子商务平台主要以垂直细分平台为主。例如化塑行业催生了很多工业电子商务平台。三是化工行业采购商和供应商的关系稳定，行业平台以提供专业化服务为主。例如化工行业对物流行业要求较高，很多化工行业从提供物流增值服务切入。

工业电子商务平台对于化工行业转型升级起到了非常重要的作用，目前化工行业电子商务平台不断发展升级，主要可以分为三类。第一类是企业转型自建型平台。随着互联网和新一代信息技术的发展，生产型企业和贸易商为了满足自身转型发展需求选择自建平台，多年的行业积累是其发展电商平台的优势。第二类是信息平台转型升级为交易型平台。此类拥有庞大的用户群体，深知用户需求。第三类电商平台是联合共建型平台。该平台主要是由传统行业企业联合互联网企业建立的平台。表7.2展示了三类平台的典型代表。

表 7.2　三类平台典型代表

平台类型	平台名称	平台简介
企业转型自建型平台	易派客	生产型企业自建
	买塑网	生产型企业自建
	快塑网	贸易商型企业自建
	我的塑料网	贸易商型企业自建
信息平台转型升级式平台	买化塑	慧聪网占股 60%
	大易有塑	环球塑化网转型升级
联合共建型平台	找塑料网	大宗商品、阿里巴巴、塑化行业的资深人士

资料来源：国家工业信息安全发展研究中心。

案例 7.4

易派客电子商务有限公司
——企业自建型全产业链对接融通为核心的一体化服务平台

基本情况介绍

易派客电子商务有限公司成立于 2015 年 9 月，以中石化雄厚的物资采购管理优势为基础，全面建设运营中石化工业品电子商务平台——易派客平台，大力推进中石化认证、检测、渠道、技术、信用等采购资源和能力的对外开放，推动产业链整体采购销售的数字化、网络化和集约化。

应用场景

一是构筑全产业链在线交易闭环体系。以铁矿石、铁合金、钢坯、不锈钢管、工业装备产业链为核心，全面打造从矿石、铁合金等原材料，到钢坯、管坯等半成品以及不锈钢管、油套管等钢铁产品，最后到设备及最终用户的完整产业链在线交易体系，实现产业链的纵向贯通。二是建设以在线交易为核心的综合服务体系。支付方面，联合银行机构，创新推出工业品电商B2B在线支付系统；资金方面，聚焦企业融资难痛点，应用大数据协助制造企业取得融资授信，降低产业链企业融资成本；增值服务方面，开展监造、招标、集中储备等业务，多向助力企业共享增值服务，有效提升运行效率。三是打造产业链融通发展的良好信用环境。携手权威信用认证机构、权威质量评价机构，运用大数据技术，于2017年4月全面推出以法人信用认证、产品质量评价、履约动态考评、市场业绩表现为核心的易派客关联方服务指数评价体系，倡导企业诚信经营，促进市场公平竞争，营造健康商业生态。

主要成效

2018年平台交易额达2 862亿元，其中集团内部采购额为1 506亿元，外部用户采购额为1 356亿元，占比47.4%。2019年第一季度，平台交易额达1 399亿元，集团内部采购额为480亿元，外部用户采购额为919亿元，占比达65.7%。

（中）服务赋能：新电商生态中的供应链增值

传统供应链是“人、货、场”模式，主要由供应商、渠道商、物流服务商和采购商四类主体构成。电商供应链是“货、流、人”模式，商流渠道变为线上平台，集聚信息流（供需选择）、资金流（交易支付）、物流（“货找人”），从而实现从品牌选择到物品交付的物权转移与线上线下交易闭环。电商供应链以平台为核心，以供应商和采购商为主体，衍生出金融、物流、信息技术、安全等一系列支撑服务体系。

供应链的价值并不止于和上下游买卖双方完成交易，随着大数据、云计算、人工智能等数字新技术的发展及工业电商平台服务模式的多样化延展，供应链服务的范围，正在逐步向仓储、物流、数据、金融等增值服务领域渗透，形成“交易＋供应链服务”的“双驱动”模式和电商交易的服务“闭环”。

本篇以供应链中的增值服务为切入点，围绕工业电子商务生态圈中的金融（支付、信用）、物流、信息技术、安全等支撑服务体系展开，旨在向读者阐释工业电商运营中的信息流、资金流、商流、物流是如何协同运作的，并希望读者通过本篇解决以下几点疑问。金融服务如何作用于供应链促进工业电子商务平台的资金流转？SaaS 解决方案提供商如何助力工业企业数字化采购和供应链管理？物流服务提供商如何保障货物按期交付？支付解决方案提供商如何助力工业电商平台完成交易闭环？信用服务解决方案如何增强工业企业的供应商管理？

第八章

金融：工业电商的“春天里”

一、以平台为核心的数字金融供应链

（一）从存贷模式到“点对点—点对链”

传统金融结构主要有直接融资和间接融资两种形式，中国以传统的银行为主体的间接融资金融体系为主导，传统金融结构以银行为金融中介从事存贷业务，而现代新金融体系结构中出现了金融脱媒的现象：“点对点—点对链”的新兴业务形态，直连资金的供给方和需求方，弱化了金融中介的作用，缩短了资金传导的链条，提高了资金转移的效率，同时也蕴含了无法保障资金安全的潜在风险。工业电商平台直接对广大中小微企业提供了金融服务新模式，并且有了一些成功的发展应用案例。

新一代ICT驱动金融与实体经济融合发展的模式主要有两个阶段。第一阶段是对传统金融资源配置模式进行优化，该类别的新模式仍然沿用传统存贷模式的流程，但在操作过程中融入了人工智能、大数据、云计算等技术，从而实现对传统金融决策流程及风险控制机制的优化；第二阶段则彻底颠覆了传统金融资源配置模式，这类新模式主要体现在参与者的变化或对业务流程的重塑，部分实现了“点对点—点对链”——平台针对中小企业的业务流程，缩短了传统金融服务模式中的链条和嵌套，在提高资金融通效率的同时，也加强了资金把控的风险管理（见图 8.1）。

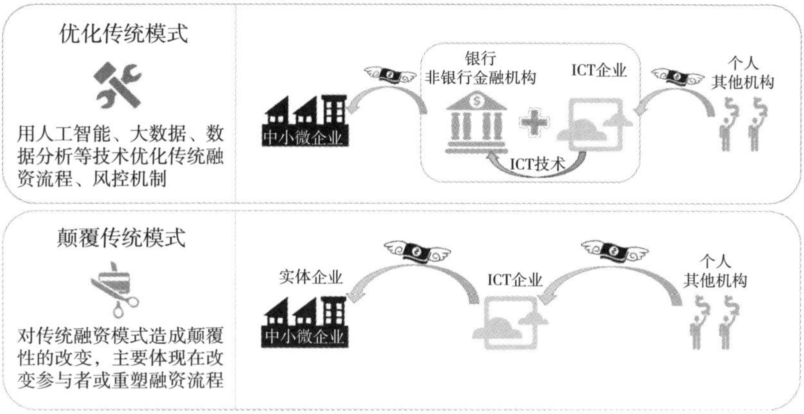

图 8.1　新一代 ICT 对传统金融资源配置模式的影响

资料来源：作者根据公开资料整理。

上述原始资金融资和资金流匹配在产业的主要应用场景是供应链金融。供应链金融作为一种基于预付款、应收账款和库存的贸易融资服务模式，不仅拓宽了中小企业的融资渠道，而且提高了产业链的竞争力。供应链金融的健康发展有利于我国经济结构调整和供给侧结构性改革深化。供应链金融不仅为金融机构带来了新的信贷业务，降低了风险，而且有效缓解了中小企业融资难的老问题。

供应链金融具有产业和金融的双重属性，尤其是在数字技术的支持下，产业与金融的深度融合是供应链金融发展的必然趋势。数字技术与供应链不同主体的关系和发展生态将对产业产生重要影响。供应链金融作为产融结合的新蓝海，越来越多的核心企业希望把产融结合的主动权牢牢掌握在自己手中，越来越多的参与者也加入其中，这就引发了关于供应链发展模式的思考。可以肯定的是，数字技术的介入不会改变供应链金融原有的运作逻辑，而会在提高产业效率、优化生态模式等方面显示出独特的实力。

近年来，受益于应收账款、商业票据以及融资租赁市场的不断发展，我国供应链金融呈现快速发展的态势。在交易中心，企业以签发商业汇票的形式来保证交易正常进行。商业汇票的签发缓解了卖方的资金压力，同时买方拥有商业汇票，既拥有对于发放汇票的金融索取权，也可向商业银行进行质押，获得流动性。商业汇票质押以获取融资成为供应链金融的重要形式，我国商业汇票发展也是供应链金融业务发展的重要形式，与我国供应链金融的发展紧密相关。

除了应收账款以及商业汇票外，融资租赁与供应链金融同样密切相关。这些年我国融资租赁业得到了飞速发展，租赁行业业务总量不断增加。融资租赁的快速发展对于需要大规模专业设备的企业来说十分有利，对于供应链金融的发展同样意义重大。在应收账款、商业汇票以及融资租赁快速发展的带动下，我国供应链金融展现出了迅速发展的态势。前瞻产业研究院的数据显示，到 2020 年，我国供应链金融的市场规模可达 14.98 万亿元。

在传统融资模式中，银行与供应链成员的关系主要依托核心企业和分销商。传统融资模式和供应链融资模式中银行与供应链成员主要关系对比见图 8.2。

银行传统抵押贷款模式与中小企业的实际情况相矛盾，使中小企业借贷成本高、风险大。电子商务平台虽然积累了大量的数据、供应商资源、客户消费行为等信息，但也难以满足对传统信贷所需的抵押、担保，换句话说，传统信贷融资这种老办法难以适用于数据驱动的网络融资新模式，如与传统信贷相比，网贷频率更高、资金周转速度更快，这为阿里巴巴、京东商城等电子商务企业拓展数字金融业务提供了新的发展空间。

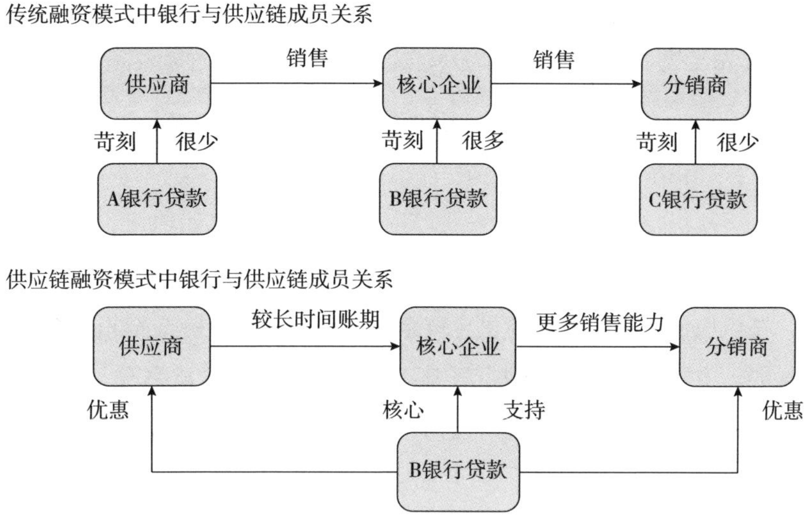

图 8.2　传统融资模式和供应链融资模式中银行与供应链成员关系对比

资料来源：作者根据公开资料整理。

与传统融资相比，不管是在贷款成功率、利率、成本还是办理周期上，电商金融都优势明显。例如，在成功率上，传统贷款渠道相对较窄，电商金融渠道因借助互联网，手续简单，审批快捷，成功率较高；在贷款利率上，传统渠道远高于基准利率，而电商金融匹配最合适，利率相对最低。详见表 8.1。

表 8.1　传统融资和电商融资对比表

对比条件	传统银行信贷渠道	工业电商融资渠道
贷款成功率	对贷款业务、政策缺乏了解，容易被银行拒绝	手续简单，审批快捷，成功率高
贷款利率	实际贷款利率远高于基准利率	匹配最合适、利率最低的产品
贷款成本	人际交往等隐形成本高	客户在线提交贷款申请，全程免费服务
办理周期	传统贷款流程时间长且复杂	在线提交贷款申请，平台进行贷款预评估

续表

对比条件	传统银行信贷渠道	工业电商融资渠道
便利性	需要往返银行咨询产品、贷款信息	实时在线查询贷款进度

资料来源：作者根据公开资料整理。

在供应链金融上，电商供应链金融跟传统的供应链金融相比有着众多优势，主要体现在：一是授信门槛降低，同时获批的概率增大；二是贷款期限灵活，可随借随还，循环使用；三是电子化操作，高效快捷方便（见表 8.2）。

表 8.2　电商供应链金融与传统供应链金融相比主要优势

授信门槛降低，获批概率大	基于电子商务平台真实交易行为的电子商务供应链融资需求，电子商务平台为融资提供了相应的保障。电子商务供应链金融的信用条件相对宽松，融资客户的认可概率较高
贷款随借随还，可以循环使用	在业务运营过程中，大部分资金充裕的电子商务平台可以通过银行业务渠道或第三方支付平台实现对子母账户的统一授信，融资客户可以边借边还，回收资金额度，提高融资效率，降低不必要的融资成本
电子化操作，高效快捷方便	与传统的金融业务不同，电子商务供应链包括交易意向、合同生成、信用申请、审批、贷款发放、货权解除、到期还款等业务，可以通过电子商务平台或与平台相连的银行系统操作来完成。整个电子文档处理过程高效便捷

资料来源：作者根据公开资料整理。

电商线上供应链金融与电商平台对接优势主要体现在：工业电子商务实现了企业资源共享，拓宽了采购及销售渠道，并且这种服务模式可为买卖双方提供动产质押融资、网上订单买方融资、担保融资等服务，手续便捷快速。工业电商采用第三方监管结算系统，不仅保障买方付款的安全，而且规避了卖方收不到货款的风险，总体而言，工业电商降低了经营费用和运营成本。

近年来，中小企业融资难、企业融资需求大、电商业务拓展需求广等情形是电商金融产生的主要背景。与其他互联网金融相比，工业电子商务金融具有利用自身电子商务平台管理客户、沉淀自身交易数据的优势。工业电子商务可以根据自己的平台、技术和数据分析能力，对供应商和销售商的信息流进行管理，建立信用评价体系，加强信贷审批，并加以有效利用以增强风险管理。

新一代的信息和通信技术使传统金融业务更加透明、参与性更强、协作性更强、中间成本更低、操作性更强。工业电商企业利用“大数据＋电商＋互联网＋金融”等多元化服务，通过供应链金融等方式，推动传统工业企业转型升级。通过打造供应链管理平台和互联网金融平台，工业电商提供个性化定制解决方案，满足企业差异化融资的需求。

在管理客户方面，客户在电子商务平台上积累的信用对可持续发展意义重大，因此工业电子商务企业对平台上的客户具有较大的“黏性”。

在积累沉淀交易数据方面，工业 B2B 电子商务企业可以充分掌握物流信息、消费者和小微企业的交易信息，以及运输、仓储、物流等企业的真实业务数据。电子商务平台可以利用这些数据建立独立的企业信用评级机制，这些交易数据自然构成了信用评估的基础。

例如，上海华能电商公司坚持“以场景管理为基石，数智科技为引擎，供应链金融为抓手”的发展战略，不断加强新兴技术在供应链领域的创新应用。在供应链金融方面，“能信”——基于区块链的供应链金融创新服务平台，通过全面掌握供应链数据，构建商流、物流、信息流、资金流的闭环，为供应链企业提供数字增信、买方融资、保理、动产质押融资等丰富的供应链金融业务。其中利用区块链技术打造的“能信”供应链金融创新服务平台，通过延展核心企业信用，实现清晰的资产确权和资金多级分配和流转，有效解决中小企业融资难问题，促进供应链协同发展。

（二）从产品、模式到风控的金融闭环

数字新技术在供应链金融中的广泛应用加速了供应链上下游的数字化、网络化和智能化。比如，核心企业可以通过云平台建设完成与上下游企业的一系列交易活动，通过与银行、保险或第三方金融机构等合作方式为下游企业提供供应链金融产品服务；电商平台可以通过资源聚合和数据沉淀，开发面向上游供应商、下游经销商和终端用户的多样化供应链金融产品服务体系，还可以通过建立支付终端服务，将长期应付资金作为现金流，拓宽对中小微企业商户或个人的贷款融资渠道。

工业电商供应链金融的特点在于：一是融资对象必须是电子商务平台中的交易成员，具有排他性；二是信贷资金必须在电子商务平台中转移使用，具有方向性；三是工业电子商务平台聚集了众多中小微企业用户，具有长尾性。供应链金融对银行、客户和平台都具有重要意义。对于客户而言，依托工业电子商务平台核心企业的基础，可以采用更多的融资渠道和更低的融资成本，通过各种融资方式获取银行信贷，快速解决资金问题，使企业平稳高效运行。同时，融资需求将促进客户在电子商务平台上进行更多的交易，争取更好的信用，形成良好的资质。对于银行而言，可以通过工业电商平台的供应商资质审核、交易数据沉淀、经营和财务状况分析等，建立基于数据的信用评级模型和风控体系，降低中小微企业的信贷违约风险。对于平台而言，工业电商供应链金融不仅可以为平台带来大量的融资佣金增值服务，还可以深入参与客户的业务流程，与客户建立紧密的合作关系，保证平台与客户的无缝对接，使客户难以离开平台系统。此外，通过示范效应，可以带动更多的客户融资，获得更多的信贷额度，服务更多的客户。

1. 工业电商重构数字金融产品链

在工业电子商务金融生态系统的构成中，主要参与者有工业电子商务企业、银行、第三方支付、担保公司、中小企业、电子商务用户等。在整个生态系统中，每个角色都发挥着各自的作用。工业电子商务企业将供需双方联系起来，有效地吸收、搜集和连接需求，并通过金融服务获得附加值收益。进一步加速金融服务在平台供应链和生态中发挥“黏性”作用。举例来说，金融借贷一般需要信用凭证，而信用凭证往往与支付、物流等供应链环节紧密相连，并由供应商在支付和物流方面的数据和凭证来保证。这就意味着，供应商一旦申请金融贷款服务，就需要在物流和支付方面与电子商务平台进行深度对接，从而加速工业电商数字金融产品供应链的重构。表 8.3 展示的是供应链金融产品的分类。

表 8.3　供应链金融产品分类

<table>
<tr><th colspan="2">产品类别</th><th>抵押物</th><th>主导方</th><th>风控点</th></tr>
<tr><td rowspan="2">应收类</td><td>保理、订单融资、应收租赁质押融资、票据类融资等</td><td>应收账款</td><td>核心企业</td><td rowspan="2">下游核心企业的反担保作用</td></tr>
<tr><td>保兑仓融资、先票后贷业务、信用证业务、担保提货业务</td><td>预付账款</td><td>核心企业</td></tr>
<tr><td rowspan="2">存货类</td><td>标准仓单融资、现货质押融资等</td><td>存货</td><td>物流企业</td><td rowspan="2">历史交易记录和供应链运作情况，第三方物流对质押物验收、价值评估与监管</td></tr>
<tr><td>信用贷</td><td>企业数据</td><td>电商、ERP、第三方平台</td></tr>
</table>

资料来源：作者根据公开资料整理。

2. 工业电商与多元“链主”的融合创新

（1）以多元“链主”为核心的数字金融供应链业务模式

互联网对传统供应链金融的渗透使一些新的实体在一定程度上“取代”了传统的金融机构，开始承担为上下游企业提供融资服务的任务。如今，金融科技进入供应链金融，改变了传统金融机构供应链金融服务“一家独大”的格局，开创了电商平台、信息技术企业、银行、传统龙头企业等多主体主导的局面，具体来说，有以下几种模式。一是电商平台主导模式，例如阿里巴巴、京东。电商平台可以通过自建交易平台沉淀买卖双方交易信息，并且根据客户的需要为上下游供应商提供融资服务。二是信息技术企业主导模式，例如用友、金蝶。信息技术提供商凭借丰富的客户资源，以及通过 EPR 便捷地获取企业财务、采购、销售、库存、订单等数据的优势，渗入供应链金融业务领域。三是银行主导模式，例如建设银行。银行以买卖交易中买方购买货物后从卖方收到的货物提单和有效发票为依据，为买方办理承兑汇票，并向买方支付货款，买方在指定日期内偿还货款的融资款。四是传统龙头企业主导模式，例如中企云链。龙头企业依靠深厚的行业背景、上下游关系为供应链上的企业提供融资服务（见表 8.4）。

表 8.4　互联网下供应链金融主导模式

模式主导	代表企业	案例
电商平台	京东	京东数字科技
信息技术企业	用友	用友采购云（友云采）
银行	建设银行	小微快贷
传统龙头企业	中企云链	云信

资料来源：作者根据公开资料整理。

①电商平台主导模式

工业电子商务进入供应链金融，通常以信息服务功能吸引产业链参与者，并以信息服务为切入点改造电子商务平台。当电子商务平台交易量增加，通过物流仓储等服务完成整个交易闭环时，第三方交易平台实质上连通产业链上下游交易、物流、现金流等，相关沉淀数据也能满足供应链融资项目资金来源对接的风险评估要求。

工业电子商务解决了传统金融业中贷款信息不对称、流程复杂等问题，能够使供应链金融的发展更加顺畅、便捷、有效和真实。工业电子商务平台通过向平台商户提供融资服务，促进平台交易，绑定客户，吸引更多中小工业企业加入供应链；银行等传统金融机构可以降低信贷审批风险敞口，同时带来大量黏性存款和中间业务收入（见图 8.3）。

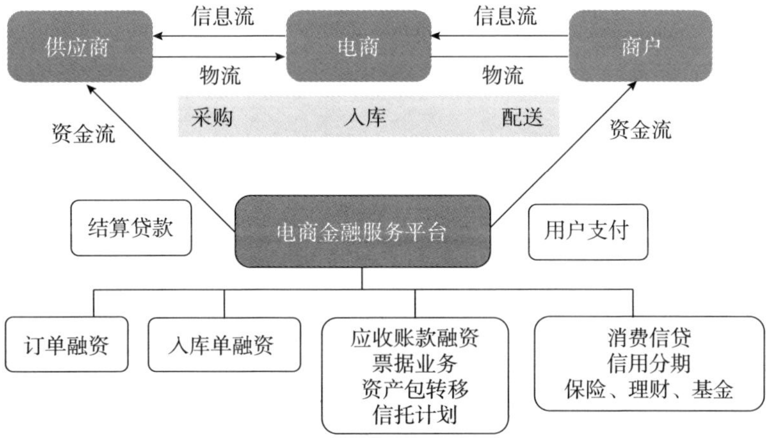

图 8.3　由工业电子商务平台主导的供应链金融模式

资料来源：Wind。

案例 8.1 京东：京东数字科技

案例简介

京东数字科技从2013年成立以来，陆续开展了保理、小贷、动产融资、对公理财、融资租赁等业务，其中保理、动产融资、小贷业务，在各自产品维度下分别形成了对债券、物权、信用这三个供应链要素的评估及控制能力。在这三个能力构建相对成熟的情况下，对供应链的拆解分析能力已经具备。京东数字科技与京东商城的密切关系，以及京东商城在供应链管理上的深厚积累，为京东数字科技拆解并嵌入全供应链提供了强有力的保证。

创新实践

大数据模型。作为科技公司，以B端供应链场景为依托，京东数字科技拥有互联网行为数据、零售商消费数据、物流数据、供应商数据及独有的风控体系信用数据，基于精深的数据积累，京东数字科技可获知基于采购订单的实际销货风险，可获知实际物料加工品的流动性风险，可整合物流、仓储等环节降低货物流转风险，可整合全链数据输出各节点标准对价，并有效控制该节点下的物权或债权。

货物处置能力。全供应链金融方案与ODM、OEM合作，做到对物料进行浮动抵押，并基于此提供金融服务，以确保资金用途的真实性。同时，全供应链金融方案对物料进行监管，对供应链管理及生产制造进行把控，确保物料生产为成品。对物料和货物的处置方面，全供应链金融方案与多渠道合作，提供多样化的物料和货物的处置方案，将潜在损失和风险降至最低，以形成风险闭环。

物流仓储整合能力。与供应链管理公司和物流公司合作，提供通关报关、订仓订车、理货验货等一系列服务，同时打通数据，以物联网的方式进行时事追踪和监控，以可视化的形式呈现对物流和仓储各个环节的把控。同时，对在途物资严格监控的基础上，以动产质押的形式提供动产融资服务，通过大数据让流转中的商品成为标准金融质押品。

风险把控能力。在采购订单阶段即支付融资对价，从源头开始填补资金缺口。同时平台方与物料管理方展开深入合作，针对该笔与采购单上货品所需的组装物料，物料管理方从中选择高价值、高流动性的原产品向供应链金融做浮动抵押，帮助供应链金融把控货品生产阶段的风险敞口。即便发生意外，全供应链金融拥有第一优先权变现浮动抵押资产对冲风险。物料组装成成品后，即可由物流方送往自建或合作仓库等待销售发货。此时，供货卖方可选择引入动产融资产品，再次获得一部分对价资金，核算物料管理及物料组装产生的费用，并为产品推广及销售做准备。在这一阶段，全供应链金融可以其强大的产品把控力，比照物权与债权的切换空间，融合保理及动产融资两款金融产品，完美解决这一供应链承上启下环节的资金缺口及风险把控。成品经供货方确认后，京东平台即可按期完成销售，结算销售款即可最终结清供货方与全供应链金融产生的融资款。至此，电商平台完成全供应链布局风险抓手，将从采购订单到应收结算积累的风险均匀缓释至全供应链环节。

成 效

京东数字科技集团以数据技术、人工智能、物联网、区块链等时代前沿技术为基础，建立并发展起核心的数字化风险管理能力、用户运营能力、产业理解能力和B2B2C模式的企业服务能力。公司经营的宗旨是“从数据中来，到实体中去”，通过数字科技来服务金融与实体产业，助力相关产业实现互联网化、数字化和智能化，通过实现成本降低、效率提高、用户体验提升和模式升级，最终实现新的增长，并在这个过程中创造公平与普惠的社会价值。目前，京东数字科技集团完成了在金融科技、资管科技、智能城市、数字农牧、数字乡村、数字营销、智能机器人等领域的布局，服务客户纵贯个人端、企业端、政府端。截至2019年6月，公司已累计服务涵盖4亿个人用户、800万线上线下小微企业、700多家各类金融机构、17 000家创业创新公司、30余座城市的政府及公共服务机构。在全球化方面，京东数字科技集团不仅已经在美国硅谷成立AI实验室，同时积极响应国家“一带一路”倡议，在泰国、印度尼西亚，中国香港三地进行业务布局，未来还将扩展到更多的国家和地区，因地制宜落地全球化战略。2018年，公司完成B轮融资，估值超过1 300亿元。

②信息技术企业主导模式

友信以区块链为底层技术，以贸易过程中形成的债权债务关系为核心，以金融机构授信为融资基础，作为核心企业供应链贸易范围内债务确认工具。友信聚焦赊销类贸易，多级企业由于贸易债务链条繁重，相对于现代化经济发展速度显现出债务堵塞、结算效率低、结算成本高等通病。友信有提高债务权益转移的效率等企业高速发展的迫切需求。友信实现以区块链分布式记账的底层技术，以金融机构授信的额度、时效等指标作为输入前提约束条件，为供应链贸易各方提供权证流转，可实时溯源凭证整体流转情况；在贸易平台使用“应付权证”前，各相关方应遵从监管要求签署相关协议，为权证的签发、流转以及兑付等行为提供扎实的法律依据，有效地降低金融风险。

案例 8.2 用友数法金服：友信
——以企业云为核心的数字金融服务解决方案

案例简介

用友数法金融服务（天津）有限公司针对金融行业的细分行业及细分客户群，基于多年持续研发的系列产品，形成专业解决方案，由按照客户分布地域及所属行业划分的客户事业部整合优势资源为客户持续提供专业服务。公司专注金融科技十余载，经自主研发不断积累形成了 iFBP（Internet Financial Business Plantform，互联网金融商业平台），并在此平台基础上构建了较为完整的产品体系。iFBP 是在分布式互联网架构的基础上，融合大数据、人工智能、云计算、移动互联网、区块链等 FinTech（金融科技），着力打造的新一代金融商业平台。用友企业金融云是用友集团在 3.0 新时期“云服务、软件、金融”三大核心业务中金融板块的重要组成部分，作为用友云中的企业金融云业务，面向企业级市场，致力于创新金融服务并将其融入企业业务场景中，为企业及公共组织客户提供方便、快捷与低成本的金融服务，主要包括支付结算、供应链金融、现金管理、企业征信、数据风控等业务（见图 8.4）。

图 8.4　友信产品定义

资料来源：用友。

对资金方来说，友信可以通过记录真实背景，全程监管溯源提升风险管控；通过多级传递，提升信用利用率，充分挖掘信用传递；通过提升供应链质量，有效实现中小企业普惠金融。对核心企业来说，友信可以通过账期管理，调节负债、现金流优化财务报表；通过强化供应链，提升资产可融供应链质量；通过兼容金融机构提供更多选择多元化金融服务。对上下游企业来说，友信可以通过流转及融资，加快资金周转；通过应收账款标准化提高回款确定性；可以通过延伸信用优势，便捷融资确定回款，告别融资难贵慢。

创新实践

对接税务系统。友信平台将发票直接对接属地地税系统，线上实时鉴别发票真伪，确保底层贸易的真实性。

打通企业 ERP。友信平台将对接至核心企业的 ERP，抓取采购、财务模块中标的应收账款的合同、发票、入库单、记账凭证等信息，进行比对校验，从源头确保标的应收账款的真实性；抓取与交易对手的历史数据，判断应收账款的稳定性。

融资接口嵌入贸易。“友云采”采购系统与“友信”系统打通，增加“友信”凭证作为债权债务确认方式，并支持在“友云采”系统内添加友信融资功能，方便客户高效、便捷融资，培养用户习惯，增加用户黏性。图 8.5 展示的是友信系统流程。

金融行业标准的联盟链平台，安全，可靠，稳定。友信建立于多层次平台化组件化的整体架构，立足业界成熟技术、微服务框架的开发框架；技术中立，通过应用平台支持 Fabric（超级账本框架），以太坊等多种区块链平台；DApp（分散式应用程序）应用商店和合约商店，支持动态部署场景应用。

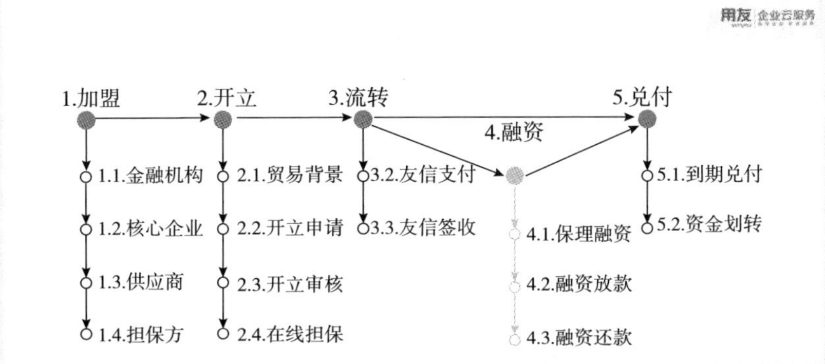

图 8.5　友信系统流程说明

资料来源：用友。

面向价值转移的账本和资产数字化。友信实现资产模型标准化，支持实物资产、信息资产、金融资产、虚拟资产等，智能合约支持资产转移、资产合并、资产分拆、资产组合、权益设置等多种价值转移模式；资产采用 UTXO（未花费的交易输出）模型保障资产转移过程避免双重花费；结合图像识别、人工智能、物联网传感器技术，将真实实物资产和链上数字资产紧密绑定。

面向生态建设，对点业务和自治业务圈。友信将区块链网络技术生态和业务生态进行逻辑分离；业务生态中参与者可加入多业务圈，进行业务交易；业务生态存在嵌套业务圈，大业务圈内可组织子业务圈；支持跨链协同业务圈，业务圈支持融合其他区块链业务（见图 8.6）。

成　效

用友形成了以企业云服务为核心，云服务、软件、金融服务融合发展的新战略布局。用友企业云服务定位数字企业智能服务，是中国最大的综合型、融合化、生态式的企业云服务平台，服务企业的业务、金融和 IT 三位一体的创新发展，为企业提供云计算、平台、应用、数据、业务、

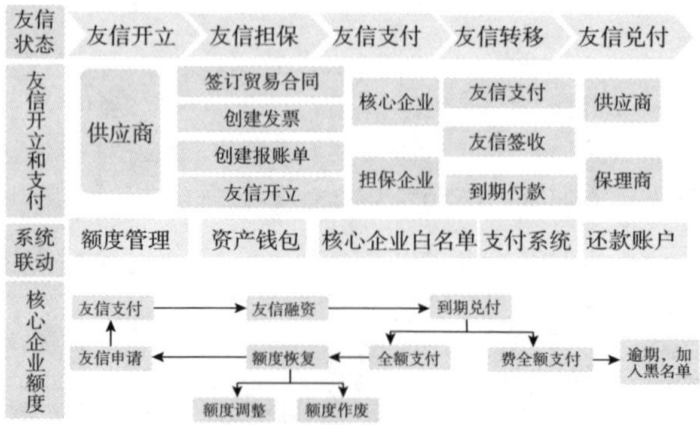

图 8.6　友信系统联动说明

资料来源：用友。

知识、信息服务等多态融合的全新企业服务。用友企业云服务作为数字商业应用级基础设施，已为超过 522 万家企业与公共组织客户提供企业云服务，覆盖大中型企业和小微企业；同时，用友企业云服务作为企业服务产业的共创平台，将汇聚超过十万家的企业服务提供商，共同服务千万家企业与公共组织创新发展，推动中国数字经济与智慧社会的进步与发展。

目前友信平台市场规模大概 8 亿元，服务的中小企业 150 余家，解决了金融机构等资金方线下确权难的问题，很多无法直接从银行获取融资的企业，得到了融资，其平均融资成本达 9%~12%，中小企业融资成本得到有效控制。

③银行主导模式

银行通过连接核心企业，挖掘上下游交易数据，营造核心企业、小微企业和银行共生共荣的供应链生态。银行以“双大”（大行业、大客户）为依托，借助其平台、渠道、信用优势，可以将金融活水从大企业引流向小微企业。

案例 8.3

中国建设银行：小微快贷
——以数据“贷”动小微企业资金流转

案例简介

小微企业等普惠金融客户群体相对于大企业，数量多、分布广，需求更加场景化、移动化、及时化、碎片化。中国建设银行依托新一代核心系统，盘活存量信息，对接外部数据，建立正面清单，再造业务流程，创新出了普惠金融的“建行模式”。其中，“小微快贷”项目以服务于小微企业融资为基础，以大数据、区块链和人工智能等数字技术为支撑，通过打通工商、税务、交易、信用等数据，探索构建以批量化获客、精准化画像、自动化审批、智能化风控、综合化服务为特色的“五化”普惠金融新模式，实现客户“一分钟获贷、一站式服务、一价式收费”的信贷服务新体验。

创新实践

深化平台模式，以点带链，批量盘活小微链条客户。建行与政府采购、医保、公积金等部门实现数据对接，将服务搭载在丰富的用户场景之上，完善业务链条，实现政采云、医保云、薪金云等平台快贷落地。与核心企业实现系统对接，挖掘上下游交易数据，结合交易快贷、核链云贷、电票质押、烟草云贷、云电贷等新业务，丰富场景运用。例如云电贷，创新“以电获贷”新思路，直连国家电网电子商务平台数据，结合小微企业及企业主在建设银行内外部的多维度信息，构建基于“互联网＋大数据＋金融＋电力”融合的客户评价、额度测算和信贷审批模式，通过纯信用，全流程在线自主操作，提高广大小微企业短期生产经营资金周转率，以“资金流”激发小微企业创新活力。

创新产品体系，以数据驱动，为小微企业融资“降本增效”。契合小微企业“小、频、急”的资金需求特点，建行从交易、结算、纳税、采购等真实性高、可信度强的场景切入，通过大数据评估小微企业在各经营场景中的信用，创新定制金融产品。如面向投入高、资金流动性强但又缺乏融资渠道的科技创新型小微企业，建行推出“科技云贷”，依托知识产权及高新技术等级数据，创新额度测算模型，对不同技术流等级的小微企业客户，提供最高额度200万元的信用贷款。该产品可通过“建行惠懂你”App线上自助办理，随借随还、循环支用，实现小微企业融资“降本增效”，赋能科技型小微企业创新发展。

加强智能风控，优化算法体系，全面把控小微企业融资风险。利率和违约风险是金融机构发放贷款时考量的两个重要因素，相应地，现金流和可质押物成为传统金融机构衡量企业违约风险的重要指标。小微企业规模小、产品单一、财务管理不规范，导致其在传统金融风控模式下存在融资难、融资贵等问题。建行充分利用大数据、人工智能等金融科技力量，构建反欺诈、模型、流程、预警、催收、保全处置等六位合一的智能风控体系，围绕贷前、贷中和贷后进行贷款全生命周期风险识别与监控，降低小微企业违约风险和金融机构不良贷款率。

成　效

截至2018年末，建设银行普惠金融贷款余额为6 310.17亿元，较上年增幅为50.78%，余额和新增均居行业首位。“小微快贷”系列产品和平台化经营模式，自2016年9月上线以来，累计为超过70万客户提供了超万亿元的贷款支持。建设银行还借助金融科技创新银企双向沟通方式，在国内银行业首创并率先推出面向小微企业的“建行惠懂你”移动端融资平台，实现全程在线的融资服务。自2018年8月上线以来，“建行惠懂你”App授信客户20余万，累计授信金额超1 400亿元。

④传统龙头企业主导模式

该模式主要是依托传统龙头企业对上下游产业链的控制能力和资源优势，通过金融机构授权核心企业资信，解决供应链不同业务场景下的融资难题。该模式的优势在于充分发挥大型龙头企业在产业链中的核心作用，全方位服务于产业链上每一个经济体。有助于加速实现传统产业与互联网、金融相互融合，建立和谐、健康、良心的产业生态圈。

案例 8.4 中企云链：云信——信用赋能供应链融资融券

案例简介

中企云链（北京）金融信息服务有限公司（简称云链金融）是基于互联网的供应链金融服务平台，是由中国南车、中国北车、中国铁建、国机集团及北京首钢五家大型国企，金蝶软件和智德盛两家民营企业联合发起设立的混合所有制股份企业，于2015年5月在北京石景山科技园区注册成立。云链金融依托中国中车集团（由中国南车、中国北车组建而成）、中国铁建集团、中国机械工业集团、首钢集团强大的产业背景，与众多金融机构、机构投资者紧密携手，为其产业链众多上下游企业提供全方位的互联网金融信息服务。主要产品是云信。

创新实践

国务院国资委央企“双创”平台，商业模式创新典型。中企云链作为商业模式创新典型被国务院国资委列为央企双创平台之一，也是国资委重点支持的“互联网+”和央地协同创新平台。

强大的股东背景。平台大型企业股东年营收规模超3万亿元，资产规模超过 5.5 万亿元，行业领域涉及工业制造、建筑、军工、能源、商贸服务与金融。

资金安全保障。与中信银行合作开立现金管理结算账户，遵循企业资金运作规范，保障企业资金安全。

技术安全保障。中国金融认证中心（CFCA）是中国人民银行和国家信息安全管理机构批准成立的国家级权威安全认证机构，为平台提供银行最高等级安全服务。世纪互联为平台提供全程运营商级数据托管服务。构建了由核心企业、中小企业、银行、机构投资者与消费者构成的多级生态圈。

云信是中企云链平台上流转的企业信用。它是由大型企业集团通过中企云链平台，将其优质企业信用转化为一种可流转、可融资、可灵活配置的创新型金融信息服务。云信具有安全、高效、实时的特点。云信也是有期限的，产业链上中小企业在云信期限内通过中企云链平台，可将其接收的云信进行转让、融资或持有。云信为产业链上广大企业提供了全新的债务清理工具，既大大提高了债务清理效率，也为中小企业提供了一个便捷、低成本融资的新通道。

成 效

易融资。即时放款，“T+0”到账，融资过程全部线上操作。

低成本。大型机构资金直接对接，利率更低，费用更低，无抵押。

有保障。基于真实贸易背景，资金方见信兑付。

可流转。中小企业从下游企业接收到云信，将持有的云信转让给上游供应商，结转应付账款，即云信的流转。因云信流转基于线上，流转过程方便、快捷，不占用企业银行授信，不再占用保证金，云信流转不发生任何费用。

可融资。基于真实贸易背景，中小企业将下游企业的应收账款向金融机构或商业保理企业进行保理，在提供供货合同、发票、发货单等基础信息后，以其持有的云信作为保理融资还款保证，完成融资。

可灵活配置。中小企业可根据业务发展需求，按需结算及融资；在云信到期日前，企业可灵活安排结算金额和期限。

截至2019年底，平台注册企业50 843家，云信确权1 203亿元，保理融资总额638亿元，累计交易3 518亿元。

（2）以工业电商平台为核心的数字金融供应链合作模式

工业电商涉足金融的最初主要模式是与银行进行合作。电商平台提供客户信息初步审核，银行进行最终审核和放贷。这种模式基本停留在“拉客户”的信息服务层面。随着在金融业的深入，电商平台纷纷跟银行开展更为深层次的业务合作，例如共同开发融资产品，成立担保公司为中小企业提供融资担保等。

一些工业电商企业（例如阿里巴巴）在和银行合作的基础上，凭借着对电商产业链的布局及资金实力，开始自建小贷公司，该种模式完全撇开银行实现自有资金放贷。目前，随着更多的保险、证券、基金公司带入“互联网 +”的生态圈，电商公司跟其合作的模式也出现了，例如支付宝与天弘基金合作推出的余额宝。

与传统的供应链金融“商业银行 + 核心企业”模式相比，工业电子商务的引入扩大了供应链金融的市场范围。一方面，工业电子商务是供应链金融的核心，主体企业的边界进一步弱化。未来，数据将成为供应链金融发展的关键要素。数据方不再是原来的核心企业，而是将延伸到物流公司、电子商务平台和 ERP 厂商。换言之，供应链金融不再是核心企业的唯一优势主场。另一方面，随着物联网、云计算和人工智能技术的发展，供应链金融服务的范围和半径不断扩大。通过软件、平台、基础设施等云服务，跨区域企业也可以享受到高效便捷的供应链金融服务，供应链金融服务的区域范围更加广阔，其业务范围大体经历了以下几个阶段，逐步发展壮大（见图8.7）。

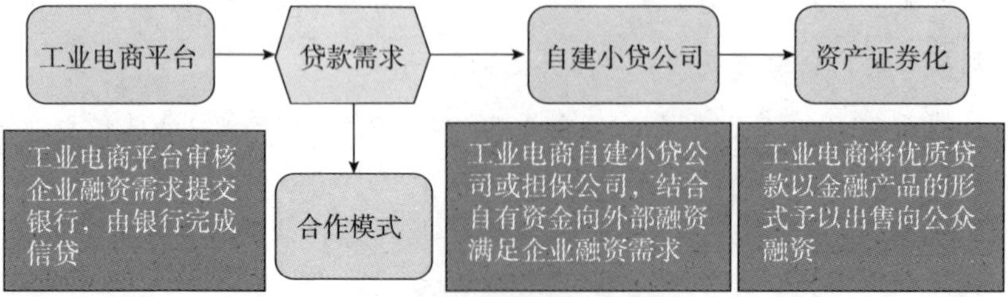

图8.7 电商金融演变模式

资料来源：作者根据公开资料整理。

经纪业务合作模式：工业电子商务+金融机构的“介绍性”合作模式。通过电子商务平台向金融机构介绍客户（提供客户数据，承担少量责任），不介入金融机构的投融资过程，融资风险主要由金融机构承担。在没有抵押担保的情况下，流动贷款资金的贷款属性较强，这也是一开始比较常见的合作模式。

介入业务合作模式：工业电子商务+金融机构的“介入式”合作模式。通过电子商务平台判断客户融资需求以及信用状况，并参与金融机构投融资过程并承担一切融资风险，此种情况下，没有抵押担保的贷款金额较大，贸易融资贷款属性较强，又称供应链融资，电子商务平台应该是金融机构控制贸易融资的第一还款来源（例如应收账款或商品），这就要求电子商务平台深度介入客户业务服务，而不是只成为基础服务提供商。

融合业务合作模式：工业电子商务+金融机构的“混合”合作模式。结合“介绍性”和“介入性”合作模式的特点，以混合方式满足更多客户的融资需求，例如，通过“介入”电子商务平台来承担客户贸易融资的风险，而金融机构则根据电子商务平台的实际贸易流通数据，降低客户流动性贷款门槛，通过电子商务平台承担小部分坏账风险。

自营金融模式：工业电子商务自建小额贷款公司或担保、保理公司，结合工业电子商务自有资金对外融资，满足企业融资需求，可通过电子商务平台为信贷业务提供更加优惠的贷款条件。对于面临融资困难的中小企业来说，小额贷款业务足以吸引它们进入电子商务平台。这无形中也有助于工业电子商务企业的电子商务企业客户获客，使其主营业务越来越强大。阿里巴巴等工业电子商务企业分别取得小额贷款公司牌照，开始利用自有资金开展融资业务。这种新模式充分结合了小额贷款公司的牌照优势，以及电子商务企业的渠道和信息优势，有效降低了客户沉没成本和信用风险。

3. 基于电商大数据的金融全生命周期风控

传统的金融产品以金融风险控制逻辑为首要出发点，大多数产品在业务逻辑上处于次要甚至被忽视的地位，其结果是，传统贸易金融或交易银行的产品风险更多集中在点对点的交易风险控制上，导致金融产品被割裂，供应链中分布的大量风险被忽略。同时，传统金融产品很难脱离法人团体的信用逻辑，对融资主体的信用要求也很高，这导致大量新兴科技企业、中小微企业融资困难。传统的互联网金融缺乏长链供应链管理能力的积累，更注重数据宽度的横向扩展，实现批量客户接入，难以应对垂直供应链的复杂局面。工业电商金融相较其他互联网金融而言，其特征表现在利用自身平台的优势，能很好地对客户进行把控以及自身交易数据的沉淀，平台可依据自身的平台、技术、数据分析能力，管理供应商、卖家的信息流，依此建立信用评价体系、发放贷款，并进行有效的贷后管理。

在自身客户的把控上，因客户是在电商平台上完成交易的一系列行为，客户在平台上所积累的信用等对其生意有着重要影响，所以工业电商企业对平台上的客户有着较大的约束力。

在交易数据的沉淀上，工业电商企业能充分掌握物流信息、消费者和小微企业的交易信息，以及发货记录、收货记录、贷款记录与企业其他方面的数据。电商平台利用这些数据可以建立独立的信用评级机制为企业评级。这些交易数据，天然地形成了信用评估的依据。工业电商平台聚集了大量的商户交易信息和信用信息，而工业电商金融平台能提供线上申请、线上审批、线上放款，使贷款更便捷（见图8.8）。

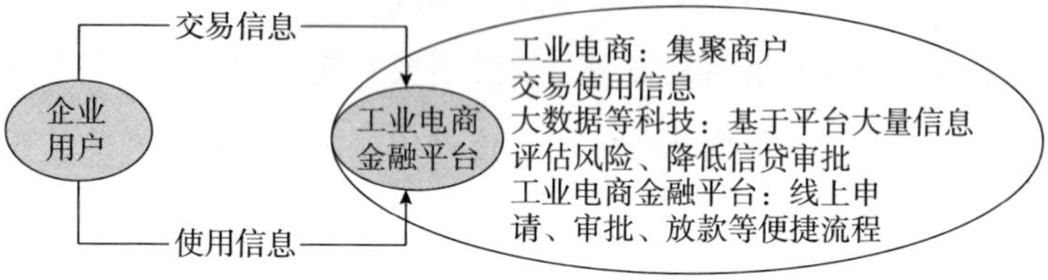

图8.8　电商金融平台信息交流

资料来源：作者根据公开资料整理。

深入开展平台金融模式创新，才能融入工业电子商务生态。例如，工业电子商务生态核心企业信用状况良好，在供应链中处于强势地位；工业电子商务生态上下游企业规模有限，在供应链中处于弱势地位。而工业制造业在联动供应链上下游具有较强的产业禀赋，是工业电子商务生态金融模式服务的核心特色产业。商业银行等金融机构要抓住具有“电子商务平台效应”的行业和企业，在结合自身行业资源优势的同时，实现规模优势，以产业链金融平台为核心，构建核心企业及其上下游细分产业链的平台金融。商业银行等金融机构可以在产业链平台上获取企业的历史信息甚至实时交易数据，有效开展基于数据和真实交易的信用调查和风险监控。产业链金融平台围绕既定的交易场景，打通金融、支付、结算、仓储、物流的产业链闭环。与此同时，物联网、生物识别等新技术的兴起，为数据采集、数据分析和防欺诈提供了新的手段，改变了银行等传统金融机构单纯依赖财务报表和抵押质押的局面。

工业电商金融生态圈风险控制一般可以分成三个层次（见图 8.9）。贷前：工业电商根据企业电子商务经营数据和第三方认证数据，辨析企业经营状况及偿债能力。贷中：工业电商通过自有数据分析平台实时监控商户的交易状况和现金流，为风险预警提供信息输入。贷后：工业电商通过互联网监控企业经营动态和行为，可能影响正常履约的行为将被预警，建立贷后监控和网络用户店铺关停机制。

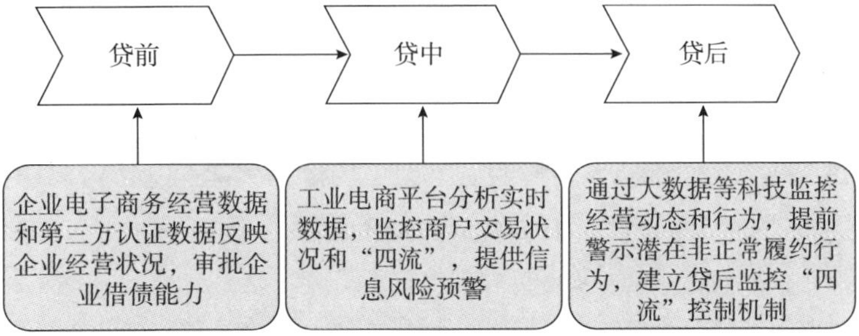

图 8.9　工业 B2B 电商金融生态圈风控情况

资料来源：作者根据公开资料整理。

二、支付结算：线下到线上

近年来，随着工业电子商务迅猛发展，适用于工业电子商务活动的支付与结算业务需求持续扩大，银行与第三方支付机构提供的服务也在不断演进，以适应快速变化的市场竞争环境。

（一）工业电商支付服务仍处于发展初级

众所周知，支付是商家业务通达全球的重要一环，而本地化的支付方式、货币、语言能为商家带来极高的订单转化率。数据显示，在全球范围内，信用卡和数字支付占主导地位（见图 8.10）。

全球

信用卡	53%
电子支付	43%
借记卡	39%

中国

电子支付	86%
借记卡	53%
货到付款	49%

印度

货到付款	83%
借记卡	71%
直接付款	61%

南亚和太平洋地区

信用卡	57%
电子支付	37%
直接付款	35%

西欧

电子支付	56%
直接借记	44%
借记卡	42%

东欧

货到付款	57%
直接借记	55%
借记卡	46%

北美

信用卡	74%
电子支付	38%
特殊礼品卡	26%

非洲

电子支付	54%
借记卡	52%
直接借记	42%

拉美

信用卡	65%
借记卡	41%
电子支付	36%

中东

现金	64%
信用卡	46%
借记卡	11%

图 8.10 全球支付偏好

资料来源：作者根据公开资料整理。

在北美，信用卡排名第一。PayPal（贝宝）和 Apple Pay（苹果手机的支付功能）等数字支付系统紧随其后。与北美不同，货到付款是东欧、印度、非洲和整个中东地区的首选。同样，如果企业的目标市场包括印度、非洲或亚洲，则必须启用直接借记。对商户而言，根据本地支付偏好提供支付方式，在移动端、PC 端和实体店三个平台上持续提供无缝、安全的支付体验，是精细化运营的重要内容。

工业电子商务领域的支付服务还处于发展初级阶段，具有行业属性明显、交易金额高、交易频率低、定制化需求多、安全性要求高等特征。得益于支付场景与支付数字化增值，中国移动支付市场呈增长趋势。易观数据显示，2019 年一季度移动支付行业交易规模为 476 986.3 亿元，环比增速减缓为 0.96%。相较于移动支付而言，互联网支付的行业集中度较低。随着“线下消费 + 线上支付”的 O2O 模式在消费习惯方面的培养与渗透，各大支付机构纷纷发力于 B 端商家增值服务领域，加快渠道下沉脚步，推动餐饮行业、零售行业供应链数字化发展。除了商业银行和中央银行下属机构（例如银行卡信息交换中心），许多非银行金融机构也成为网上支付服务的提供者，现在发展较好的支付服务商包括中金支付、易极付等，专注提供定制化行业支付解决方案。

（二）工业电商支付交易场景复杂、授权流程长

工业电子商务活动与传统电子商务活动的支付服务有着天壤之别。一是工业电子商务活动中的消费者为法人。法人是具有民事权利能力和民事行为能力，依法独立享有民事权利和承担民事义务的组织，其中，企业法人占比较高，是现在社会经济组织的重要组成部分。企业法人的购买行为多以再生产为主要目的，而非消费。二是工业电子商务支付服务的主体为对公账户。对公账户包括基本账户和一般账户，其中，基本账户只能有一个，用于企业基本存款；一般账户包括专用存款账户和临时存款账户，用于企业特殊资金流转、专款专用等。三是工业电子商务支付服务的操作者可以为多人。在具体支付操作中，除采购人员外，企业法人代表、财务及其他管理人员等多人均可使用对公账户进行支付操作。

工业电子商务领域的支付服务涉及法律、法规、政策、工作流、业务流、技术和管理等方方面面，复杂程度高，尚存诸多难点。一是企业税务管理要求严苛。企业间交易必须资金流、发票流和物流三流合一，资金必须是从买方到卖方，发票必须是从卖方到买方，中间不能出现任何第三方，这成为工业电子商务平台发展瓶颈。二是工业电子商务交易场景复杂。工业电子商务交易经常存在多个支付阶段，并且各个阶段的支付金额较大，涉及的企业或个人数量较多，支付指令多通过平台下达，责任难以界定。三是支付授权流程长。工业电子商务支付是离线授权与在线支付，内网审批与外网交易相结合的组织行为。在交易时需先申请支付，由所在部门主管同意后，流转至财务部门层层审核确认，方可付款。

（三）工业电商支付仍以传统支付结算为主

目前，工业电子商务支付服务大比例仍通过传统支付结算方式实现，例如网银转账、支票、汇票、委托收款、托收承付等。在线支付服务主要包括即时到账、担保交易、融资贷款等，如图 8.11 所示。

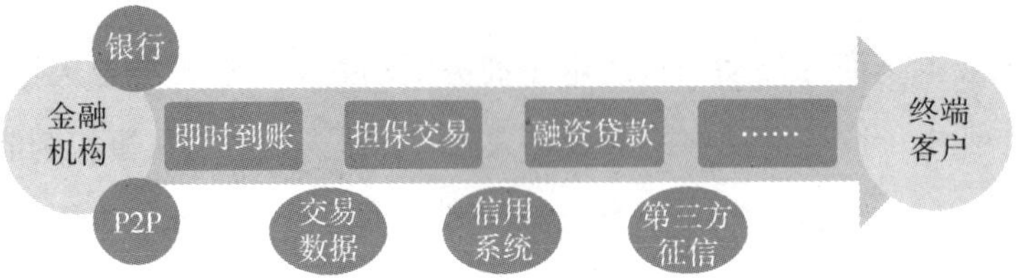

图 8.11　传统支付结算方式

注：P2P 指点对点网络借款。
资料来源：作者根据公开资料整理。

即时到账。通过在银行开立的专门用于网上交易资金结算的对公往来户，提供交易查询、管理和对账等功能，交易资金实时到账。采购方在下单之后直接将货款打入供应商账号，供应商即进行发货；或供应商先行发货，采购方将货款打入供应商账号，付款时会有审批确认环节，例如使用两个 U 盾电子密匙，分别由企业两名员工持有，一人负责操作，一人负责审批授权，形成两道确认关卡。

担保交易。通过第三方机构可较好保障交易双方利益，安全性与效率较高，但存在账期，给上下游企业带来资金周转压力。主要流程包括：采购方在线确认订单，供应商通过合作支付机构付款到合作银行监管账户，采购方确认收到货物后，供应商可将货款从合作银行监管账户提取到自己名下的银行账户，完成在线交易的整个流程。通过第三方机构支付一般可分为网关体系支付和虚拟账户体系支付（监管体系支付）两种，如图 8.12 所示。

图 8.12　担保交易支付结算方式

资料来源：作者根据公开资料整理。

融资贷款。利用采购方或供应商在工业电子商务平台上的账户信息、交易记录等情况，通过与合作银行和大型物流公司的系统对接，实现融资过程的全程在线化、无纸化，降低中小企业融资的准入门槛，授信过程不再漫长和烦琐。可分为两种方式：一种是凭借网络订单向银行申请贷款融资，另一种是持银行认可的专业仓储公司出具的电子仓单进行质押，向银行申请贷款融资。融资贷款支付结算方式如图 8.13 所示。

图 8.13　融资贷款支付结算方式

资料来源：作者根据公开资料整理。

交易场景作为工业电子商务的关键入口，以账户为基础，以支付为工具，以交易数据为核心，打通仓储物流系统与支付订单系统，同步跟踪调度，同时，在交易的过程中可提供电子签章、电子发票，以及进一步提供征信“嫁接”白条、应收款融资等金融服务，逐步构建工业电子商务服务生态体系。

（四）基于平台、银行、支付机构的定制化支付解决方案

货币所有权转移是所有商业交易的核心，完成在线支付则是构筑工业电子商务交易闭环，实现信息流、商流、物流、资金流“四流”合一的关键环节，对工业电子商务的深度应用及工业电子商务平台的可持续发展和服务创新等意义重大。鉴于工业企业商务活动场景的复杂性，工

业电子商务在线支付长期以来面临着交易金额大、资金安全性要求高、支付流程控制严及票款一致性等诸多挑战。[①] 为此，工业电子商务平台连同银行及第三方支付机构等多方主体协同创新，探索总结出多种解决方案，大力丰富了工业电子商务在线支付场景。

1."平台 + 多银行直连"的在线支付解决方案

通过与多家开通网银的商业银行签订合作协议，工业电子商务平台可在各合作银行开立平台实体账户，并获得与该账户相连接的在线支付接口。在线交易时，将依据相应规范形成的订单支付信息提交到银行网关，可为平台用户直接搭建与平台实体账户间的在线支付通道，依托合作银行的网银实现在线支付。该模式可实现用户与平台间交易资金的直接结算，资金安全性高，但鉴于用户开户行分散的现实情境，需直接对接多家银行，技术开发量大、成本较高，因此多适用于交易金额大、资质优良的自营类工业电子商务平台，典型支付场景如图 8.14 所示。

2."平台 + 战略合作银行"的在线支付解决方案

相比同时与多家商业银行直连，部分平台选择与某一家商业银行开展战略合作，全面构筑以该银行账户体系为核心的在线交易闭环。首先，该银行为平台开通实体账户，并为平台用户分别建立该平台账户下的虚拟子账户，进行分户管理。用户可在自身实体账户和该虚拟子账户间便捷开展出入金操作，而平台则可完全在平台账户体系内为用户提供直接支付、担保交易及退款等在线支付服务，从而为交易双方打造在同一家银行账户体系下的直接支付环境。由此，不仅突破了用户开户行分散的限制，还实现了会员间交易资金流水及转账凭证，解决了票款不一致的难题，具体支付场景如图 8.15 所示。由于该模式对平台实体账户的依赖性较高，所以多适用于资信高、信誉好的混营或第三方工业电子商务平台。

---

① 李宏伟 . B2B 支付模式探析［J］. 金融科技时代，2017（11）：45—48.

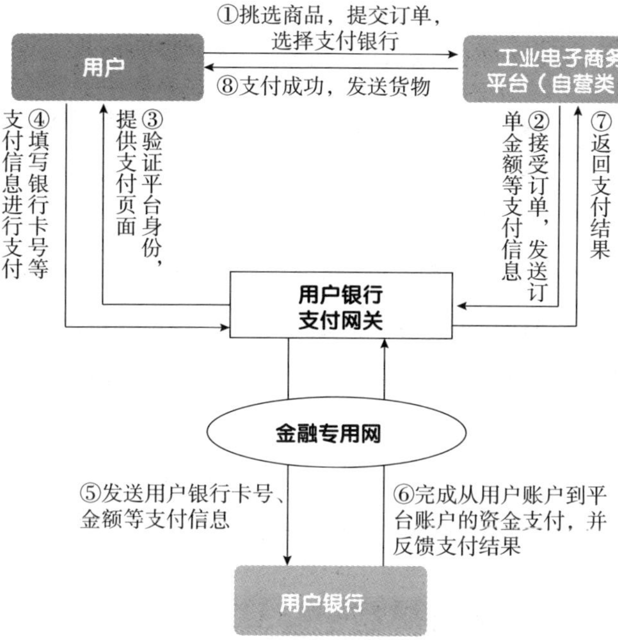

图 8.14 “平台 + 多银行直连”的在线支付典型解决方案

资料来源：国家工业信息安全发展研究中心，《工业电子商务白皮书》。

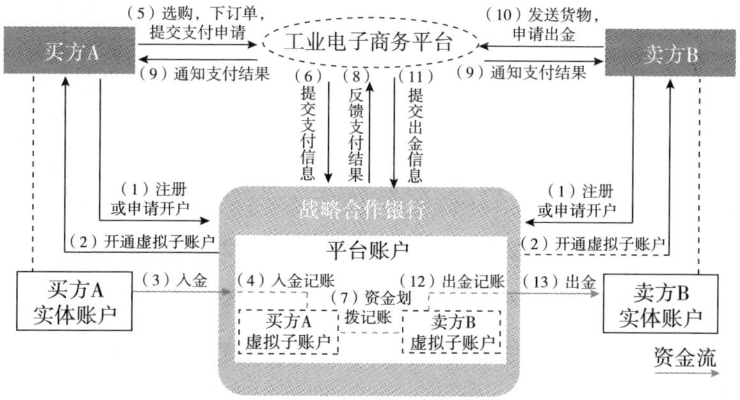

图 8.15 “平台 + 战略合作银行”的在线支付典型解决方案

资料来源：国家工业信息安全发展研究中心，《工业电子商务白皮书》。

3."平台 + 第三方支付"的在线支付解决方案

第三方支付作为专业的在线支付解决方案供应商，依托丰厚的技术、资源优势及服务创新，充分发挥中介地位，为工业电子商务在线支付提供了多种集成式的综合方案。总体来看，主要分为两类，一类为基于备付金账户的传统型支付方案，另一类则为基于银行监管账户的创新型支付方案。第一类方案中，第三方支付不仅可为平台一次性集成多家银行的网银通道，还往往在买方尚未收货之前，通过将相应货款保管在第三方支付机构的备付金账户内，而起到重要的信用中介作用，促进交易顺利执行，典型支付场景如图 8.16 所示。尤其随着央行客户备付金集中存管及第三方支付机构与银行"断直连"等系列措施的出台与实施，未来第三方支付信用保障水平还将进一步提升。

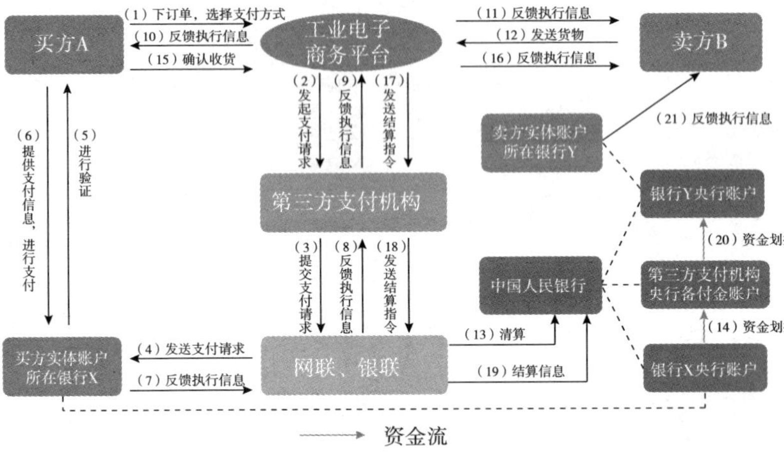

图 8.16 "平台 + 第三方支付"的在线支付典型解决方案

资料来源：国家工业信息安全发展研究中心，《工业电子商务白皮书》。

上述方案虽然较好地解决了在线交易的信用问题，但由于无法直接构筑交易双方的资金流，并提供相应交易记账凭证，而易引发票款不一致等难题。所以，部分第三方支付机构与银行开展战略合作，通过在银行设立第三方支付机构的监管账户及其下的虚拟子账户体系，为工业电子商务平台用户打造一体化的支付环境、交易资金流动凭证及担保支付等增值服务，从而形成创新型支付方案。

案例 8.5

中金支付有限公司
——第三方支付解决方案

主要解决方案

为平台交易双方提供付款和结算服务。买方在平台选择商品或服务后，可通过中金支付、网联、银行等支付通道完成付款操作；买方确认支付或交易符合约定规则时，卖方可向中金支付发起结算指令，中金支付根据结算指令将资金结算到卖方银行账户中。

实现担保支付功能。买方支付成功后，资金不能直接结算给卖方，必须待买方在平台进行确认支付的操作，或在交易符合约定规则时，卖方才能向中金支付发起结算指令，从而保证了资金安全性。

主要成效

以 B2B 支付为核心，在电子商务、供应链、物流等领域形成系列在线支付解决方案，2017 年交易量达到 1.45 万亿元，行业排名第五。

4.“平台 + 区块链技术”：跨境支付解决方案

从集中式记账到分布式记账，从增删改查到不可篡改，从单方维护到多方维护，从外挂合约到内置合约，区块链集合分布式存储、追溯序列、多节点共识共享等多项技术手段构建了一个全新的信任体系，其最主要的应用在于解决信任和安全问题，同时可实现交易的降本增效。区块链技术在票据支付、数字货币、跨境交易等支付领域都有广泛的应用前景。跨境贸易是区块链在数字支付领域应用的天然场景。一直以来，跨境商贸支付领域一直存在着支付方式程序冗长、费用高昂、时效性低的缺点，而区块链技术能够实现交易双方的直接连接，改变传统跨境支付代理行模式下的资金转移和信息传递方式，提高跨境支付效率，降低业务成本。事实上，基于区块链技术的跨境支付已经在 VISA（维萨）、CHAIN（为企业定制部署区块链基础设施的创业公司）、RIPPLE（瑞波币）等机构落地应用。

数字票据是从央行角度试行区块链支付的开端。票据作为一种集价值体现、交易支付、商业信用等众多属性于一身的非标金融资产，一方面在票据流通中存在信息不透明、操作不规范等核心痛点；另一方面，区块链的可追溯、可信任、分布存储等技术特点和票据对真实性、防篡改的高要求天然契合。2016 年上半年，中国人民银行启动了基于区块链技术数字票据的研发，并于 2017 年 2 月测试成功，其一期项目——湾区贸易金融区块链平台已于 2018 年部署上线，进入试运行阶段。该平台不仅可以实现基于区块链技术的票据贸易融资，还给监管机构、海关、税务、中证登等预留了接口，方便更多维度数据的介入和监管方实现基于科技手段的穿透式监管。

三、信用体系：区块链塑造可信数字化与资产化

（一）信用成为促进数字经济健康创新发展的基础

随着制造业与互联网融合进程加快，我国工业电子商务创新发展，在线交易增多，信用服务的重要性日趋凸显，是保障工业电子商务在线

交易安全的核心与基础。

征信是依法搜集、加工自然人及其他组织的信用信息，并对外提供信用报告、信用评估、信用信息咨询等服务。征信系统的建设对信用风险的防范和信用交易的扩大有着重要作用，从而提高整个经济的运行效率。

信用服务本质上是帮助市场交易主体解决信息不对称的一种信息咨询活动，即专门从事信用信息采集、整理和加工，并提供相关信用产品和信用服务的活动。信用服务存在的主要问题包括：信用数据质量不高，信用数据主要来源于政府公共部门，市场交易活动中产生的大量信用数据难以归集，缺乏统一的数据标准；信用服务市场不成熟，商业征信机构普遍规模偏小，经营分散，具有一定规模、运作规范、有广泛影响力的信用中介机构很少，信用评级市场尚不规范；信用法规不完善，国家层面的《信用法》《公共信用信息管理条例》《统一社会信用代码条例》等基础法律法规还在立法程序中，急需出台。

（二）从资信评级到信用产品的多层次信用体系

资信评级。包括信贷资信评级、证券市场评级、企业合同信用评价等，用于揭示评级对象的信用风险，侧重对企业未来偿债能力和意愿进行预判。国际资信评级机构包括穆迪、标准普尔、惠誉等，我国有中诚信、大公国际、上海远东等。

商业征信。包括商业（企业）信用调查及报告等。从2013年《征信业管理条例》出台并实施，2014年首批企业征信牌照开始下发，2015年初，中国人民银行下发通知，芝麻信用、腾讯征信、拉卡拉等八家企业获准开展关于个人征信业务的准备工作，中国逐步迈入征信时代。

信用管理。包括企业信用管理咨询、人才培训及商账管理等。由于信用交易主体和形式的不同，信用管理可针对资本、企业和个人，并对应不同的信用管理职能与内容，旨在平衡利润与风险，增加资本回报率。

信用担保。指企业向银行融资时作为第三方担保，以保障债权实现。在工业电子商务领域，供应链金融已成为新增长点。传统供应链金融服务是由银行或相关金融机构提供的，根据供应链交易流程顺序不同可分为三类：采购阶段预付账款融资模式、经营阶段存货（动产）质押模式以及销售阶段应收账款融资模式。在工业电子商务领域，供应链金融则以平台为核心，以平台用户交易行为数据为基础，为供应链上下游企业提供融资、授信、结算等服务，促进实现交易、交收、质物监管的全线上操作。

（三）工业电商加速“数据—信用—资产”转化

目前，供应链金融存在于电子商务平台、信息技术企业、商业银行、传统龙头企业等不同主体的各种模式中，但这些模式大多存在高级风险供给难以控制、产品相对单一、中小企业信用评级体系尚未建立等问题。近年来，科技创新对解决上述问题起到了一定的作用，然而，探索如何利用金融优化供应链管理水平、提高供应链融资能力的新模式，已成为全行业亟待解决的问题。传统的以核心企业为依托的供应链金融模式已经不能满足多元化发展的需要，同时也存在着信息不对称、不透明、欺诈等风险。云计算、区块链、大数据、人工智能、物联网等信息技术的发展促进了传统供应链金融共享的数字化改造，最大限度地实现了信息流、资金流和物流的统一化。把中小企业的交易信息转化为信用信息，实现从数据到信用再到资产的转化，这能有效缓解信息不对称问题，更能准确把控供应链金融各个方面的风险，从而提高融资效率，降低融资成本，工业电子商务的介入加速了供应链金融的转型升级。例如中国建设银行推出的“小微快贷”业务，针对传统融资问题利用“大数据、云计算、区块链”等技术打通央行、信用、教育、税务、司法、通信、商旅等经济数据与工商、电力、环保、海关、国土等政务数据，将各主体的信用转化为资产，并进一步实现“批量化获客、精准化画像、自动化审批、智能化风控”等科技赋能的创新普惠模式，系统于2016年9月上线运行，服务近70万客户，不良率也一直保持在较低水平。

供应链金融的发展离不开供应链中小企业的信用评价，信用评价是影响中小企业融资的重要因素。但是，中小微企业的民间借贷行为一直缺乏统一的登记管理制度，其信用记录在央行信用体系中的数量很少，很难为企业获取有价值的信用信息，使中小微企业融资难、融资贵问题不易得到解决。由于中小微企业的信用状况更多体现在企业所有者的个人信用状况上，建议开放中央银行信贷系统企业信用数据库和个人信用数据库，形成中小微企业和企业主共享的信用管理体系。

一是加强信息资源利用，积极发展工业电子商务征信服务。工业电子商务交易数据、库存数据、商品数据、订单数据等大数据正在转化为信贷资产，为推广数字证书、电子合同，建立工业电子商务电子认证信任体系，为联合惩戒违法失信市场主体打下了坚实基础。此外，数字对象体系架构在采购、生产、仓储、运输、销售等关键环节的普及应用与深入推广中，将促进产品全生命周期关键信息的可采集、可追踪和可溯源，保障产品质量，提升交易的安全性和可信度。

二是工业电子商务信用服务的相关标准与法规正在逐步健全。已有国家质检局、国家标准化管理委员会联合发布的《电子商务企业信用B2B第三方交易平台信用规范》，针对目前工业电子商务发展模式及特点，基于工业电子商务交易全过程，对工业电子商务的第三方交易平台资质、卖方管理、商品及服务审核，交易服务过程，配套服务，信息安全与保密，经营终止等维度提出信用要求，规范我国工业电子商务交易平台信用建设，帮助企业降低交易风险和交易成本，推动工业电子商务的健康可持续发展。

第九章

物流：助力供应链降本增效

随着互联网技术的普及与消费观的改变，工业电子商务发展迅猛，物流作为重要的支撑服务也进入了快速发展阶段，云计算、大数据、移动互联网等技术的逐渐成熟和创新应用，将为企业提供更为高效便捷的综合物流服务。

物流，指物体从供应方向需求方的物理流动，涉及运输、仓储、配送、装卸、搬运、包装、流通加工、信息处理等多个环节。物流服务参与主体主要包括货物运输需求方、物流承运方、平台提供方和系统运营维护方等；主要应用场景覆盖企业“采—供—运—配”供应链上下游；具体服务内容，一是直接提供综合型物流服务，二是提供车货匹配、交易撮合等供求对接平台，三是为物流企业提供运输、仓储等环节的智慧物流解决方案。

一、新业态：平台化、共享仓不断涌现

在经济全球化和电子商务的双重推动下，物流已不是简单的货物运输、仓储服务，而是运用现代管理方法和新一代信息技术，助力企业提升协同效率，降低供应链成本，是激发企业竞争力的重要手段。

（一）政策红利释放物流市场潜能

长期以来，物流作为一个微利行业，不受资本关注，小企业、个体户居多，呈现“多、小、散”特征，导致运输组织高度分散，要素缺乏有效整合，市场主体间信息不对称、效率低下。据统计，我国货运车辆平均实载率比欧美发达国家低 1/3，车辆日均有效行驶里程仅为发达国家的 1/2。由于缺乏集约化组织，难以充分发挥运输业的规模效益和网络效益，物流成本居高不下。①

2016—2019 年《政府工作报告》多次提及物流业，提出全面推进“互联网 +”，运用新技术、新模式改造传统产业，以及采取综合措施，降低企业交易、物流、财务、用能成本等要求，足见政策层面对物流行业发展的高度重视。近些年，经济转型升级倒逼物流业提质增效，物流发展质量和效益稳步提升，结构优化，运行环境进一步改善，社会物流总额稳中有升，供给侧结构性改革成效显现。

根据中国物流与采购联合会统计，2018 年，全国社会物流总额为 283.1 万亿元，其中，工业品物流总额 256.8 万亿元，占比 90.71%（见图 9.1），不难看出，工业品物流占据整个社会物流的绝对主导地位。因此，提升工业企业自身物流管理水平以及服务于工业企业的第三方、第四方专业物流企业和平台的能力，对整个社会物流效率的提高具有十分重要的意义。

（二）物流服务从外包到平台化再到共享仓演进

物流服务需求日趋碎片化与定制化，从供应商网络到销售、服务网络，

---

① http://baijiahao.baidu.com/s?id=1644273727338164618&wfr=spider&for=pc.

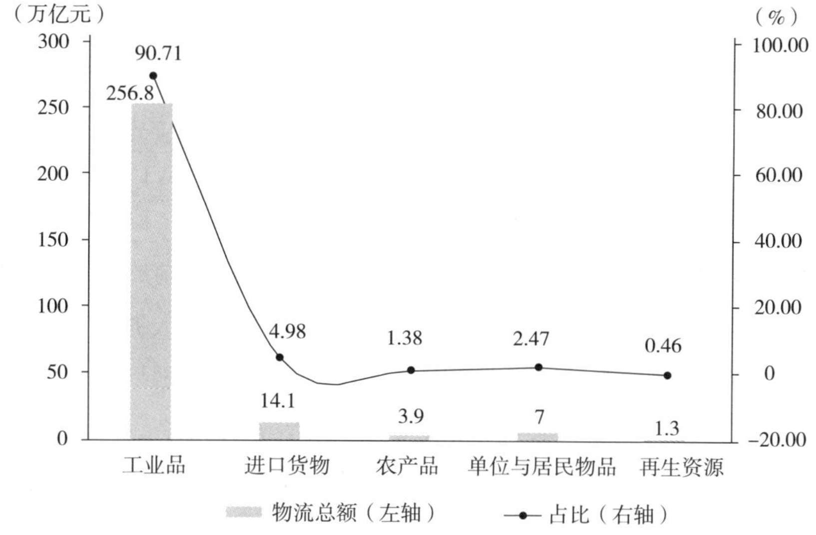

图 9.1　2018 年中国社会物流总额构成

资料来源：中国物流与采购联合会。

以及中间环节的制造和生产之间的协同与互联互通不断加强，催生了一批物流 B2B 平台。

平台先天具有资源汇聚、供需对接的能力，能够有效缩短和优化物流服务链条，在物流服务需求日趋碎片化与定制化的今天具有广阔应用前景。随着移动互联网、大数据、云计算等技术与物流行业的深度融合，货运物流市场“无车承运人”平台新模式应运而生，提供信息交互、车货匹配、在途跟踪、精准推荐等服务，集合了闲散运力，有效缓解了目前货运物流行业普遍存在的运力空驶、长时间等货等突出问题，在整合货源和运力、提升运输效能以及降低物流成本等方面发挥了显著作用。同时，平台初步实现了对货主和司机的画像，建立了数据库和信用评价体系，并通过发挥平台经济规模效应，带动传统运输企业向现代物流供应链综合服务商转型，逐步构建了“零而不乱、散而有序”的新业态。

自2016年交通运输部启动“无车承运人”试点以来，物流平台发展模式不断创新，贯彻落实党中央、国务院关于“互联网+”高效物流的重要指示批示精神，以及关于促进平台经济规范健康发展的指导意见，总结三年来的试点经验。2019年9月6日，交通运输部、国家税务总局联合印发《网络平台道路货物运输经营管理暂行办法》（以下简称《办法》），将试点期间的“无车承运人”更名为“网络平台道路货物运输经营者”（简称网络货运），并明确仅为托运人和实际承运人提供信息中介和交易撮合等服务的行为不属于网络货运范畴。今后，网络货运平台应以运输合同的方式委托实际承运人完成道路货物运输任务，并以承运人身份承担全程运输责任。《办法》以此规范网络平台道路货物运输经营，通过监管理念和模式的创新，为新业态规范健康发展营造良好的市场环境。

从物流平台向云仓共享服务延伸。随着“互联网+”战略的持续推进，互联网作为有效手段加强了仓储资源供需双方的直接交互，为仓储资源的共享提供了信息化基础。各大物流公司将自建物流系统对外开放，依托庞大的物流网络设施系统和电商平台，从供应链中部向前后端延伸，为平台商家开放云仓共享服务，解决运输全周期安全管控、运力闲置、货车不匹配、仓位周转效率低下、生产厂家服务不精准、“最后一公里”销售成本高等问题，提升平台商家的物流体验。例如，菜鸟云仓主要开放共享给天猫和淘宝平台上各商家。京东云仓跨界共享给金融机构，推出“互联网+电商物流金融”的服务，利用信息系统全覆盖，实现仓配一体化，并有金融支持，能满足电商企业的多维度需求。顺丰云仓围绕高质量的直营仓配网，以及优化供应链服务能力，重点面向信息家电、运动鞋服行业、食品冷链客户开放共享。

二、主要模式：多样化主体，多层次供给

不同类型的企业对于不同种类物料和产品的采销特点不同，其对物流的要求也不同，直接用于生产制造的原材料、零部件和半成品等物料往往涉及大批量采购，需要大宗商品物流服务能力的支撑；而用于维护、维修及运营的辅助类间接物料通常采购批量较小，更加重视仓储配送服务能力。

（一）针对大宗商品的多式联运物流

大宗商品在运输时可按照批量成件货物、散装堆货物、液体货物、集装箱货物进行分类。其物流具有鲜明特点：物流重载化要求高，装卸搬运作业量大；某些商品具有高价值或危险属性，需对其物流全过程安全性进行严格把控；部分大宗商品价格波动频率高、幅度大，若处于跌价行情中，物流延迟送达对贸易商将造成巨大损失；大宗商品物流具有多式联运属性，长距离、大批量运输需要广泛运用水运、铁运，并最终通过陆运实现“最后一公里”送达，然而多式联运对物流企业资金、技术、资源获取及整合等方面的能力都提出了较高要求。

据了解，目前全国物流市场中50%以上是大宗整车物流，可见大宗商品物流业的发展对我国国民经济的发展具有举足轻重的作用。面对传统大宗商品物流服务成本居高不下、效率低下、信息化程度不高、服务功能单一、技术管理水平不足等问题，一批创新型、平台型物流企业正从不同细分市场探索新的发展空间，例如提供大宗商品仓储、运输和流通加工一体化服务的“胖猫物流”，服务于进出口贸易集装箱卡车陆运市场的“鸭嘴兽”，通过加盟形式快速建立覆盖全国的大票零担运输网络、提升专线运输整体效率的“聚盟物流”等。

（二）针对小批量商品的仓储配送物流

工业企业对生产制造所需的直接物料通常是按计划、大批量地进行采购，而备品备件、办公用品等间接物料的采购，往往具有产品品类庞杂、非计划性强、采购频次多、采购批量小且时效要求高等特点，无论是对工业品电商平台还是对传统线下经销商来说，及时响应、快速送达的服务能力尤为关键，而这很大程度上取决于整体运营调度和多元化仓储配送布局。

仓储配送是货物流通的重要环节，为了更快地把货物送到用户手中，企业可以选择“以仓代运”的模式，将仓库建在离用户尽可能近的地方，尽量缩短配送时间，也可以选择提高货运速度，提供快速送达的服务。当前，分离的仓储和运输服务正向仓配一体化转变，将仓储和配送信息系统打通，在仓库内分拣后直接配送，减少中间环节，提高效率。同时，在配送领域已形成少品种大批量配送、多品种小批量配送、定时配送、定量配送和即时配送等多种配送模式，企业可充分调动和灵活运用社会现有的运力服务资源，打造低成本、广覆盖、深渗透、快响应的配送体系以及仓配运一体化的服务能力。

如今，物流科技的发展带动了物流效率的显著提升，随着机器人等自动化设备成本的降低和 5G 的普及，自动化仓储建设逐步实现高密度存储、自动存取、自动输送、智能分拣，极大地提升了仓储和分拣效率，其中以苏宁云仓和京东智能化物流中心“亚洲一号”为代表。同时，共享云仓提供了以更大的灵活性和更低的成本使用仓储服务的模式，未来 B 端也可以对智能化仓储和共享云仓等模式进行进一步探索与合作。

三、解决方案：聚焦行业痛点，构建供应链核心能力

工业电子商务物流可为网络采购、网络销售和网络协同等工业电子

商务多样化应用场景提供全面物流支持。在网络采购方面，基于网络采购订单、实时库存和用料需求等信息，为工业企业所需物料的进货运输、仓储和库存管理等提供全面解决方案，有效支持准时制采购、即时供应和供应商管理库存等新型采购模式，确保适时、适量、适质、适价地供应企业生产运营过程中所需的各类物料。在网络销售方面，结合预测数据、网络销售订单数据和实时交通数据等，为工业企业产品销售过程中的包装、成品储存、装卸搬运和运输配送等环节提供全面解决方案。

在网络协同方面，集云采购平台、订单处理平台、云跟踪平台、云分销平台、仓储、物流、金融保险为一体，支持企业集群物流协同及供应链管理，以加速供应链中物流、信息流、商流、资金流流通速度，有效降低库存，增加销售量及提升对市场的敏捷响应。

不同类型产品对物流的要求不同，一个企业或平台往往提供多种物流服务，既有自建又有第三方，既有干线运输又有支线配送，而且随平台各类业务的逐步探索和拓展，能够提供的服务也将持续创新、融合。案例 9.1、9.2 和 9.3 以钢铁、能源、化工等行业为切入点，综合平台特色与亮点分析，凸显了“数字技术 + 平台 + 物流解决方案”的供应链增值与商业模式创新。

案例 9.1 积微物联

——钢铁供应链综合服务解决方案

案例简介

成都积微物联集团股份有限公司是在四川本土培育、发展、壮大起来的新经济代表企业，是由攀钢集团投资打造的西南最大的大宗商品供应链综合服务平台，致力于为用户提供钢铁、钒钛、化工等大宗商品的智能仓储、高端加工、智慧物流、在线交易、供应链金融、平台技术输出、市场配套等一站式服务和整体解决方案。

行业需求或痛点

针对钢铁行业在生产端存在产能严重过剩、同质化，流通环节存在操作不规范、配套服务散乱、流通成本高、信用环境脆弱，终端存在需求增长动力减弱、个性需求差异化等问题，积微物联通过打造产业互联网平台聚合相关业务，连接钢铁上下游环节，直接为终端客户创造价值，建立多元、共享、开放的生态圈体系。

解决方案亮点：线上线下深度融合的钢铁服务新模式

线下，“达海”品牌先后打造了成都达海、云南达海、南充达海、成都零部件、重庆攀中伊红等覆盖西南的实体仓储加工物流基地。拥有或管理的厂房面积超过 60 万平方米，仓储吞吐能力 2 000 万吨以上，钢材加工线 50 条，加工能力 300 万吨，入园客户 3 000 多家，合作钢厂和钒钛生产企业 70 多家，并已跨界拓展了木材、建材、有色金属等多个品类的大宗生产资料领域，是西南最大的产业园综合体。

线上，“积微”品牌构建了积微钢铁、运网、云采、云仓、循环、指数、金融、大数据等 26 个板块的积微族群。平台年 GMV 突破 1 000 亿元，连接用户 5.5 万家。

其中，钢铁电商平台致力于解决钢铁产业链流程长、效率低、交易成本高等行业痛点，提供一体化的交易、仓储、加工、物流、金融等服务，强化第三方交易平台，吸引更多客户入驻。

积微运网智慧物流平台是以网络货运（无车承运人）模式打造的西南专业的高效物流服务平台，是国家交通运输部首批获批的“无车承运试点企业”。针对不同客户需求，制定积微专运、积微快运等专属物流模式，并开展保险、轮胎、油品供应、维修、备品备件等汽车后服务市场，与成都铁路局紧密联系，大力开拓铁路货运市场和发展公铁、铁水等多式联运，为客户提供多样化的配套服务。通过引入云计算、大数据、物联网等新技术，实现了从传统物流向智慧物流的跃升。

积微数码仓储管理平台主要提供钢铁、化工等大宗商品的仓储、加工等服务，基于物联网技术，实现仓库管理的数字化、标准化和网络化。通过统一的信息化仓储管理标准，系统以货物货位、货物流程及操作规程管理为重心，全面推进管理科学化、制度化、规范化，实现货物精益管理。通过数码仓系统全面部署，进而将园区仓储物流数据、信息、资源及业务整合到一起，实现整个物流信息的全程管控和共享，为融资、资讯、交易等服务提供支撑。

积微大数据应用分析平台是在工业行业进行数字化转型、数据驱动经济发展已成必然趋势的背景下，依托积微物联的信息化建设系统、互联网技术、大数据技术，以解决业务数据需求为导向，以企业实现优化、升级、转型为目标，建设的一套具备数据接入、数据治理、数据存储、数据分析、数据服务的完整流程的数据管理与应用体系。为钢铁行业建设了基于仓储、加工、运网、钢铁、循环等业务的数据指标体系，为各业务环节提供了丰富维度的数据分析结果、自主查询功能、数据功能应用，其中数据功能应用包括产品销售预测与需求管理、产品质量管理与分析、库存吞吐量预测、经营与生产指标分析、客户画像、达海园区安全生产监控管理、达海园区车辆分析等。

应用价值及推广性

整个平台在业务架构和技术方面具备通用性。业务架构由基础设施、技术中台、业务中台、数据中台组成。基础设施提供基础的服务资源；技术中台为行业伙伴以及大中型平台客户提供二十余款通用 PaaS（平台即服务）；业务中台结合行业通用流程与业务最佳实践，提炼各业务的共性需求，并将这些打造成组件化的资源包，形成标准化组件或服务，以接口的形式提供给前台使用；数据中台以需求为驱动，采集和引入全业务、多终端、多形态的数据，通过数据指标结构化、规范化的方式实现指标口径统一，形成以业务核心对象为中心的连接和标签体系，深度萃取数据价值，达到技术降本、应用提效、业务赋能的目标。

技术上支持 Java、Go、Net Core、Python 等多种计算机编程语言和各种云服务器的安装部署，并搭建开放平台，通过开放 API 向第三方开发者提供平台服务能力，包括基础设施层的技术服务能力和业务服务能力。另外，基于第三代微服务框架 Istio（服务网格）+kubernetes（谷歌开源的一个容器编排引擎）打造的服务化技术平台，实现了底层基础设施和业务逻辑完全分离。

积微一体化服务平台已成功应用到长虹、丰田、沃尔沃、华为、东方电气等多家世界知名企业，在提高企业效率、降低运营成本等方面取得了显著的成效。以四川长虹电子控股集团有限公司为例，通过在需求提报、订单跟踪、库存管理、在线加工、在线配送、运输跟踪、票据查询等方面的提升与创新，减少了中间环节，将配送应急保证条件由原来的 8 小时缩短到 5 小时，仅在运输配送方面每年可为长虹公司降低直接物流费用上百万元。

钢铁供应链综合服务解决方案提升了整体社会效益，整合行业供应链多方资源，以服务型制造为突破口，建立一站式开放服务平台，吸引上下游企业，使其紧密互动，促使不同类型的客户与制造端、服务端顺利连接，有利于周边及上下游产业发展，促进地方经济增长；同时平台提供优质资源以及风险把控数据，创新业务模式，扩大业务范围，优化产业结构，由于供应链涉及众多企业和业态的生态圈，例如生产方式、贸易方式、合作方式、跨行业和跨技术领域，其变革将会提高社会生产力和社会生产效率。

案例 9.2 华能大宗

——能源行业智慧供应链集成服务平台解决方案

案例简介

华能大宗平台，是上海华能电子商务有限公司聚焦电力能源及相关产业需求，打造的能源行业大宗商品智慧供应链集成服务平台。利用大数据、互联网、物联网等，打造集电力物资采购平台（能购）、能源电商销售平台（能售）、智慧物流平台（能运）、金融科技服务平台（能融）以及大数据云平台（能云）为一体的华能智链“五能”赋能平台体系，实现商流、物流、资金流及信息流的“四流合一”，提升产业集成和协作水平，推动产业价值链持续优化。

行业需求或痛点

我国传统能源行业供应链流程长，结构复杂，节点主体数量庞大。例如，在火电领域，煤炭运输环节较多，基础设施相对落后，电厂卸货等待时间长，流通效率较低，而且电煤、电力物资、电力设备等电力供应链上的物流服务商普遍“小、散、弱”，物流资源利用率不高，导致煤炭流通成本较高，供应链综合成本占煤炭总成本的20%~60%，具有十分可观的降本空间。

解决方案亮点：网络货运与智能调度一站式“智慧物流”服务新模式

“能运”智慧物流平台于2017年底上线，以为客户降本增效为目标，构建符合能源行业特征的“网络货运”模式，由平台、货主与运输企业对接，承担运输责任。以物联网、车联网、互联网、大数据应用为手段，围绕客户需求，合理优化物流各个环节，重构供应链物流成本结构。为上游托运方解决运力搭建、运力管理等问题，提供在途货物监控、物流大数据等服务；为下游承运方提升运力调度效率、运力综合管理能力，并提供优惠物流货运险、运费快速结算等增值服务。自上线以来，平台在自有业务的基础上，开拓了外部客户群体，整合车辆达到50万辆，运量已达1 050万吨。

此外，通过对车辆在途、进出厂管理进行联调管控，使在途运输与厂内物流进行有效的结合，打造“智慧物流”全程智能管控模式。在物流运输环节，利用物联网相关软硬件设备，如电子锁、视频设备、重量感知设备、图像识别技术、AI技术等，对货物在途全程跟踪监管；在厂内物流管理环节，利用互联网、物联网、大数据等相关信息技术，针对厂内（园区货运站等）车辆人员出入、车辆排队等待、车辆调度、安全等方面，打造智慧化、无人化物流管控体系，加强管理智能化，提升管理透明度，减少人工操作和不可控因素，实现厂内物流管理增效，目前已为物流上下游企业综合降低2%~3%的物流成本。

应用价值及推广性

“能运”智慧物流平台业务体量初见规模，目前已经在煤炭集中的“三西”（山西、陕西、蒙西）地区进行重点推广，并逐渐辐射至全国。利用“能运”智慧物流平台的“网络货运”及“一站式”智慧物流服务模式，为应用平台的上下游企业带来了实际成效。

应用1：托运方企业案例

以包头第三热电厂为例，接入“能运”智慧物流平台前运价55元/吨，接入后通过平台调车，运价下降到50元/吨；原来电厂需要2~3人管理信息部调车，现在对接“能运”后只需1人负责对接，节约管理成本，增加管理效率；原来调车需要提前1天跟信息部沟通，接入平台后，电厂运输任务下达后1小时内就可完成调车操作，大大提高了工作效率；在平台介入前，多个信息部、车队都进行运输操作，管理不统一，电厂卸货等待时间平均每车4小时左右，平台介入后，运输任务与电厂进厂管理形成了信息互通，使卸货时间降低到1小时之内。

应用2：承运方企业案例

鄂尔多斯市通运天下煤炭运输有限公司，每天承接400多辆车的短驳业务，在运输调度上安排了大量人员。在与"能运"智慧物流平台合作后，通过平台一体化运作，调车效率提高了近5倍，每月对账时间节省了70%，实现100%无差错对账，同时使承运商管理成本降低了50%。

应用3：综合性企业案例

鄂尔多斯市振兴煤业销售有限公司有自己的煤矿与煤炭贸易公司，每年煤炭运输量达3 000多万吨，虽然有自己的车队但还是满足不了运输需求。之前找当地经纪人或车队，运输安全缺乏监管，运输过程中要投入大量的人力进行业务协调。在与"能运"智慧物流平台合作后，平台会根据业务属性及时调整产品，并派专业人员赴一线指导培训司机，通过全程线上操作整合了大量运力资源，运力提高了2倍，扫码操作使调度效率提高了3倍。除此以外，平台通过线上预警功能对于异常运输情况预警，提供了很好的安全管控手段。

案例 9.3 传化智联

——供应链协同服务平台解决方案

案例简介

传化智联是传化集团的上市公司，以打造传化网智能物流业务为首要发展目标，致力于为生产制造企业提供集咨询服务、智能物流技术服务、仓运配运营管理服务和供应链金融服务为一体的供应链整体解决方案，赋能企业供应链管理优化升级。

行业需求或痛点

目前，中国生产制造企业的产业链、供应链和价值链尚未协同起来，围绕中国制造的生产性服务业整体水平与效率仍然很低，缺乏服务中国制造的一揽子供应链系统解决方案，物流、信息技术、金融服务、业务协同无法有效连接，供应链缺乏组织化管理，导致运行效率低、综合成本高。

解决方案亮点：基于云平台的多供应链业务协同新模式

整合企业供应链上下游的采供销、仓运配、智能化系统、供应链金融服务的一站式物流供应链解决方案，是供应链服务的重要发展方向，也是生产制造企业的需求所向。以物流为基础和依托，传化智联由服务单一的物流企业或个体逐步覆盖到制造企业及上下游相关企业，面向不同用户群体形成基于企业不同需求的个性化解决方案。同时，实现与制造企业内部供应链系统的对接，帮助企业内部供应链解决方案的优化。借助信息互通、流程共享、业务协同以及智能技术，减少低价值岗位的人力资源投入，提高岗位之间的交互效率，减少沟通交流和管理成本，从而提升供应链的整体效率。

传化智联应用物联网、云计算、大数据、区块链、人工智能、5G 等先进技术，打造了“供应链协同服务平台”，帮助企业提升供应链的协同效率和管理能力，图 9.2 展示了传化智能的业务模式。

系统架构方面，自主研发物联网平台，支持设备连接、协议解析、云端存储、消息分发和物联大数据分析等服务。同时，基于容器技术和微服务架构，实现物流供应链系统的设计及研发，将上下游单独的系统整合成满足行业级应用需求的物流供应链体系，实现上下游系统互联互通。

系统功能方面，通过标准接口，打通企业内部多个信息系统并推动供应链上下游各环节主体之间数据信息的互联互通、资源共享，整合订单管理、运输管理、仓储管理、计费管理、传化支付（Transfar Pay）、供应链金融风控等丰富的产品和服务，实现物流一单到底、全程可视。

行业积累方面，依托全国68个城市物流中心丰富的业务场景，持续稳定地连接、采集、存储、应用物流数据。

此外，不同的企业群或相同企业群中不同的企业具有不同的业务需求，需要个性化的业务应用配置。针对传统供应链业务协同模式的不足，传化智联建立了基于云平台的多供应链业务协同模式及解决方案，实现了具体业务的个性化定制以及企业与平台间多源信息的动态集成。不同用户可以根据自身角色及权限使用平台提供的定制化业务功能，并实现与平台的信息交互，满足业务协同需求。

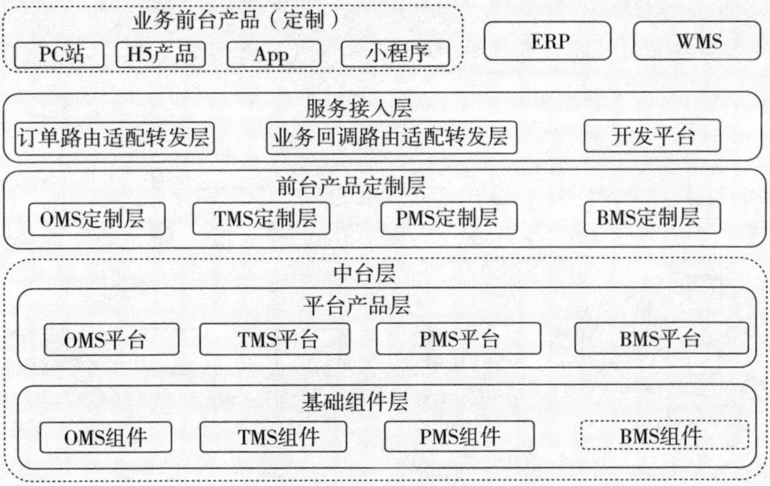

图9.2 传化智联业务模式

资料来源：传化智联。

应用价值及推广性

供应链协同服务平台上线以来，已覆盖物流、化工、纺织、造纸、能源、商贸等多个行业领域，建设12个协同平台，打造大客户项目标杆5个，累计连接货主851家，间接服务货主超过2.1万家。预计到2021年连接和服务工业生产制造企业将超过10万家，带动和赋能的物流企业从2019年的100家将增至3 000家，服务的社会车辆从2019年的5 000辆将增至30 000辆。将直接帮助工业生产制造企业每年降低物流供应链管理成本的5%~10%，提高整体的物流供应链管理效率约30%，提升客户满意度15%以上。

某企业上线供应链系统服务平台后，通过打通内部CRM、SAP接口，整合内部管理模块，实现内部信息实时共享，用电子合同实现自动分单与系统自动结算，通过流程优化提高岗位间的交互效率，减少管理成本，取得明显成效：服务满意度从86%提升至98%，到货及时率从80%提升至96%，平均订单执行时间下降30%，与物流服务商实现运费在线支付、自动结算与实时对账，准确率100%，结算处理时间从9个工作日下降至3个工作日，物流管理费用降低20%。图9.3展示了传化智联的业务流程。

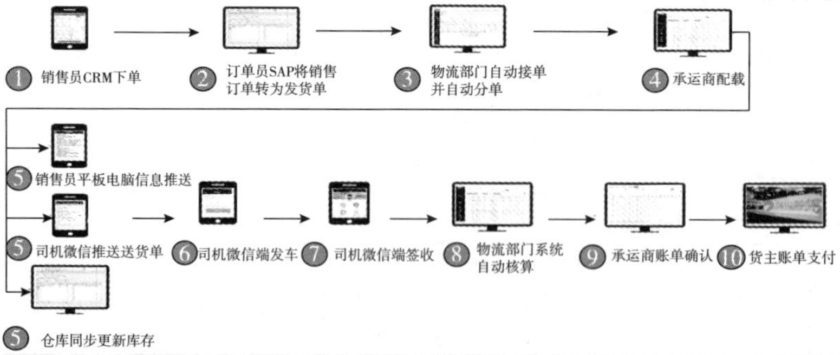

图9.3 传化智联业务流程

资料来源：传化智联。

第十章

SaaS：工业电商的“入口”

一、数字化转型浪潮激发 SaaS 市场前景可期

随着经济的发展，特别是亚太地区的发展中国家经济的改善，各企业组织已经准备好投资软件市场。根据 Technavio（第三方市场研究机构）的研究，制造业和零售业对采购软件的需求将会增加，这些行业需要更新技术以改善供应。

SaaS 是 Software-as-a-Service 的简称，直译为“软件即服务”，是基于互联网提供软件服务的软件应用模式。在传统的产品模式中，软件产品交付给客户后在客户内部 IT 系统中安装、实施、运营及维护。而在 SaaS 云计算模式中，组织信息化所需要的网络基础设施及软件、硬件运作平台将由 SaaS 提供商负责搭建，客户无须购买软硬件、建设机房、招聘 IT 人员，即可通过互联网使用信息系统。正是由于轻量化、易维护、成本低的特点，SaaS 近年来备受青睐。

最早的应用服务提供商是 Salesforce（客户关系管理软件服务提供商）和 Netsuite（提供企业管理软件的应用程序制造商），其后还有一批跟随企业，这些厂商创业时都专注于客户关系管理的在线化，但是很快遭遇互联网泡沫破裂，风险资本撤离互联网企业，大批厂商破产。

随着越来越多的公司采用 SaaS 解决方案来实现各种业务功能，预期

SaaS 市场将在未来几年保持增长。MRFR（商业市场研究机构）报告预测，到 2022 年底 SaaS 市场价值将达 1 170 亿美元，年增长率约 21%。

目前，SaaS 市场可见三大阵营：传统企业软件销售商、新一代云企业以及大型 IT 销售商。其中，微软、Salesforce、Adobe（奥多比）、思爱普、甲骨文这五大 SaaS 销售商占全部市场比重的一半以上，尤其是微软、思爱普、甲骨文和 IBM，其自身优势能够将既有软件顾客引至基于 SaaS 的消费模式。SaaS 市场激烈的竞争也促使了小型 SaaS 企业崛起，成长迅速的新一代云企业有 Workday、Zendesk、ServiceNow、Atlassian 和 Splunk 等。另外，谷歌、思科等也在以各自的方式对 SaaS 市场施加影响。

全球 SaaS 发展的主要力量包括：美国、加拿大、英国、德国、中国、法国、日本、印度、意大利。按地域划分，2018 年 SaaS 市场的主要力量依次是：北美、欧洲、亚太、南美、中东和非洲。其中，北美处于领先地位的原因包括：对云计算服务有持续增长的需求，具备技术先进的基础设施，有微软、Salesforce、甲骨文、Adobe 等云服务提供商。

中国 SaaS 市场规模占全球比重不断提升，但市场的成熟度远低于美国市场。从细分行业看，阿里云发布的《2018—2019 中国 SaaS 市场洞察报告》显示，2018 年中国 49.6% 的 SaaS 用户企业聚集在制造业、金融、电子商务、互联网服务、软件开发等行业。当前全球范围内，SaaS 云端应用最大的功能性市场是客户关系管理、人力资本管理市场和企业资源计划。数字化转型依旧是中国企业上云最强大的驱动因素，SaaS 厂商更加注重企业个性化的需求。

Business Wire（美国商业资讯）预测，2018—2023 年，SaaS 市场将以 21.2% 的复合年增长率发展。而 Technavio 研究报告预测，2019—2023 年，SaaS 市场将以 9% 的复合年增长率成为价值 603.6 亿美元的市场。值得注意的是，IaaS（基础设施即服务）市场或将从 2017 年的 236 亿美元增长到 2021 年的 630 亿美元，PaaS 市场将从 2017 年的 119 亿美元增长到 2021 年的 277 亿美元；尽管 SaaS 的增速不如 IaaS 和 PaaS，但到 2023 年 SaaS 市场将远大于 IaaS 和 PaaS。

二、智能供应链管理成 SaaS 主要应用场景

随着全球化继续发展，竞争加剧的市场势必迎来更多创新。此前，SaaS 主要应用于营销、会计、人力、CRM 等场景。现在，能够生成用户数据并做智能分析的 SaaS 垂直应用正发展起来。

在供应链管理方面，企业组织对仓库和运输管理系统的需求日益增加，正在推进更优化的 SCM 解决方案形成。目前，供应链管理市场的大部分收入来自大型企业。不过，预计中型航运企业将在未来几年为市场提供推动力。

采购软件是供应链管理的重要组成部分。数字化、云计算和移动交易是促成数字化采购的主要因素，供应链资源控制管理的需求增加且可视化提升，是促进企业组织实施端到端采购的全生命周期循环的重要驱动。数据的存储、分析、处理和搜集能力加速了数字化采购解决方案的实施，助力企业组织通过使用采购软件更好地进行分析决策并提高可视性。当然，由于一些企业组织缺乏相关采购知识并受采购时限约束，它们更倾向于外包采购服务。

经济的稳定和投资者对可伸缩云解决方案的兴趣鼓励企业家、创新者和企业开发新的 SaaS 解决方案。自 2017 年以来，SaaS 的 IPO（首次公开募股）估值增长了 3.5 倍，2018 年 SaaS IPO 总额达到 382 亿美元，有 169 家 SaaS 公司被收购，平均收购价为 13 亿美元。据独立咨询公司 Gartner 预测，企业公共云支出将在未来几年以当前速度继续增长。

三、敏捷、高效、灵活、低成本等 SaaS 应用价值凸显

SaaS 能够有效降低成本并为 IT 减负，运用 SaaS 可以免去企业组织自行申请许可、安装运营应用软件的必要。企业无须采购硬件、开通服务或进行维护，而可以根据自身需求灵活支付，选择服务范围，享受 SaaS 提供商对软件的自动升级和补丁管理的服务等。此外，其应用门槛较低，而较高的灵活性有助于用户定制优化，在量身剪裁解决方案的同时，帮助企业更好地把控技术堆栈和数据。软件供应商 BetterCloud 调查发现，1 800 名受访的 IT 专业人士中，有 73% 认为到 2020 年几乎所有应用都将以 SaaS 的方式运营，而 38% 表示这已经成为常态。

总体说来，SaaS 的核心应用价值包括以下五个方面。

1. 采用订阅服务可以减少总体拥有成本，SaaS 解决方案能够省去硬件和软件采购、维护年费和升级费用等，并且按需订阅服务所需支付的费用较传统服务费用更低。

2. 不用采购硬件、不用安装平台软件或应用软件，SaaS 商业软件可以更快投入运营，相较本地安装运营，只需 45%~55% 的时间和成本；此外，SaaS 所需要的硬件和软件资产都在不断贬值，因此建议租赁而不建议购买。

3. 外包服务由专业人员负责改善产品配送和资源支撑，免于 IT 管理事务工作有助于企业花更多时间专注于核心竞争力。

4. IT 开支可以预测，更加可控。

5. 用户可以订阅更好的服务，而 SaaS 提供商与用户的经济利益是绑定的，进而需要保持提供优质服务等。

案例 10.1

用友采购云
——专业数字化采购解决方案提供商

用友网络科技股份有限公司专注企业服务30年，是全球领先的企业云服务提供商，近几年在数字营销、智慧采购、人力资源、社交协同办公等企业云服务领域快速发展。

用友采购云（产品名称“友云采”）依托云技术，围绕企业构建社会化采购商业网络，为大中型企业提供数字化采购SaaS，实现便捷连接全球供应商资源，深度参与全球寻源，满足企业寻源到支付全流程的管理可视化，交易作业上可以与供应商进行合同洽谈、无纸化交易协同、物流跟踪及签收确认、发票处理和支付等在线商业活动。它是国内第一家面向大中型企业的“采购管理SaaS+商业网络服务”的数字化采购服务平台。

五大解决方案

1. 供应商管理方案

供应商准入。服务于企业的供应商有很多类型，有直接物资供应商、间接物资供应商、工程项目承建商、劳务服务提供商等。采购云为企业的各类供应商提供证照审查（文审）、样品检测、现场验厂及考察、小试/中试等各类准入方式，并且可以定义交叉准入策略，满足供应商准入的复杂管理要求。另外为更高效采集供应商信息，采购云提供多端（PC、App、微信、天眼查等）采集模式。

多维度供应商评价。供应商绩效评价是采购部供应商管理的重要日常工作，采购云针对不同类型供应商可以设定不同的评价标准和项目。例如，协议供应商可以设定采取月度/季度/年度的评价频次，并设定评价项目：品质、交期和售后服务，最终设定供应商改善计划，提高供应商供货服务。

而针对项目性的供应商则一般采用“一事一评”方式，定义项目化评价标准，通过引入评价项目小组进行绩效评价，确保评价信息留存完整。

供应商评价四步法。首先是评估活动创建，确定模型、人员、时间和权限；其次是进入评分环节，根据定性定量指标确定，并采集异构系统数据；再次是进行评估结果确定；最后是结果应用。

供应商结果应用。采购云根据评估结果自动进行供应商分类分级，例如降级：绩效考评结果为C级的供应商进行降级处罚，发生质量事故的供应商建议进行降级处罚。对于生命周期任一阶段的供应商，皆可发起供应商降级流程,将供应商的生命周期等级降至指定等级。再例如淘汰：供应商绩效考评结果为D级的供应商建议进行淘汰处罚，发生重大质量事故的供应商建议进行淘汰处罚。

供应商风险管理及申诉。除企业自主评估外，采购云融合天眼查中的供应商工商注册信息、司法诉讼信息等，可以管理供应商核心高管涉诉、企业涉诉、注册资本变更、债务违约等各项风险数据，为企业提供供应商风险管理及预警。对于收到企业绩效评定结果的供应商，则可以通过采购云在线进行申诉，获得绩效评定的反馈渠道，确保供应商生态的健康发展。

供应商画像。采购云为企业提供全景式的供应商画像，清晰获得供应商的年限、交易次数和交易金额、累计应付账款、交易违规记录、绩效评估分值及其明细、年度/月度交易详情、申诉记录、供方改善计划参与情况、风险（工商/司法）异动信息等。

2. 采购寻源方案

需求及采购任务分配。企业的采购需求，根据不同的计划策略来源各不相同。采购云可以接收来自ERP的周期性采购计划和库存补货计划，或者OA上填报的临时性采购需求、项目式采购需求，形成需求池。对于集团型多组织集中采购/招标要求的企业，采购云还提供需求汇总、平衡，对招标需求进行汇总、拆分等业务处理。在确定需求策略后，可以根据物资类型、供应商类别、预算金额大小、所属区域、归属部门等不同维度进行采购任务分配。目前支持手动分配和自动分配（见图 10.1）。

企业集中采购。当前国内很多企业，在考虑供应商关系管理系统建设的时候，往往会与集中采购划上等号。虽然这种理解存在极大的误区，但是从另外一个层面反映了集团型企业在采购管控上的迫切性。目前主流的四种集中采购模式包括集中决策分收分结、集采分收分结、集采分收集结、集采集收集结，对于大多数企业来说，前面两种可操作性强，后两种则由于资金、地域分布、税务等因素缺乏一定的可操作性（见图 10.2）。

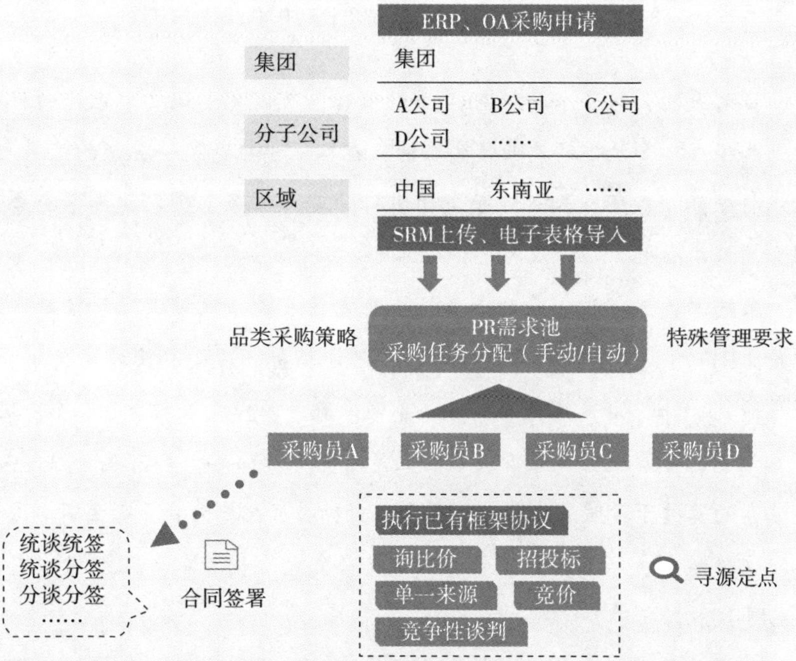

图 10.1　采购寻源管理—需求（PR）及采购任务分配

资料来源：用友。[①]

① 本案例中所有图片均由用友提供。——编者注

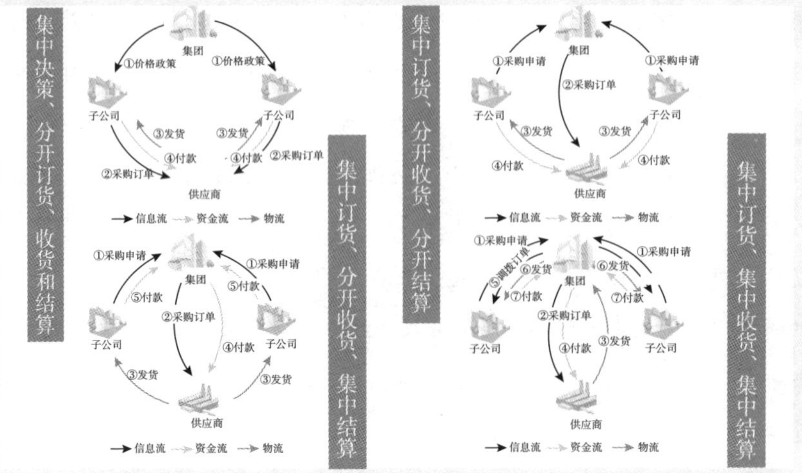

图 10.2　采购寻源管理—集团型企业集中采购四种模式图

目前采购云与多个品牌 ERP 系统融合，可以完美地实现上述四种集中采购模式。多元化的产业集团企业，在确保供应商统一管理的基础上，可以将采购事务下放到产业子集团自行管理，确保企业采购效率的专业化和高效率要求。

采购寻源三段论。采购云支持企业多种采购寻源模式，包括日常询比价（RFQ）、单一来源、公开招标、邀请招标、反向拍卖（竞价）、竞争性谈判、协议采购、零星采购等。不同采购寻源模式基本会分三个阶段：方案编制、寻源执行和寻源决策。只是有些寻源简单，而有些寻源复杂。最复杂的莫过于按照《招标法》要求执行的公开招标方式：从立项申请到招标文件编制、从开标到定标、从中标公式到合同谈判等几个核心内容（见图 10.3）。

招投标管理。采购云支持企业开展在线招投标采购，包括招标立项在线审批、招标文件发布、供应商在线购买标书及支付款项、接受招标委托、机器人在线唱标、专家库管理（短信或邮件通知）、在线评标、标书加密和解密、价格库管理、中标通知、投标室集成（视频系统和语音系统）和文档归档管理等。采购云—电子招标通过《国家电子招标投标系统交易平台认证技术规范》三星级证书。

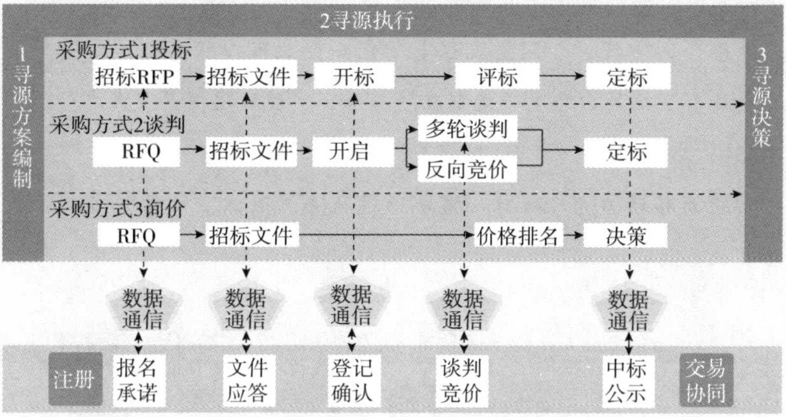

图 10.3　采购寻源管理—企业采购寻源三段论图

电子竞价管理。采购云支持反向竞标和正向竞标业务。竞标采购通常是反向竞标，每次投标价格降低。正向竞标则用来卖物品，价格随着每次投标升高。正向竞标可能是出卖多余的库存或设备。每个竞价可以设定周期（一般是几个小时），可以通过竞价大厅的供应商价格排名看板实时监控（见图 10.4）。

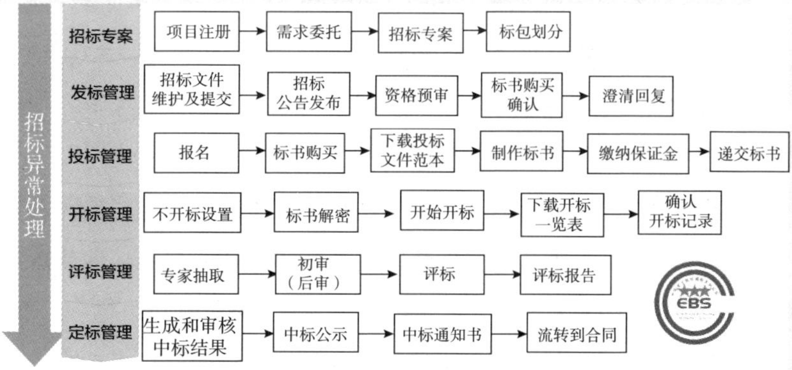

图 10.4　采购寻源管理—企业电子招标管理图

采购寻源询比价。帮助企业简化询价流程，多渠道发布询价/跨网比价定标，扩大询价范围，充分竞价，降低采购成本。可以平台供应商推荐、中国招采网集成、多种询价策略定义。

电子合同管理。合同全流程电子化，企业可以随时随地、简单便捷地完成具有法律效力的电子文书在线签署，实现效率提升，成本精简（见图 10.5）。

供应商移动 App。随时、随地通过 App、微信、短信等多种方式响应处理业务。

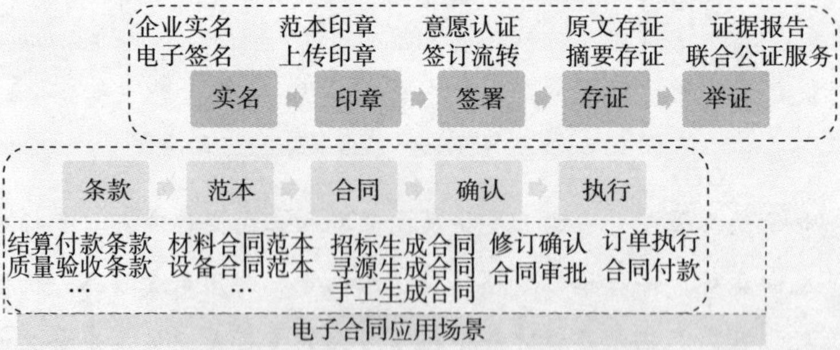

图 10.5　采购寻源管理—电子合同管理图

3. 采购协同方案

采购云的采购协同方案（Procure-to-Pay，P2P）是解决企业与供货/提供服务的供应商进行在线无纸化交易协同的解决方案，包含订单协同、供应商发货清单、到货签收、对账协同、开票通知、电子发票、付款申请等应用服务，确保与供应商紧密协同，提高采购效率（见图 10.6）。

订单协同。企业根据框架协议/合同，会根据实际生产经营需要向供应商下采购订单。采购云可以接收来自 ERP 的采购订单，并将该订单通过采购云在线同步给对应供应商，避免采购员通过邮件、微信、电话、传真方式发送订单。供应商可以通过 App、微信、邮件等方式掌握订单情况。在线订单准确性高，无篡改，全程痕迹记录。

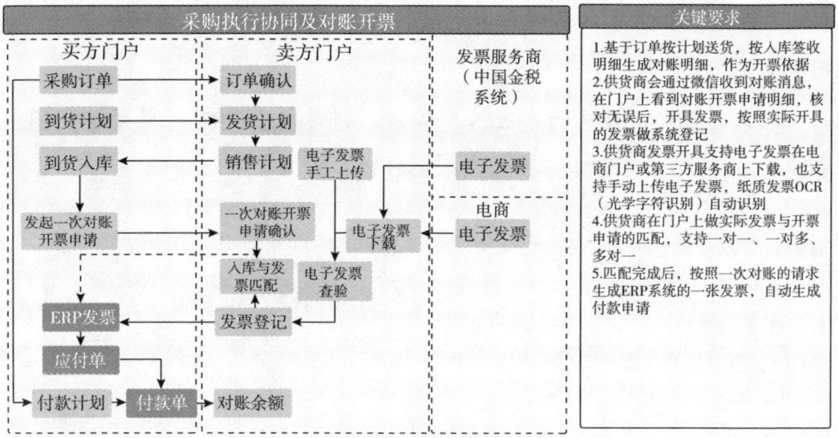

图 10.6　采购协同管理

供应商发货清单。供方库管 / 销售员进入销售协同和发货管理，点击“新建发货单”按钮，多选待发货订单明细，点击“添加”，编辑发货单，点击“保存并发布”，随时可查看发货单以及送达情况。

物流跟踪 API。采购云可以接入物流服务商的标准 API 获得物流动态信息。国内物流可以调用各大物流公司、综合物流电商的物流流转信息 API，便于企业可以便捷掌握供方物流动态。国际贸易物流则可以通过 essDOCs（金融科技企业）和 INTTRA（航运订舱平台）数据对接，实现国际航运物流跟踪（见图 10.7）。

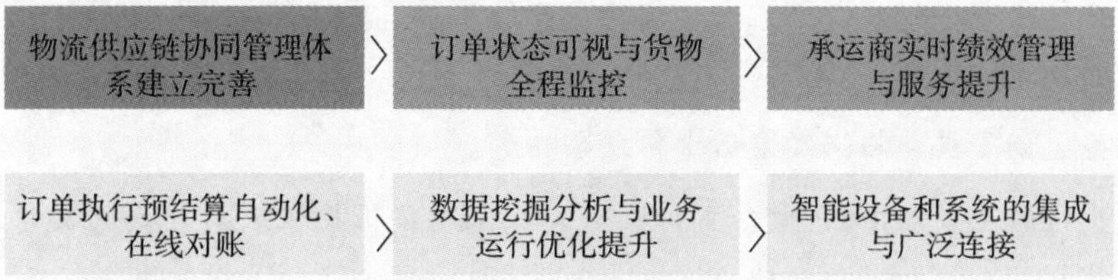

图 10.7　采购协同管理—物流跟踪 API 集成后的价值

到货签收。供方的库管 / 销售员根据实际物流情况，可以点击“确认送达”，标记送达状态，状态变为“已妥投”。采方采购员 / 库管，进入采购系统的到货管理，根据实际到货情况，进行到货确认，可以“签收”或“拒收”。

对于大宗物资采购的企业入厂物流，则可以与 ERP 计量管理（LE）模块集成，确保入厂库存数据、车辆数据的同步，满足企业大宗物资入厂物流的一体化应用（见图 10.8）。

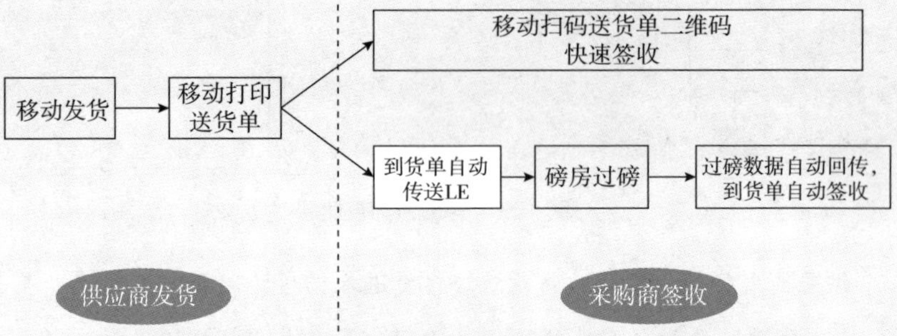

图 10.8　采购协同管理—大宗物料与地磅结合的物流签收服务图

对账协同与开票通知。采方将对账单发布给供应商确认，供方库管/销售员直接确认发货量、实发量、对账金额，并且进行开票。与供应商交往和对账一目了然，极大地节约人力对账时间和提高准确性。

供应商发票自助管理。供方库管/销售员进入销售协同板块的销售发票中，可以新建销售发票，填写发票信息（发票由金税系统开具），采购方收到发票信息后则可以通过用友云实现与税务底账库对接，既可以在线查验发票，同时实现买家卖家开票受票一体化。供应商也可以通过 OCR 设备（如手机）扫描发票后上传发票信息。

付款申请与 ERP 资金支付指令——采购方根据供应商开具的发票进行三单匹配（与 ERP 集成），并提请付款申请，该申请需要内部审批。审批完成后将该付款申请传入 ERP 的付款计划中，并由 ERP 中的资金系统处理支付指令，支付完成后将付款信息传入采购云中。

采购成本与价格。采购物料成本历史定标价格走势图，及供应商报价数据呈现。

4. 电子招标方案（e-Bidding）

采购云的电子招标方案是根据中国国家认证认可监督管理委员会认证监管部于2016年10月12日发布的《电子招标投标系统交易平台认证技术规范》设计研发的，该规范规定了电子招标投标系统交易平台的认证技术要求（见图10.9）。

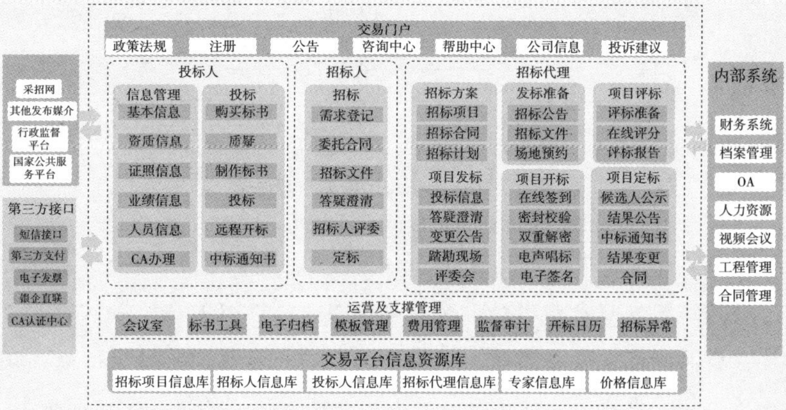

图10.9 电子招标方案整体框架

5. 电子超市方案（e-Marketplace）

采购云的电子超市方案是解决企业间接物资采购的最新方案，此种内部采购商城模式一经推出，就获得许多大型企业集团的青睐。特别是将企业的规格型号多、采购批量小、需求不确定的间接物资（办公用品、IT设备、MRO、设备、劳保用品）“标品化、品牌化、目录化、电商化”，通过简单易用的商城模式，极大地提高了需求方与采购方的信息对称性，提高了间接物资采购效率（实践证明，缩短了25%的采购时间），强化了端到端的采购自主性。

该方案结合引导性采购特点，以企业内部采购商城的方式实现企业目录化采购，实现采购寻源前置。对于第三方商城则可以采用“Punch-Out”和“Catalog”两种模式集成（见图 10.10）。

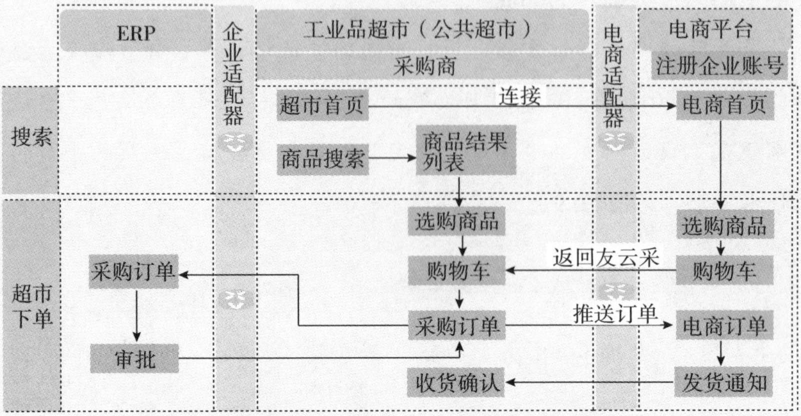

图 10.10　电子超市整体方案框架

应用成效

用友采购云的企业用户主要聚焦能源、钢铁冶金、化工医药、高新科技、公共事业、食品酒饮、服装纺织、矿产资源、金融等行业。截至 2019 年 9 月，已服务全球逾 200 家大型集团企业采购商，注册企业 30 多万家，年交易笔数超过 30 万，2019 年平台交易额预计达 1 500 亿元。

理论上可实现的效果

用友采购云是国内大中型企业数字化采购服务领导者，通过社会级商业网络连接全球各地企业。采购云为企业带来简化采购流程、优化供应商管理、采购协同自动化、供应链金融等一系列服务。通过采购寻源、采购协同、交易撮合、电子超市、供应商管理、采购优化六大服务，从寻源到合同再到支付的企业采购全流程交易实现全闭环服务，帮助企业做最佳采购决策和高效协同，通过连接采购商和供应商，无缝对接企业ERP 与电商平台，用友采购云完整地贯通计划、采购、到货、入库、付款等环节，并且支持门户、微信、移动App等多种接入形式，实现随时随地的即时沟通与业务协作。

在企业实际落地的效果

应用1：采购寻源、采购协同——澳洋集团

整个澳洋集团的寻源到支付系统实施秉承先易后难的原则，在完成统一供应商库与电子超市快速上线的基础上，开展了在地产园林、化纤纺织产业子集团的采购寻源与采购协同的系统建设。这部分围绕“三上线”——物资需求提报上线、招标比价上线和供应商协同上线展开。其中，物资需求提报上线是指，澳洋集团各级子公司的物资需求提报计划合理性审批过程在统一采购平台上做，确定采购方式（招投标、询比价、竞价、紧急采购、单一来源、长协采购）并公布采购策略；招标比价上线是指，澳洋集团招标立项、招标文件在线上公告，邀请供应商，供应商在线报名投标、在线开标、在线评标、在线定标；供应商协同上线是指线上申请注册开户，查看响应招标比价公告，确认订单、发货通知，查看签收入库，在线对账、支付。

应用2：招投标平台、供应商统一管理——上海城投（集团）有限公司

上海城投利用云采超市使得逾150家分支机构实现了办公用品自助集采，取消了行政采购库存。由于集中采购，采购需求呈现规模化，从而具有电商专属价，降低15%左右的成本。各支分机构按需自主采购，全程透明，对预算进行了良好的控制，降低了企业的管理复杂度。

招投标项目的上线帮助企业实现在线采购全流程管理，采购过程更加阳光透明。通过对接电商，支持更广泛的供应商投标，扩大了企业的供应商资源。同时由于可以快速发布招标需求，多渠道实现和供应商的沟通互动，上海城投的招标管理工作更加简单高效。

创新点及推广价值

用友采购云是工业互联网与数字化商业交汇融合的社会化网络交易平台，驱动传统产业交易模式向网络化、数字化模式快速进化演变。

创新先进型设计

应用框架及基础架构。采用微服务架构，具备良好的可伸缩性，结合硬件虚拟化及docker（开源的应用容器引擎）技术，可迅速扩展微服务实例数量。通过多实例、服务降级、熔断等技术，保证系统的高可用性。综合应用最终一致性、TCC（C语言编译器）、两阶段提交等一致性方案，保证微服务架构下数据的正确性。采用事件驱动的微服务间通信，有效降低微服务间的耦合，并在高峰时起到流量削峰的作用。

商业生态网络。为安全且快速对接ERP、电商、物流、支付、供应链金融等系统，平台有独立的连接中心——友企联。它采用NIO异步函数式编程，有效提高系统间数据吞吐能力。连接适配器可独立开发、部署，支持适配器热插拔。按系统分类提供标准开放API，支持新系统快速接入，支撑商业生态网络的建设。

运维平台。提供开发运维一体化平台，支撑微服务架构下的应用全链路监控、自动化运维管理。提供基于容器的运行时引擎，基于Kubernetes的容器调度方案，解决开发、测试、运行环境统一、服务快速部署，以及运行期服务管理、调度的问题。提供物理机、虚拟机、私有云、公有云统一接入的能力，屏蔽基础设施层的复杂性。

工业互联及智能。基于设备运行大数据、交易行情及历史价格大数据，通过回归、聚类、关系网络、卷积神经网络、深度神经网络、循环神经网络等算法，提供采购预测、价格预测、商品推荐等功能，帮助企业提高采购效率，节约采购成本。

推广价值

社会化。采购云是基于互联网的采购经理人采购商业网络平台，一方面联通不同企业的ERP，另一方面允许招募供应商，实现企业与供应商的信息流、资金流和物流的互联互通。

生态合作。采购云连接了京东、史泰博、苏宁易购等办公用品电商，以及震坤行、西域、摩贝等近20家工业品电商；整合了电子签章、电子合同、电子发票、生物识别、智能客服、供应链金融等诸多第三方厂商提供的服务，强强联合，为企业提供一站式的采购数字化整体解决方案。

移动化。支持微信、App、小程序等多种移动端接入，支持移动提醒、移动报价、移动发货、移动审批、移动数据可视化等多种场景，随时随地开展采购和销售业务。

大数据和人工智能。基于平台积累的企业采购的业务交易数据和人工智能技术，数字化采购助理在价格走势分析、商品采购选择、供应商平价等多个场景，帮助企业更好地进行决策。

全新的BaaS（后端即服务）商业模式设计。包括SaaS服务费＋会员费＋分润费＋一次性建设费＋其他增值服务。

第十一章

安全服务：智能互联与网络风险的博弈

一、工业信息网络攻击的“险”与“防”

如果说全球互联网现象有一个共同的主题，那就是互联网上的通信比以往任何时候都有更强的加密性。保守估计，互联网上超过 50% 的流量是加密的。[①] 工业 4.0 开启了一个互联互通、智能制造、响应式供应网络和定制产品与服务的时代。借助智能、自动化技术，工业 4.0 旨在结合数字世界与物理操作，推动智能工厂和先进制造业的发展。但与此同时，由于企业运营具有互联互通的特性，企业数字化转型的步伐加快，网络攻击的影响比任何时候都更加广泛。CSIS（美国国际战略研究中心）报告显示，每年发生的网络安全事件，带来的经济损失在 4 000 亿美元以上。著名咨询公司德勤从数字供应网络、智能工厂和联网设备三个方面探讨了数字化供应链全生命周期可能面临的网络安全风险（见表 11.1）。

近年来，在病毒和漏洞数量激增、网络攻击愈演愈烈、网络犯罪日益猖獗的网络安全形势下，针对工业控制系统、关键信息基础设施的网络攻击愈加频繁，工业信息安全防护已成为守护国家安全的重要组成部分。截至 2017 年上半年，全球有超过 9 万个工控系统暴露在互联网上，这些工控系统广泛应用于工业制造、能源、市政等重要领域。我国境内

① 数据来源于 Sandvine，一家位于加拿大的宽带流量咨询公司。

可被识别的联网工控系统及设备数量近 3 000 个，境外近 40 个国家对我国工控系统发起网络探测与攻击，总计高达 6 万余次。

表 11.1　智能生产的生命周期与网络风险

生产生命周期阶段	安全性，警惕性，韧性类别	网络需求	目标
数字供应网络	安全性，警惕性，韧性	数据共享	确保系统完整，避免泄露所有私人数据
	安全性，警惕性，韧性	供应商处理	在无法验证流程时保持信任
智能工厂	警惕性	健康与安全	确保员工和环境安全
	警惕性，韧性	生产与流程韧性 / 效率	确保连续生产和关系系统恢复
	警惕性，韧性	检测并主动解决问题	保护企业品牌与声誉
	安全性，韧性	系统的可操作性，可靠性与完整性	支持使用多个供应商与软件版本
	警惕性，韧性	效率与成本规避	利用远程站点诊断与工程建设，减少运营成本，增强灵活性
	安全性	监管与合规	确保流程的可靠性
联网物品	安全性	产品设计	利用安全软件开发生命周期，生产可操作的安全设备
	警惕性	数据保护	在整个数据生命周期内确保敏感数据安全
	韧性	修复攻击影响	迅速恢复运营安全的同时将事故影响降至最低

资料来源：德勤，《工业 4.0 与网络安全：联网生产时代的风险管理》，2018。

《中华人民共和国网络安全法》于 2017 年 6 月 1 日起实施，个人信息保护、关键基础设施保护等网络安全法配套法规的立法进程也在加快，为工业电子商务创新发展提供了切实的法律保障。电子签名服务发展步伐较快，应用场景范围较广。可提供从数字证书申请、模板及手绘印章创建、数据流和版式文件的多样化签署服务，到事后出具证据报告，提供司法诉讼支撑等服务，以实现全流程的电子签署服务及司法证据链闭环。电子签名现主要应用于供应链上下游合作伙伴在线签约、内部办公流程审批签字、采购合同在线签署等全程电子化、电子数据保全、数字版权保护、工业电子商务平台与商品供应商、第三方服务商（广告、支付、物流）在线签署合作协议、工业电子商务平台与消费者签署商品买卖合同等。

二、工业电商安全隐患的“危”

工业电子商务安全包括交易安全和环境安全。交易安全包括交易账户安全、资金安全和结算安全；环境安全包括数据安全、网络安全、设备安全和控制安全。工业电子商务安全的保障机制必须是有机的、多层次的，不仅需要计算机网络安全的保证，而且需要商务交易安全上的保障，更需要管理上的进步，强调企业从技术支持和管理两方面协调实现。

安全服务现存主要问题为以下三点。一是篡改交易信息。交易信息包括客户订单信息、订单确认信息、客户个人信息等，这些信息具有一定机密性，在工业电子商务交易活动和信息传递过程中存在对这些交易信息进行篡改、截获与恶意破坏的可能性。二是盗取支付信息。电子支付信息包括客户银行账户、密码、个人银行识别码等信息。这些信息具有绝对机密性，企业与工业电子商务平台必须防止非法者盗用信息，伪造假身份进入系统，利用这些信息进行非法活动。三是存在系统风险。非法者借助工业电子商务系统存在的漏洞进入系统，对系统中的数据进行篡改，取消用户订单信息，生成虚假信息等活动，需着力提升隐患排查、攻击发现、应急处置和攻击溯源等能力。

三、工业电商安全防护的“策”

推动建立工业电子商务网络安全认证、检测和风险评估服务体系。引导工业电子商务企业遵循国家相关网络安全和工业信息安全标准，规范工业互联网和工业信息访问、安全漏洞检测、安全应急处置等关键环节。明确数据主权归属，防止信息泄露，清晰界定权利和义务边界，尊重用户的信息隐私和数据主权，综合利用数据分析，加强性能监测与故障监测，及时发现和排除故障，同步规划、建立工业电子商务网络安全防护体系、数据资源安全管理体系、网络安全应急处置和灾备体系，提升企业信息安全管理水平，提供安全可靠、值得信赖的工业电子商务服务。

（下）生态重塑：工业领域的数字化与网络化重构

数字信息的无形属性和互联网的全球覆盖允许纯数字产品和许多基于互联网的服务急速扩张，跨界门槛降低，领域疆界被打破，由此影响了产生价值的资产的性质、所有权的授予方式以及价值创造的来源，进而影响到由数字平台支撑的市场结构和运作体系，创造出新的供给、需求和交换生态系统，带来经济和社会生产关系、生产方式的本质变革。

数字化背景下企业可以通过进军新领域或收购的方式发展范围经济，单一平台逐步走向协同生态。产品可以通过组合创新方式实现功能扩张，跨境服务贸易渐成亮点。随着国际生产分工迁移和全球价值链重塑，全球供应链体系地域化、碎片化趋势明显。资本市场逐渐发力产业端电子商务，工业电子商务平台备受青睐。

与此同时，数字化变革使市场变得更加具有不确定性和复杂性，引发了对就业和技能、隐私、安全、社会和经济互动、社区的形成和组成、公平和包容观念等方面的担忧，并对现有的政策调整、适应数字化转型提出挑战。打破“政策孤岛”，建立一个具有灵活性、前瞻性和综合性的政策框架至关重要。

本篇从工业电子商务平台在资本市场的表现及国内外对推动电子商务发展的政策体系出发，站在全球数字化变革的大背景下，向读者描绘了多层次资本市场下的工业电子商务投融资实践，以及我国顺应国际经贸规则变化所做的电子商务规制与发展探索。

第十二章

资本助力打造工业电子商务“独角兽”

早在1912年，创新理论的鼻祖熊彼特在《经济发展理论》中就提出：“工业体系只有依靠创新才能建立，而金融是驱动创新和科技产业化的重要力量。”实践中，由于科技创新活动研发投入大、技术迭代快、经营不确定性高，同时具有高智力、轻资产的特点，传统金融机构往往“不敢投”“不愿投”“不能投”。相比而言，资本市场特有的风险共担、收益共享机制，在支持科技创新方面具有天然优势。一是资本市场的估值方法更加多元化，可以对科技创新企业准确定价并识别风险。二是股权投资具有独特的风险代偿机制，其收益可以补偿相应的投资风险。三是通过风险投资、私募、IPO、并购重组等方式，能够为不同生命周期的企业提供差异化、全方位的金融服务。从全球经济发展的实践看，战略性、创新型企业的发展壮大往往离不开完善的多层次资本市场体系支撑。本章从资本需求方和供给方角度，重点阐述了创新型平台成长的逻辑及其主要培育孵化投资主体，并对工业电商平台如何赢得资本青睐提供参考借鉴。

一、整体布局：工业投资回归良性轨道

近几年，工业投资一直相对低迷，2018年的投资增长既体现在创投行业，也可见于制造业固定资产投资的恢复，而机器人、智能装备和新

能源初步彰显潜力将成为经济高质量发展的新动能，尤其是经过供给侧改革，中国工业产能与市场需求进一步同轨，这显示了中国经济在逐步重回良性发展的轨道。

Wind 数据显示，中国 PE/VC（私募股权投资 / 风险投资）工业市场融资规模由 2017 年的 400.7 亿元激增到 2018 年的 1 359.94 亿元，增长了 2 倍之多，再创历史新高，而 2019 年滑落至 369.32 亿元。中国 PE/VC 工业市场融资交易数量也由 2017 年的 627 件回调到 2018 年的 486 件和 2019 年的 183 件。其中占市场份额较大的资本货物行业近年来呈复苏趋势，其占比由 2017 年的 15.47% 升至 2018 年的 37.56%，再到 2019 年的 38.51%。运输业在 2017 年升至 36.84% 后回落至 2018 年的 29.65%，再攀升至 2019 年的 56.64%。商业和专业服务行业的市场占有率小有波动，但整体呈现加速下滑的趋势，从 2017 年的 47.7% 下滑至 2018 年的 32.79%，再下降到 2019 年的 4.85%，详见图 12.1 和图 12.2。

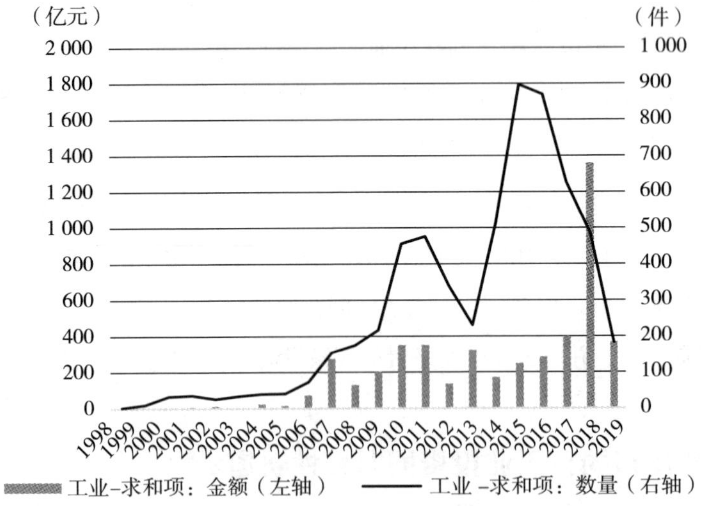

图 12.1　2008—2018 年中国 PE/VC 市场工业融资规模

资料来源：Wind。

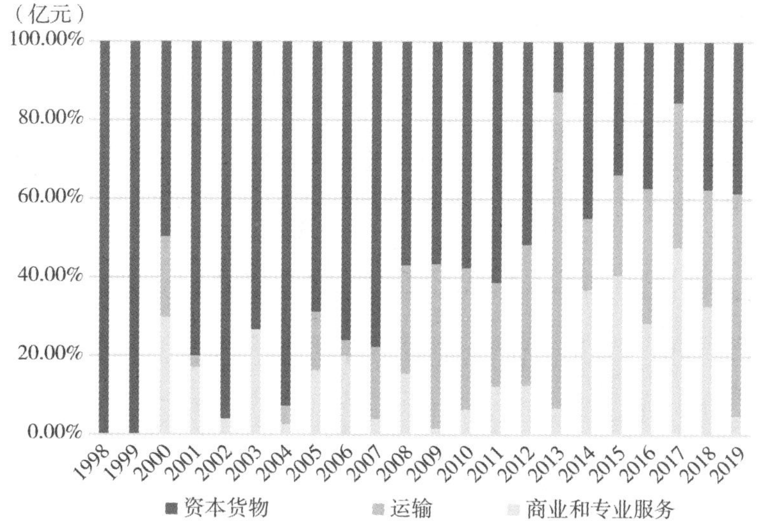

图 12.2　2008—2018 年中国工业投资规模比例

资料来源：Wind。

从融资阶段来看，Wind 数据显示（见图 12.3），2018 年工业融资活动中战略融资成交数量与 B 轮融资成交数量相同，为 66 件，但战略融资规模为 372.88 亿元，远超 B 轮融资的 28.01 亿元，位居第一；其中战略融资披露金额的案件数为 49 件，B 轮为 36 件。A 轮融资案件数为 48 件，33 件披露金额案件共融资 187.46 亿元，占据融资规模第二。从融资成交量比例来看，B 轮和战略融资的企业数占工业市场的近一半，17.84% 的企业完成 A 轮融资。

2018 年，中国 PE/VC 市场中，华北华东地区投资规模较大，占据主导地位，其中北京有 1 584 家，位列全国第一，其次上海有 877 家，广东有 826 家。从投资规模上来看，北京、上海、浙江为全国前三，总投资金额分别为 3 953.2 亿元、1 521.75 亿元和 1 470.09 亿元。因此基本可以界定为北京、上海、浙江、广东和江苏为国内创投的第一梯队，从地域分布看，国内创投基本集中于国内金融中心和新经济比较活跃的地区

（见图 12.4）。

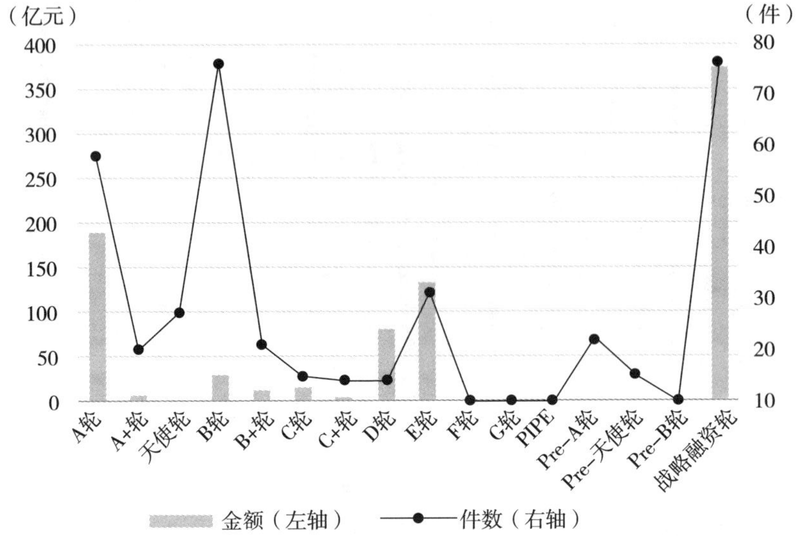

图 12.3　2018 年中国工业融资轮次概况

注：PIPE 指私人股权投资已上市公司股份轮次。

资料来源：Wind。

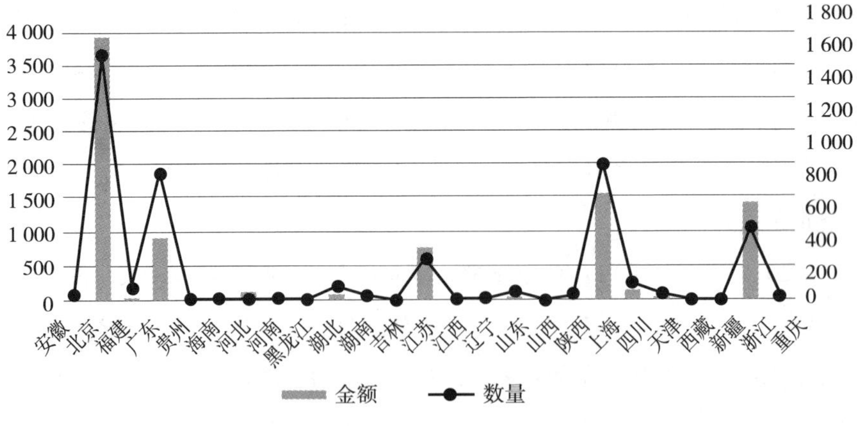

图 12.4　2018 年中国 PE/VC 企业地域分布

资料来源：Wind。

二、行业细分：产业集聚区与支撑服务成吸金亮点

关注于工业电商相关行业投资的资本市场下行压力较大。据 B2B 内参、产业互联网头条、国家工业信息安全发展研究中心等机构不完全统计，2018 年工业电商融资总额约为 701.6 亿元，总投资数量约 297 起，投融资分布在约 21 个细分行业之中。而据 B2B 内参统计，截至 2019 年 11 月 1 日，中国工业电子商务投融资市场与 2018 年同期相比，在融资数量、金额上有所下降，但大额融资以及中后期项目增多，共产生 68 起投融资事件，包括 58 个项目，融资总额约为 173.76 亿元，主体有逾 84 家投资机构，涵盖 21 个细分行业（见表 12.1）。

表 12.1　中国工业电商投融资数据

年份	工业电商融资总额（亿元）	总投资数量（起）	投融资细分行业分布（个）
2018	701.6	297	21
2019（截至 11 月 1 日）	173.76	68	21

资料来源：B2B 内参，产业互联网头条，国家工业信息安全发展研究中心。

（一）地区分布：北上广集聚效应明显

从地域分布情况来看，2018 年，北上广深依旧是工业电商最热门的地区，产业集聚在大城市的优势更为凸显，其中，工业电商融资企业从全国地区分布来看，北京有 71 家，上海有 68 家，广东有 64 家，其余地区包括浙江 30 家、江苏 18 家、福建 7 家、其余地区 17 家。2019 年，北上广继续领衔工业电商融资排行榜，但总体融资案例数量较上一年有明显下滑，其中，北京有 9 家，上海有 15 家，广东有 11 家，其余地区包括浙江 5 家、江苏 8 家、福建 3 家、其余地区 3 家。（见表 12.2）。

截至 2019 年 11 月，获融资工业电商集中在东部沿海地区，其中上

海以 48.78 亿元成为融资最多的城市（见表 12.3）。

表 12.2　各地区工业电商融资数量

地区	2018 年	2019 年
北京	71	9
上海	68	15
广东	64	11
浙江	30	5
江苏	18	8
福建	7	3
其余地区	17	3

资料来源：B2B 内参。

表 12.3　截至 2019 年 11 月各城市工业电商融资规模

城市	起数（个）	金额（亿元）
上海	16	48.78
深圳	9	26.33
北京	13	41.05
南京	5	42.74
杭州	7	5.26

资料来源：B2B 内参。

（二）行业分布：支撑服务行业成热点

从细分行业部分情况来看，工业电商领域最热赛道集中在融资数量最多的工业电商支撑服务行业，但物流航运领域却最“吸金”。2018 年共有 297 个项目获得融资，工业电商支撑服务成为资本竞相追逐的领域，其中获得融资的项目中，工业电商支撑服务行业 106 个，物流航运行业

32个，汽车汽配行业23个，餐饮食材行业19个，建筑建材行业18个，快消品行业14个，工业品行业11个，纺织服装行业10个，供应链金融行业9个，其他细分行业55个；其中获得融资的总额中，物流航运行业193.76亿元，占2018年融资总额的28%，工业电商支撑服务行业146.3亿元，汽车汽配行业71.3亿元，餐饮食材行业27.1亿元，资源回收行业21亿元，快消品行业24.2亿元，工业品行业26亿元，纺织服装行业25.6亿元，供应链金融行业35亿元，家电电商行业45亿元，其他细分行业86.34亿元（见图12.5）。

在工业电商支撑服务细分行业融资数量和金额分布中，工业电商支撑服务领域共有106个项目获得融资，总金额约146亿元，其中，综合企业服务行业最为热门。具体来看，综合企业服务行业融资数量32个、金额45.31亿元，大数据云计算29个、金额21.44亿元，信息化及安全解决方案22个、金额17.58亿元，人力资源及财税11个、金额14.15亿元，销售营销7个、金额3.62亿元，人工智能及前沿技术4个、金额6.83亿元，其他1个、金额37.37亿元（见图12.6）。

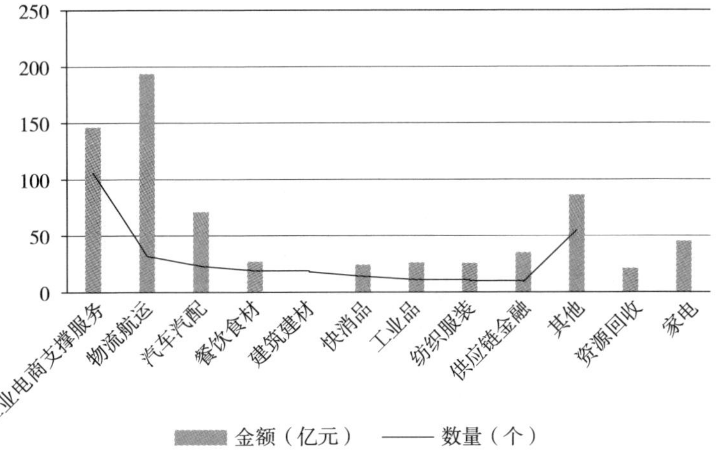

图12.5 2018年中国工业电商投融资行业分布

资料来源：B2B内参，产业互联网头条，国家工业信息安全发展研究中心。

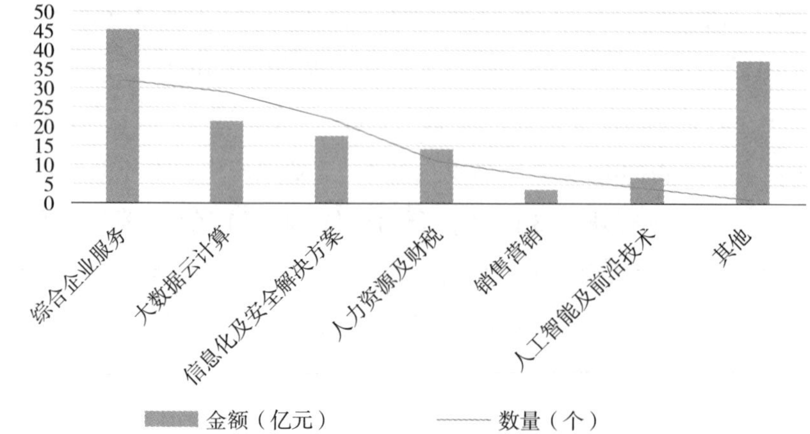

图 12.6　2018 年中国工业电商投融资细分行业分布

资料来源：B2B 内参，产业互联网头条，国家工业信息安全发展研究中心。

截至 2019 年 10 月 30 日，工业电子商务共发生 68 起投融资事件，融资金额为 173.76 亿元，汽配、快消品、钢铁、MRO 等行业是资本追逐的热门领域（见图 12.7）。

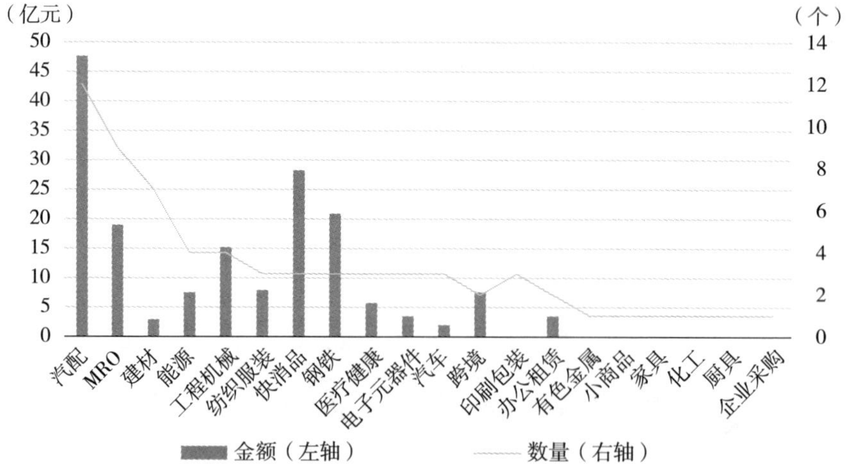

图 12.7　2019 年（预计）获融资工业电商行业金额和数量分布

资料来源：B2B 内参。

（三）领域细分：物流、汽配、快消品、钢铁、MRO 等领域最“吸金”

在过去几年，京东集团、阿里巴巴集团、钟鼎创投、红杉资本中国及普洛斯集团是最关注物流领域的投资机构。

京东除坚持自建物流外，近年还连续投资京东到家、福佑卡车、中国物流资产、易商红木、智行者、壮龙无人机等，2018 年接连几起大手笔投资让京东在物流领域的投资布局后来居上。阿里巴巴除投资菜鸟网络，近三年还投资了包括饿了么、点我达、中通快递、百世物流、58 到家、汇通达、速递易、快狗速运及心怡物流等。腾讯在物流领域的标志性投资主要包括京东物流、满帮集团及 G7 汇通天下等。被视作国内“物流投资之王”的钟鼎创投，一直聚焦“供应链物流 + 生态圈”，据公开数据，从 2010 年正式开启投资步伐以来，8 年时间，钟鼎创投已在物流供应链领域投资了 45 轮次，涉及 30 家企业，占总投资企业数量近 1/3，而近几年来，凭借投资丰巢科技、优速快递、满帮集团、G7 汇通天下及福佑卡车等行业明星案例，稳坐风险投资机构物流投资领域第一把交椅。

案例 12.1

典型案例分析一：快仓公司

案例概述

快仓公司成立于 2014 年，提供集仓储机器人的研发、生产、销售、项目实施、管理、服务为一体的智能仓储解决方案。目前公司为菜鸟、京东、邮政、唯品会、百世物流、国药、国电等重量级客户提供了综合解决方案。公司研发团队由国内知名高校的博士、硕士组成，在运动控制、软件工程、人工智能等方面拥有丰富研究和行业经验。

2014年获得天使轮融资，2015年获得中兴合创的3 000万元A轮融资，2017年3月获得菜鸟网络和软银中国2亿元B轮融资，图12.8展示了快仓公司的运营流程。

图12.8 快仓公司案例

资料来源：快仓公司。

案例 12.2

典型案例分析二：运个货

案例概述

运个货，隶属于深圳非常牛物流科技有限公司，是向货主提供门到门货物运输的平台，支持多种货物运输方式，例如门到门、港到港、港到门或单拖车服务，询价过程为智能报价，收费公开透明，下单成功后还能浏览整个物流到站过程。团队由原嗒嗒巴士运营负责人等成员合伙创建，保持单月36%的复合增长。运个货的主要模式见图12.9。

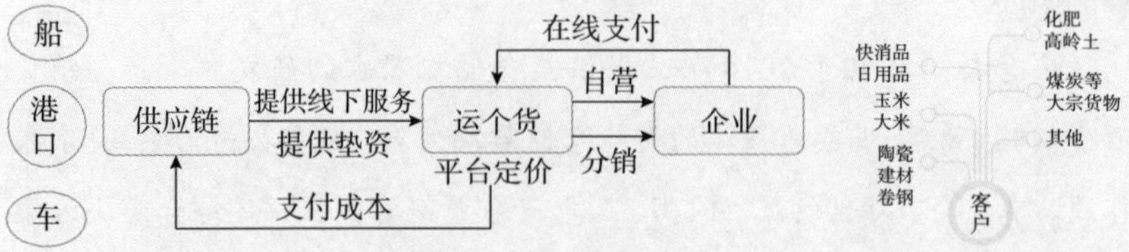

图12.9 运个货主要模式

资料来源：运个货。

三、投资聚焦：工业电子商务平台备受青睐

（一）工业电商平台融资 A 轮项目居多

2018 年，工业电子商务平台持续成为投资焦点，涉足行业多、融资金融大、未来发展空间广。从融资轮次分布情况来看，A 轮融资项目数量最多，F 轮项目融资金额最大。其中，2018 年中国工业电商融资轮次分布中，种子轮 4 起，天使轮 29 起，A 轮 123 起，B 轮 62 起，C 轮 39 起，D 轮 6 起，E 轮 2 起，F 轮 2 起，战略投资 15 起，未透露 15 起；各融资轮次融资总额分布中，种子轮和天使轮 5.5 亿元，A 轮 95.3 亿元，B 轮 117 亿元，C 轮 157.7 亿元，D 轮 42 亿元，E 轮 6.9 亿元，F 轮 170 亿元，战略投资 68 亿元，未透露 39.2 亿元，详见图 12.10。

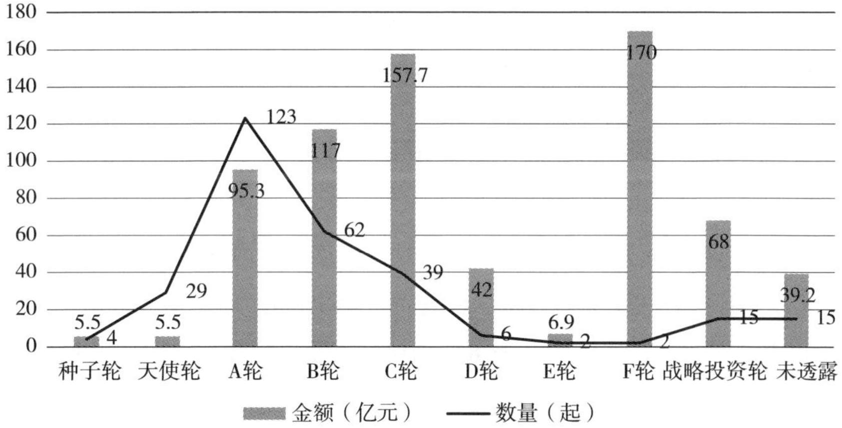

图 12.10　2018 年中国工业电商投融资轮次金额分布

资料来源：B2B 内参，产业互联网头条，国家工业信息安全发展研究中心。

2018 年，从融资总额区间分布来看（见图 12.11），5 000 万元及以下融资额的项目最多，共有 105 个；超过亿元融资的项目仍有 98 个之多，

为资本寒冬之年的一抹亮色；其中，10 亿元以上的有 13 个，5 亿 ~10 亿元（含）的有 13 个，1 亿 ~5 亿元（含）的有 72 个；5 000 万 ~1 亿元（含）的有 62 个；未透露金额的有 23 个。

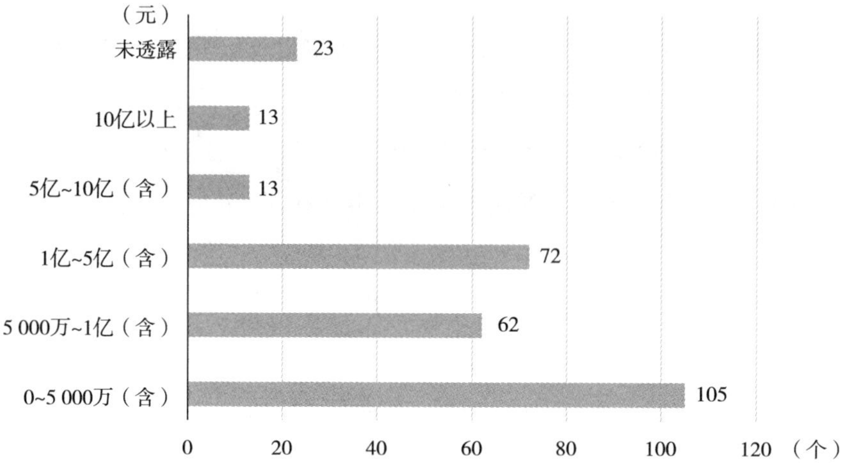

图 12.11　2018 年中国工业电商投融资金额分布

资料来源：B2B 内参，产业互联网头条，国家工业信息安全发展研究中心。

（二）传统互联网巨头加紧工业电商布局

从 2018 年工业电商领域活跃投资机构排名分布情况来看，经纬中国以 13 起投资事件位列活跃度榜首，以阿里巴巴、腾讯、小米、京东为代表的互联网巨头也在工业电商领域频频布局，经纬中国、红杉资本中国、金沙江创投等知名机构也活跃在工业电商一线。其中，经纬中国 13 起，源码资本 9 起，华创资本 9 起，红杉资本中国 8 起，小米系 8 起，阿里系 7 起，IDG 资本 7 起，创新工场 6 起，金沙江创投 6 起，京东系 5 起，老虎全球基金 5 起，复星系 4 起，腾讯系 4 起，银河系创投 3 起，深创投 3 起。活跃投资机构最热衷于以下一些领域和轮次，其中，红杉资本中国热衷于企业服务、社区团购和物流行业，A 轮 3 起、B 轮 2 起、

C 轮 2 起、E 轮 1 起；华创资本热衷于企业服务、食材、汽配行业，A 轮 3 起、B 轮 4 起、C 轮 2 起；源码资本热衷于工业品、建筑建材、快消品行业，A 轮 4 起、B 轮 3 起、C 轮 1 起、D 轮 1 起；经纬中国热衷于电子合同、信息服务和金融行业，天使轮 1 起、A 轮 4 起、B 轮 5 起、C 轮 2 起、E 轮 1 起。

从小米、阿里巴巴、京东、腾讯等互联网巨头在工业电商领域投资轮次和行业分析来看，小米系投资于初创期 3 起、发展期 5 起，企业服务 5 起、B2B 平台 3 起；阿里系投资于初创期 4 起、成熟期 3 起，企业服务 5 起、B2B 平台 2 起；京东系投资于初创期 1 起、发展期 4 起，企业服务 3 起、B2B 平台 2 起；腾讯系投资于发展期 2 起、成熟期 2 起，企业服务 2 起、B2B 平台 2 起。

据 B2B 内参统计，截至 2019 年 11 月 1 日，超过 84 家投资机构对工业电子商务进行布局。互联网巨头以布局产业、深耕为主，投资轮次偏后期，其他机构以早期项目为主。工业电子商务领域活跃投资机构当中，钟鼎创投以 7 起投资事件，成为中国工业电子商务领域最活跃机构，MRO、汽配是活跃投资机构看重的行业。除腾讯外，活跃投资机构更关注早中期项目（见表 12.4）。

表 12.4　工业电子商务领域活跃投资机构整体布局

活跃投资机构	2018 年 热衷行业	2019 年 热衷行业	2019 年 热衷轮次
经纬中国	电子合同、信息服务和金融行业	MRO、建材、纺织服装	A 轮—D 轮
源码资本	工业品、建筑建材、快消品行业	汽配、建材、MRO	A 轮—C 轮
华创资本	企业服务、食材、汽配行业		

续表

活跃投资机构	2018年热衷行业	2019年热衷行业	2019年热衷轮次
红杉资本中国	企业服务、社区团购和物流行业	汽配、纺织服装、电子元器件	C轮
腾讯系		MRO、快消品、汽配	偏后期项目，D轮和战略投资
银河系创投		汽配、建材、MRO	偏早期项目，天使轮—A轮
钟鼎创投		MRO、汽配、跨境	A轮—D轮
达晨创投		快消品、办公租赁	B轮

资料来源：B2B内参。

（三）垂直细分工业电商平台受青睐

行业垂直细分服务愈加精准化，垂直类工业电子商务平台通过聚焦优势品类，在产品和服务上专注各自行业特点，形成专业壁垒，例如找钢网基于集散地分销模型的细分钢铁行业；另外，在一些如化工、塑料、石油、农产品行业中，例如找塑料网等垂直领域工业电商也会从单纯的信息撮合，发展到行业的广度和深度的服务。产业垂直服务逐渐深化，国内一些平台从工业电商交易平台阶段，向深度服务发展，针对特定B类客户需求，通过细分市场深耕产业，聚焦各自品类优势，专注于各行各业的销售提供专业化、精细化的产品和服务，其专业性是综合类平台无法企及的。例如，找钢网通过累积的交易数据，同时开始与京东合作尝试金融服务，另外积极参与仓库、加工、物流等环节，甚至提供设计管理等SaaS化软件，服务越来越深，壁垒越积越强；找塑料网，通过优化开发制造流程，降低行业供应链成本，着重提升产品和服务质量，再到确保交易安全，对于行业资源和效率的提升有很大的价值意义。

（四）工业电商融资典型案例

2018 年注定是不平凡的一年，不仅诞生了我国首部《电子商务法》，也是我国电商诞生 20 年。本节内容主要回顾工业电商发生的大事件、创新模式、经典案例、动向趋势、政策法规、投融资、上市并购、破产倒闭等行业热点，以此见证中国工业电商的发展。

2018 年，在政策支持下，国内工业电商持续迅猛发展，传统产业积极拥抱互联网，寻求新的变革和突破，在“互联网 +”和“供给侧改革”双管齐下推动工业电商企业发展，新政策有助于加快新供给动能的发展，也促进了电子商务的大规模应用。我国工业电子商务产业正处于从“跑马圈地”向高质量“卓越”发展的初级阶段。虽然近年来钢铁、化塑等行业都面临着经济转型的压力，但从总体上看，工业电子商务的资金投入状况良好，整个行业呈现稳定发展状态。资本继续投向新兴产业，工业电商逐渐显示出突破实体经济困境的态势和产业格局价值。

1. 2017 年中国工业电商融资案例

2017 年，中国 B2B 电商市场稳步发展，中国电子商务研究中心统计数据显示，中国十大大宗电商平台融资总额超 46 亿元。在整个 B2B 电商中，大宗电商因其独特的行业特性、产品标准化程度高等因素，依然占据 B2B 电商主导地位，也持续备受资本青睐。

下面对 2017 年中国工业电商几个典型融资案例进行详细分析，主要包括钢银电商、欧冶云商、找钢网、卓尔集团化塑汇、摩贝等。

案例 12.3 钢银电商：两轮募资达 10.13 亿元

案例概述

2017 年 8 月 2 日，钢银电商发布公告称，以非公开定向发行的方式发行 802.68 万股，募集资金总额为 1 292.31 万元。11 月 9 日，钢银电商发布公告称，公司拟以 4.5 元 / 股的价格发行不超过 2.22 亿股，预计募集资金总额不超过 10 亿元。

主要模式

钢银电商采用“融资 + 寄售”的商业模式，为钢铁行业上下游企业提供一揽子电子商务解决方案，包括撮合交易和寄售交易等钢铁现货交易服务，并且通过钢银平台及战略合作伙伴为客户提供支付结算、仓储、物流、加工等一系列增值服务。

钢银电商此次定向发行股票，旨在补充钢银电商主营业务发展所需的流动资金，这将增强其赢利能力、竞争力和综合实力，确保其可持续发展，还将进一步改善公司的财务状况，同时赋予公司更充足的资金以开展行业竞争。

案例 12.4 欧冶云商：引入战投及员工持股募资超 10 亿元

案例概述

2017 年 5 月 31 日，欧冶云商举办股权开放及员工持股签约仪式，引入本钢集团、首钢基金、普洛斯、建信信托、沙钢和三井物产等国内外知名企业投资，同时成功引入员工持股，该轮股权开放及员工持股完成后，欧冶云商募集资金超过10亿元。

主要模式

欧冶云商以“服务型生产体系”为商业模式，依托互联网、物联网、大数据、移动互联网等全新技术手段打造生态型钢铁服务平台。作为全国资背景的互联网企业，欧冶云商从诞生之日起就将体制机制的突破作为一项战略任务，加快改革。在瞬息万变的互联网时代，唯有打破固有条框的约束，充分激发人的活力和创造力，才能引领时代的潮流。此次欧冶云商借助股权开放，在市场形象、核心业务资源和机制上实现了进一步提升。

案例12.5 找钢网获京西创投等超5亿元F轮融资

案例概述

2017年7月4日，找钢网宣布近期完成F轮融资，此轮融资由华兴私募股权基金和首钢基金旗下京西创投领投，中俄投资基金作为新晋战略性新股东加入，总规模超5亿元。

主要模式

找钢网通过免费撮合模式汇集订单流，依托直营模式最大化提高钢材现货的交易效率，为买卖双方提供智能云仓储和现代化加工、物流配送服务。同时根据平台大数据建立的信用模型，还为中小服务商提供金融融资服务。

作为B2B 2.0的标杆企业，找钢网在融资速度和金额上领先同行，较高的融资额度为企业市场的发展奠定了坚实的基础。目前，钢铁电子商务企业之间的竞争已经从单纯追求规模化、流程化、早期吸引人气转向追求全产业链闭环模式的升级，后期行业将重点布局金融物流，行业洗牌力度加大。

案例 12.6 卓尔集团2.3亿港元收购化塑汇52.48%股权

案例概述

2017年10月11日，卓尔集团宣布以2.3亿港元收购化工及塑料原材料电商平台“化塑汇”，成为控股股东，根据协议，卓尔集团将获得化塑汇扩大后总股本52.48%的权益。

主要模式

化塑汇致力推动“互联网+化塑”的基础设施建设，打通化塑全产业链的信息流、物流、资金流的交易闭环，以分布式共享平台的创新模式，构造化塑行业全产业链新生态系统。

具有较大市场前景的化工交易平台将丰富卓尔智能交易生态圈的品类，加快平台整合，发挥协同作用，促进卓尔集聚更多的交易和服务资源。化塑汇将进一步完善和优化整个卓尔智能交易生态圈，在上市公司并购和生态圈平台的和谐共荣中发挥重要作用。

案例12.7 摩贝获天风天睿等数亿元D轮融资

案例概述

2017年5月9日，摩贝对外宣布已于当年3月完成数亿元D轮融资，具体金额暂未透露，天风天睿领投，原投资方红杉资本中国、挚信资本、创新工场、复星昆仲、盘古创富跟投。

主要模式

摩贝从数据管理起家，将产品数据的管理标准化，然后将交易流程电子化，进行撮合交易，通过订单系统让交易进一步落地，协助供应商和采购商交易。

近年来，国内的化学品电商迎来了蓬勃发展的转型期。摩贝现已在化学品领域实现从基础大宗、精细化学品到化学试剂等全品类在全国市场线上线下的全面布局。经过多年的商业拓展，摩贝线下销售团队已深入一线市场的客户服务，不同化工事业部针对上游的供应管理，线上化工原料和试剂商城的全面运作。

2. 2018年中国工业电商融资案例

2018年，中国工业电商B2B步入快速发展阶段。中国工业电商B2B进入3.0时代，通过服务深入挖掘供应链价值。随着用户、技术基础的不断完善以及国家政策的大力支持，B2B电商通过系列供应链服务打通产业链上下游，深入挖掘供应链价值，从“交易闭环”向“交付闭环”转变。下面对2018年中国工业电商B2B平台融资案例进行研究分析，主要包括易久批、中电港、找油网、易买工品、震坤行、西域、好工品、锐锢商城等。

案例 12.8 易久批获美团、腾讯等2亿美元D轮融资

案例概述

2018年9月20日，易久批宣布D轮融资已经完成，该次融资金额为2亿美元，由美团点评、腾讯联合领投，光大控股等跟投，老股东源码资本继续加码。光源资本继续担任公司融资的独家财务顾问。

主要模式

易久批坚持“重运营、轻资产”，在仓储和配送车辆上通过租赁而非自建的方式对仓配实行高度管控，在保证运营效率的同时有效降低运营成本投入，更加灵活高效。快速消费品B2B行业近年来发展迅速，易久批通过供应链连接小而分散的零售店，实现零售网络的数字化转型，迅速在全国范围内推广，形成垂直品类的规模优势，然后逐步扩大平台流量。

案例 12.9 中电港获国风投基金、中电坤润基金等12亿元B轮融资

案例概述

2018年1月13日，中国电子信息产业集团有限公司旗下中电港宣布完成B轮12亿元融资，该轮投资方为国家集成电路产业投资基金、中国国有资本风险投资基金、中电坤润一期（天津）股权投资基金。原国有股东中国电子器材有限公司以其母公司中国中电国际信息服务有限公司及员工持股平台同步进行了增持。

主要模式

中电港以“新分销”商业模式进行业务运营，专注元器件授权分销的中电器材（CEACI）、服务设计链的萤火工场、发展智慧供应链的亿安仓三大业务板块，为行业提供以元器件为核心的综合服务解决方案。电子元器件几乎覆盖了我们生活的各个方面，而随着互联网的发展，电子商务正在成为元器件分销行业的一种新兴发展趋势。中电港拥有百家以上国内外知名元器件厂商授权、专业的技术服务等优势，探索元器件新分销。

案例 12.10 找油网获彩虹资本等 1.5 亿美元 C1、C2 轮融资

案例概述

找油网是国内互联网成品油电商服务平台，已推出了找油商城、老吕加油、找油物流、找油金融等业务产品，致力于通过互联网的方式提升成品油行业流通效率。

主要模式

找油网从撮合起家，后转做自营，采用代销代购的方式，层层加码加油站采购互联网化。通过互联网的方式提升成品油行业流通效率，优化终端用户用油体验。找油网通过重构流通链条，降低了油品在中间环节的流通成本，并重新定义了油品流通的服务标准。

案例 12.11 易买工品获磐霖资本等 Pre-A 轮融资

案例概述

2018 年 9 月 13 日，易买工品获得磐霖资本领投的 Pre-A 轮投资。该轮融资完成后，易买工品将继续加大对技术和客户服务上的投资，让更多的小企业买工业品更容易、更便宜、更方便。

主要模式

易买工品通过数据驱动和系统决策，对传统的 MRO 产业进行了升级，有效实现了人与物的精确匹配，帮助新一代零售企业实现更高的运营效率。易买工品对接匹配产业链上下游的中枢，洞悉产业链下游的需求，再通过数据化的系统反馈到上游供给端，推进海量 SKU 的工业品领域效率改进。

案例 12.12 震坤行获老虎环球基金、壳牌中国等 1.29 亿美元 C 轮融资

案例概述

2018 年 8 月 27 日，震坤行宣布已完成总额 1.29 亿美元的 C 轮融资，本轮融资由老虎环球基金、君联资本领投，壳牌中国、元禾母基金跟投，老股东钟鼎创投、元生资本、经纬中国继续大比例追加投资，华兴资本担任本轮融资的独家财务顾问。该轮资金将主要用于供应链、分销赋能、通用设备租赁等方面，聚焦商品开发及物联网技术研发，并称“用于研

发的投入会越来越多"。

主要模式

震坤行通过"互联网＋智能仓储"的方式解决用户采购和管理问题，提升供应链效率，降低制造成本。主要经营品类为工厂使用的辅料及易耗品，提供一站式工业用品解决方案。从自营起家的震坤行正逐步过渡到"自营＋平台"形态，并且非自营的比例在逐渐增加。从大客户到小客户，从服务终端到延伸分销业务和设备租赁。发展路径决定了后期增长的难度差异，例如大客户形成的供应链能力和一站式采购，可以延伸到分销业务，反之亦然。

案例 12.13 西域获中金甲子等1亿美金D轮融资

案例概述

2018年3月3日，据报道，MRO电商西域已于2017年12月获得1亿美元D轮融资，由中金甲子领投，荒合资本在本轮融资中为西域提供财务顾问服务。这也是MRO行业历史上的最高融资。该轮融资后，西域将专注线上线下配合，着力拓展小B客户，解决客户全线MRO需求。

主要模式

西域强调线上线下合作拓展，服务小B客户的战略思路。工业品行业的线上线下融合是一项系统工程，对线上线下融合的需求非常高，包括线上线下销售系统、信息系统接入、终端体验、支付融合、售后配送、网上信息、线下电子商务、信息转化、资源和大数据整合等服务。

案例 12.14 好工品获钟鼎创投 1.1 亿元 A+ 轮融资

案例概述

2018 年 7 月 30 日，好工品宣布完成 1.1 亿 A+ 轮融资，由钟鼎创投投资。该笔资金主要用于全国各大紧固件产业集中设立产业互联网基地，以控制产品质量为核心，提升业内产能结构的基准。与此同时，将整合钟鼎创投在物流、供应链领域的资源优势，以此提升全产业链流程服务。

主要模式

好工品的模式为行业赋能，从根本上提高了行业效率。好工品交易平台打破地域限制，实现信息对接与交易对接，提高全行业效率；产业云链 SaaS 系统基于数据库，完善批发商、工厂、服务商的 ERP 系统，提高运营商管理效率，带动全行业实现效率提升。同时，编制紧固件行业标准的工业产品数据库，形成覆盖 10 亿 SKU 的数据库，实现产业链信息化和产品供需快速对接。

案例 12.15 锐锢商城获正瀚投资等 2.3 亿元 B2 轮融资

案例概述

2018 年 12 月 3 日，锐锢商城宣布完成 2.3 亿 B2 轮融资，该轮融资由正瀚投资领投，老股东源码资本成为资本跟投。加上之前的 B1 轮融资，整体 B 轮融资超过 3.3 亿元。

主要模式

自成立以来，该公司一直致力于建立一个完整的供应链体系，使货物流通更加高效。公司在工业 MRO 领域布局广泛，创始人有着丰富的行业经验，在 MRO 的流通环节构建了行业内最强的供应链、仓储和物流体系，是建立规模和竞争壁垒的基础。

四、融资规模：工业电子商务“独角兽”不断涌现

传统行业如汽车配件、钢铁、能源等仍然是投融资的关注点。2018 年，从工业电商领域项目融资总额排名来看，位居前 10 的分别是：汇通达（45 亿元）、大搜车（39.9 亿元）、易酒批（14 亿元）、中电港（12 亿元）、小黄狗（10.5 亿元）、找油网（10.5 亿元）、艾佳生活（10 亿元）、百布（9.1 亿元）、震坤行（9.03 亿元）和西域（7 亿元），详情可见图 12.12。其中，汇通达以 45 亿元融资成为 2018 年工业电商融资金额排名第一的企业，目前，该公司估值已超 200 亿元，成为工业电商领域的“超级独角兽”。

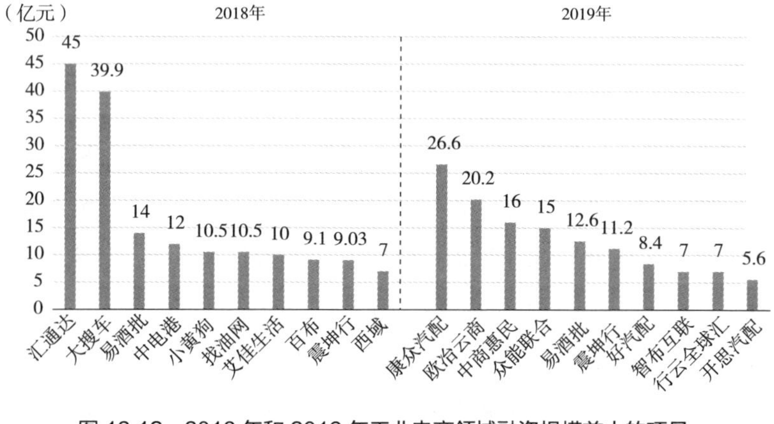

图 12.12　2018 年和 2019 年工业电商领域融资规模前十的项目

资料来源：B2B 内参。

2019 年，融资前十项目总金额约为 130 亿元，占 2019 年中国工业电子商务总融资金额的 73%。上榜企业来自汽配、钢铁、快消、MRO 等领域，康众汽配以 26.6 亿元排名第一，上榜门槛为 8 000 万美元。

五、融资方略：投资工业电子商务的策略和逻辑

2018 年，资本助力大宗工业电子商务“独角兽”企业发展中，工业电商投资逻辑在不同的生产流通环节具有不同的特点，具体可以总结为：在交易环节，根据行业要素，选择自营还是撮合，进而判断赢利模式；在流通环节，倾向于先关注轻资产、重运营的自营平台，再关注物流仓储科技项目，切入服务容易标准化和快速规模化复制的垂直行业；在制造环节，关注能将专业复杂的 B 端服务标准化，帮助 B 端客户缩短生产制造与消费者之间的流通环节的行业；在 B2B 方面，避开靠“烧钱模式”推动型的纯交易平台，关注有技术或者运营壁垒的垂直行业平台模式，且自营优于撮合；从各异的项目融资阶段来看，A 轮最优；从工业电商管理运营人员团队特点来看，团队需要有传统行业的丰富经验和有互联网运营经验的两类成员。

近几年，主要的投融资趋势包括：互联网巨头入场（2018 年 8 月，腾讯和美团领投“易久批”2 亿美元；2019 年 8 月，腾讯再度增持“易久批”新一轮 8 000 万美元融资。2018 年 8 月，阿里巴巴 16 亿元入股康众汽配。2019 年，阿里巴巴旗下的云锋基金再次参与了康众汽配 3.8 亿美元 D+ 轮融资）；美元基金持续加注［2019 年，华平资本是康众汽配 D 轮投资方，D+ 轮追加投资。D+ 轮新进入 PAG（太盟投资集团）］；国联股份 A 股上市（国联股份被称为“A 股主板 B2B 电商第一股”，股价持续攀升吸引更多投资者关注工业电商）。

2019 年，工业品 B2B 电商升级逻辑在于赋能产业链上下游，未来需

要重点提升仓储物流与增值服务（见图 12.13）。

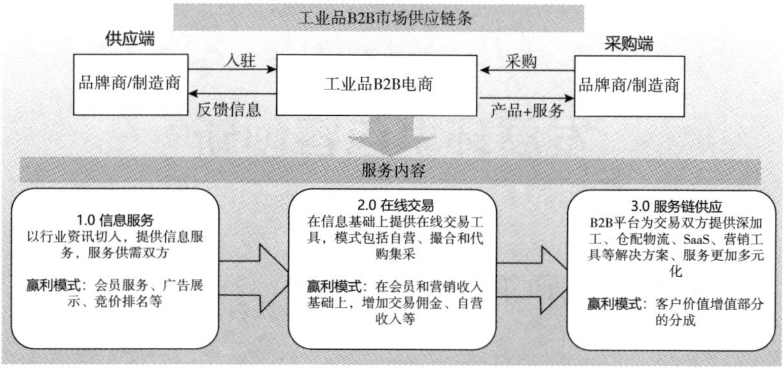

图 12.13　工业品 B2B 电商升级逻辑

资料来源：B2B 内参。

第十三章

发展环境包容创新

一、工业电子商务政策规划不断完善

从全球看，世界主要国家持续加强工业电子商务引导规划。自 1997 年美国首次发布《全球电子商务纲要》以来，欧盟、英国、德国、法国、日本和韩国等纷纷展开电子商务发展谋划和全面布局，推出《欧盟电子商务行动方案》《网络的利益：英国电子商务议程》等标志性文件，在全球掀起电子商务发展热潮。尤其随着近年来数字经济的迅猛发展和发达国家“再工业化”“制造业回归”战略的实施，各主要国家逐步从网络、安全、数据流动、信息交换等方面对推进（工业）电子商务的健康快速发展进行了综合部署，进一步优化了（工业）电子商务发展的政策环境（见表 13.1）。

表 13.1　近年典型（工业）电子商务相关发展战略

国家 / 地区	发展战略	时间	（工业）电子商务相关内容
美国	《数字经济议程》	2015 年	起草“数据自由流动”倡议书，扩大网络安全框架的应用，加快宽带部署
欧盟	《欧洲数字化议程》	2010 年	在欧盟建立单一的充满活力的数字化市场，增强网络安全，实现高速和超高速互联网连接

续表

国家/地区	发展战略	时间	（工业）电子商务相关内容
欧盟	《欧洲数字化单一市场战略》	2015年	制定消费者和企业能够信任的跨境电子商务规则；提供能让消费者负担得起的高质量跨境物流服务；制订“欧洲数据自由流动计划”，推动欧盟范围的数据资源自由流动
英国	《数字经济战略2015—2018》	2015年	到2020年，全国电子商务交易额达到690亿英镑
	《英国数字化战略》	2017年	在线销售是企业保持竞争力的必备需求之一；政府将继续使用统一采购平台（数字化市场），到2020年中小企业通过该平台的交易额达到7.5亿英镑
德国	《数字德国2015》	2010年	所有经济部门都采用ICT，增强竞争力；实现宽带网络的全覆盖和应用；更好地保护消费者利益，防范网上认购陷阱
	《工业4.0》	2013年	价值链上企业间的横向集成，包括发生在公司内部以及不同公司之间材料、能源以及信息的交换；端对端工程数字化集成，实现贯穿整个价值链的工程化数字集成
	《数字议程（2014—2017）》	2014年	建立覆盖全国的、更高性能的宽带网络；推动重要的市场领域实现数字化；促进电子商务中新技术的应用，在交易平台和支付系统保障消费者的信息安全
	《数字化战略2025》	2015年	在Go digital（进入数字化）项目下为信息技术安全、网络营销和数字化业务流程的中小企业尤其是手工企业提供资金支持
法国	《数字化路线图》	2013年	创立具有世界领先水平的数字化企业，支持超小型企业进行数字化转型，建成覆盖法国全部家庭的超高速宽带网络
	《未来工业计划》	2015年	开展企业跟踪服务，通过提供税收优惠和贷款等财政资助，帮助中小企业实现信息化转型升级

续表

国家 / 地区	发展战略	时间	（工业）电子商务相关内容
印度	《数字印度》	2015 年	建设宽带高速公路，在所有农村和城市普及宽带；建设泛在的移动互联网；制造可行的、多功能的支付服务终端

资料来源：作者根据公开资料整理。

从国内看，我国新时代工业电子商务发展整体布局日渐明晰。面对新一轮科技变革和产业革命的历史性交汇，我国工业电子商务迎来了重大机遇期。党中央、国务院高瞻远瞩，为工业电子商务全面发展做出了系列重要部署。一是国家总体布局全面展开。党的十九大报告提出“推动互联网、大数据、人工智能和实体经济深度融合”。国务院则先后出台了《中国制造 2025》《关于积极推进“互联网 +”行动的指导意见》《关于深化制造业与互联网融合发展的指导意见》等系列文件，充分阐明了发展工业电子商务的重要意义和关键突破口。二是部委专项规划深入拓展。商务部、国家发改委先后发布《电子商务“十三五”发展规划》和《促进电子商务发展三年行动实施方案（2016—2018 年）》，明确了新时期电子商务的总体规划，并对工业电子商务发展内容进行了重点阐述。工业和信息化部则不仅在《信息化和工业化融合发展规划（2016—2020 年）》中将“大力发展工业电子商务”纳入重点任务，对大型制造企业电子商务应用、第三方工业电子商务平台、跨境工业电子商务等做出重要部署，而且在 2017 年 9 月正式发布了我国首个工业电子商务领域的专项规划《工业电子商务发展三年行动计划》，全面明晰了未来三年我国工业电子商务发展的关键路径和战略目标，表 13.2 为近年我国工业电子商务相关发展规划一览。

表 13.2 近年我国工业电子商务相关发展规划

文件名称	部门	时间	工业电子商务相关内容
《中国制造 2025》	国务院	2015年	加快产品全生命周期管理、客户关系管理、供应链管理系统的推广应用，促进集团管控、设计与制造、产供销一体、业务和财务衔接等关键环节集成，实现智能管控。发展壮大第三方物流、节能环保、检验检测认证、电子商务、服务外包、融资租赁、人力资源服务、售后服务、品牌建设等生产性服务业，提高对制造业转型升级的支撑能力
《关于积极推进“互联网 +”行动的指导意见》	国务院	2015年	大力发展行业电子商务：鼓励能源、化工、钢铁、电子、轻纺、医药等行业企业，积极利用电子商务平台优化采购、分销体系，提升企业经营效率。鼓励生产制造企业面向个性化、定制化消费需求深化电子商务应用，支持设备制造企业利用电子商务平台开展融资租赁服务，鼓励中小微企业扩大电子商务应用
《关于深化制造业与互联网融合发展的指导意见》	国务院	2016年	积极培育工业电子商务等新业态。推动中小企业制造资源与互联网平台全面对接，实现制造能力的在线发布、协同和交易。打造制造、营销、物流等高效协同的生产流通一体化新生态
《电子商务“十三五”发展规划》	商务部	2016年	支持制造业与电子商务融合发展。推动商业数据在产供销全流程的打通、共享使用，支持制造企业发展数据化、柔性化的生产方式，探索建立生产自动化、管理信息化、流程数据化和电子商务四层联动、线上线下融合的制造模式。引导传统制造企业发挥源头产品数据的优势，建立电子商务经销渠道，促进产品服务创新，积极探索网络化定制等生产经营方式，鼓励发展品质电商、品牌电商，进一步发挥电子商务引导生产、引领消费的积极作用

续表

文件名称	部门	时间	工业电子商务相关内容
《促进电子商务发展三年行动实施方案（2016—2018年）》	国家发改委	2017年	深化工业企业电子商务应用：在重点工业领域引导大型工业企业建立具有行业知名度和影响力的采购、销售和售后服务等平台。鼓励面向产业集群和区域特色产业的第三方工业电子商务平台发展，帮助中小企业提高竞争力。鼓励有条件的大型工业企业“走出去”，积极开展跨境电子商务，推进国际产能和装备制造合作
《信息化和工业化融合发展规划（2016—2020年）》	工信部	2016年	大力发展工业电子商务：引导大型制造企业采购销售平台向行业电子商务平台转型，提高企业供应链协同水平；引导第三方工业电子商务平台向网上交易、加工配送、技术服务、支付结算、供应链金融、大数据分析等综合服务延伸，提升平台运营服务能力；鼓励发展跨境工业电子商务，完善通关、检验检疫、结汇、退税等关键环节“单一窗口”综合服务体系；推动建设集信息发布、在线交易、数据分析、跟踪追溯等功能为一体的智能物流平台，提高面向工业领域供应链协同需求的物流响应能力。建立和完善工业电子商务运行形势监测分析体系
《工业电子商务发展三年行动计划》	工信部	2017年	到2020年，工业电子商务应用进一步普及深化，建成一批资源富集、功能多元、服务精细的工业电子商务平台，工业电子商务支撑服务体系不断完善，发展环境进一步优化，线上线下融合水平逐步提升，形成开放、规范、诚信、安全的工业电子商务产业生态。包含大企业工业电子商务发展水平提升行动、重点工业行业电子商务平台培育行动、中小企业工业电子商务推广行动、区域工业电子商务培育行动、工业电子商务支撑服务体系建设行动等五大行动

资料来源：作者根据公开资料整理。

二、工业电子商务包容性发展探索

（一）主要国家电子商务立法实践

据联合国贸易和发展会议发布的《2015 年信息经济报告》，截至 2014 年，全球 194 个国家（地区）中，已制定电子交易法、消费者保护法、隐私和数据保护法及空间犯罪法等电子商务相关法律的国家（地区）分别占 74.7%、47.4%、55.2% 和 60.3%，尤其在发达国家（地区），这四类法律的制定比例均达到 80% 以上，标志着全球电子商务治理不断发展完善。

从国际经验看，立法是促进电子商务发展的通行办法。联合国国际贸易法委员会 1996 年通过了《电子商务示范法》，2001 年制定了《电子签字示范法》。联合国大会 2005 年制定了《联合国国际合同使用电子通信公约》。

美国电子商务立法始于 1995 年犹他州颁布的《数字签名法》。1997 年，美国发布《全球电子商务政策框架》，并在《统一商法典》（于 1998 年进一步做了修改）中增加了电子合同法和计算机信息交易法。1998 年，美国国会通过了《国际互联网免税法》，时任美国总统克林顿签署《数字千年版权法》。1999 年，美国司法委员会批准了《电子签名法》《反域名抢注消费者保护法》《统一电子交易法》。2000 年，通过了《国际国内电子商务签名法》。2013 年 3 月，美国参议院通过了《市场公平法案》。

欧盟电子商务立法可以追溯到 1981 年欧洲国家推出的《贸易数据交换指导原则》。1982 年欧洲理事会秘书长发布《电子处理资金划拨》报告。1995 年 11 月 23 日，欧盟发布《个人数据保护指令》。1996 年 3 月 4 日，欧盟通过《有关商业通信》的工作文件。1996 年 8 月 30 日，欧盟提出《有关信息社会服务法规透明度规则的法令》。1997 年 4 月 15 日，欧盟提出

《欧盟电子商务提案》《欧洲电子商务行动方案》。1998年5月13日，欧盟发表了《电子签名的法律框架指南》，同年12月23日，欧盟通过并颁布“欧盟内部市场电子商务信息社会服务法律构架”的指令草案。1999年12月8日，欧盟委员会提出了《电子欧洲：为所有人建造的信息社会行动方案》，12月13日，欧盟通过了《关于建立有关电子签名共同法律框架的指令》。2000年6月8日，欧盟议会通过并颁布《关于内部市场中与信息社会服务特别是电子商务有关的若干法律问题的指令》。

德国1990年开始电子商务立法工作，主要成果有《联邦信息保护法》、《新民法典》、《新反不正当竞争法》、《远程销售法》(含《网络及其他电子交易特别规定》)《电信媒体法》，还包括《广告法》《联邦数据保护法》《商标法》《知识产权保护法》《包装条例》《电信法》《价格说明条例》等。此外，德国各州也有自己的信息保护法。

英国关于管理网上商务行为的法律主要包括两部分，针对网上贸易的规定及适用于所有商业活动的规定。这一法律领域越来越与欧盟层面保持协调一致，但是在英国公投决定退出欧盟之后，未来两套法律之间很可能会出现更大的差异。主要法律条款包括以下几项。2002年的《电子商务条例》对商业网站的经营者施加了一系列的义务，特别是向用户提供有关经营者及其服务的特定信息的义务。2003年《隐私与电子通信条例》(Privacy and Electronic Communications Regulations，PECR)，要求电子通信服务商保护终端用户信息，由信息专员负责监督该执行。《保护消费者免受不公平贸易规则2008》禁止了贸易商的各种不公平行为，如误导行为或疏漏，并包括了被禁止商业行为的“黑名单”。《2009年服务提供条例》规定，在提供服务时，除非有客观标准证明（例如，跨境提供服务涉及额外成本），否则贸易商不得基于国籍或居住地对EEA（欧洲经济区）居民进行歧视。《2013年消费者合同（信息、取消和附加费用）条例》对通过网站向消费者销售商品的企业施加了许多义务。包括：

授予消费者从收到购买商品起 14 日内有取消该购买商品的义务；有义务用“有付款义务的订单”或类似措辞标记任何在线订购按钮等。2015 年《消费者权益法案》整合了英国以前的一系列消费者权益立法，并更新了某些领域，包括消费者合同中的法定隐含条款和消费者可获得的违约救济。《一般数据保护条例》和 2018 年《数据保护法》包含了关于个人数据使用及网站用户的规定。

日本自 1999 年开始电子商务立法工作，主要成果有：《电子签名认证法》《电子签名及认证业务相关法律》。此外，日本政府于 2000 年推出了《数字化日本之起点——行动纲领》，日本通产省于 2001 年提出《有关电子消费者契约和电子承诺通知的民法特例》法律案。

20 世纪 80 年代开始，韩国信息产业高速发展。韩国政府于 1995 年开始实施国家信息基础结构建设计划，制定了《促进信息化基本法》和《促进信息化基本计划》，构筑以政府为主导、以企业为主体的信息化体系，相继颁布《电子交易基本法》《电子签名法》《电子商务消费者保护法》《电子商务用户保护指南》《电子化学习产业促进法》等法律。韩国还制定了有关电子商务和信息社会便利化法案，包括《标准合同规章法》《贷款交易法》《网络信息服务业促进法》《音乐、视频、游戏产品法》《信息、通信网络、信息安全促进法》《产品义务法》《计算机程序保护法》《电子单证法》等。

新加坡于 20 世纪 90 年代初就着手制定了一整套详细的法律和技术框架。1998 年，新加坡颁布《电子交易法》，这是一部内容比较完善和全面的专门立法，主要解决了电子商务中的数据电文和电子签名的使用，承认与认证，网络服务提供商的责任，电子合同，计算机数据的保密与使用等方面的问题。

随着电子商务的蓬勃发展，全球正在掀起新一轮立法热潮，世界贸易组织已将电子商务作为多边谈判的重要议题。电子商务及其立法具有综合性、复杂性和全球化的特征，特别是近年来跨境电子商务迅速发展，对各国电子商务立法及其国际合作提出了新要求。

（二）中国电子商务逐步法治化规范化

以习近平同志为核心的党中央高度重视互联网和电子商务的发展与治理。党的十八大以来，根据全面深化改革的总体部署，中央明确提出制定网络安全法、电子商务法。全国人民代表大会常务委员会认真贯彻落实中央决策部署，不断加强互联网领域立法。2012 年 12 月通过关于加强网络信息保护的决定；2013 年 12 月，明确由全国人民代表大会财经委员会牵头起草电子商务法；2016 年 11 月审议通过网络安全法。为进一步落实十九大报告关于“实施创新驱动发展战略，推动互联网、大数据、人工智能和实体经济深度融合，建设网络强国、数字中国、智慧社会”的部署，2018 年 8 月 31 日，全国人民代表大会常务委员审议通过《电子商务法》，旨在保障电子商务各方主体的合法权益，规范电子商务行为，促进电子商务持续健康发展。2019 年 10 月，全国人民代表大会常务委员会通过《密码法》，以适应电子认证、电子签名等业务对密码的需求，保障电子商务用户隐私权。

此外，我国还颁布和实施了与互联网和电子商务发展相配套的行政法规及制度文件，例如《中华人民共和国计算机信息系统安全保护条例》《中华人民共和国计算机信息网络国际联网管理暂行规定》《中华人民共和国电信条例》等行政类法规；《电子认证服务管理办法》《非金融机构支付服务管理办法》《非银行支付机构网络支付业务管理办法》等系列制度文件，为我国电子商务规范健康发展保驾护航。

下篇

探索与展望：解码互联网下半场

“未来已来，将至已至”，中国工业电子商务在经历了长投资和长孵化周期后，交易对象和服务模式不断演化，目前正步入数字化赋能传统供应链的价值开发与增值周期。

面对新一轮技术革命与产业变革给中国带来的历史性机遇，如何利用全球价值链“重构”机会，实现产业结构的跃升？如何通过充分利用多层次国内大市场、不断增强的创新能力，使中国逐步成长为引领全球数字化发展、改变数字化格局的重要力量？如何通过推动新兴技术与传统产业融合，推动形成新的生产方式、国际分工方式和新的贸易方式，不断提升中国在国际分工中的地位？这些都是新时代赋予我们的需要不断探索与求解的命题。

本篇从平台、企业和国家层面，描述了在数字大变革背景下中国的探索与经验，抛砖引玉，期望能与社会各界一道，共同谱写中国新工业革命的新篇章。

第十四章

洞见未来发展趋势

一、平台发展：从单一平台到协同生态

伴随互联网技术发展到第二个三十年，技术进入发展期，影响与效能开始向各个行业渗透，工业电子商务经历了长投资和长孵化周期，其交易对象逐渐从以钢铁为代表的标准化产品向非标准化产品延伸，从产品向服务、资源和能力拓展，服务模式开始由自营和撮合两种纯交易模式进入以 SaaS、工业电商和供应链金融为主的产业互联网服务体系。

与消费互联网领域“赢者通吃”的现象不同，工业电子商务在 B 端客户拓展、客户采购行为、供应链复杂度等方面的特性决定了单一平台难以垄断市场。随着数字需求的不断变化和市场竞争的日益激烈，传统领域的跨国企业与全球数字平台企业的战略合作也在探索之中，以更便捷地为客户提供服务。例如，沃尔玛与谷歌合作使用谷歌语音助手；福特和戴姆勒也加入了百度的阿波罗平台；谷歌与沃尔沃、奥迪共同打造安卓汽车平台；GE 已与微软合作使用 Azure 云服务；英特尔和脸书正在合作开发一种新的人工智能芯片。如今，来自其他品牌和市场的竞争压力已经迫使企业采取更全面的方法来取得成功。它们不仅要考虑自己的数字形象，而且要考虑数字性能、服务、设计、集成等。随着在线市场成为新的常态，组织将不得不加快步伐，为新一轮跨界合作做好准备。中国目前正与复杂度最高的实体商业展开深度融合，越来越多建立在硅基系统

上的多企业协作网络组织、类产业集群，甚至可以说是生态系统，逐步走进公众视野。随着越来越多的数据可用于商业决策，数据将成为未来商业发展的土壤，数据将创造未来的商业生态。

二、贸易模式：从本土货物贸易到跨境服务贸易

技术进步使越来越多的服务实现跨境在线交易，服务领域随之成为技术变革的重心。而在促进传统服务交易之外，数字技术还为产品交易催生新服务，持续加重服务在贸易结构中的重要性。可以说，数字技术应用令产品服务交易结构发生变化，服务交易的重要性与日俱增。

首先，数字化进程使 CD（小型镭射盘）、书籍、报纸等可以数字化的产品交易有所下降，占所有产品交易的比重由 2000 年的 2.7% 下降到 2016 年的 0.8%；同时，信息技术产品交易额在 2016 年达到 1.6 兆亿美元，在 20 年间实现了三倍增长。① 此外，交易成本进一步下降增加了特定类型产品的交易，尤其是时间敏感型、认证型、合同型产品。此外，凯捷咨询预测，到 2020 年，全球互联产品市场发展到 5 190 亿 ~6 850 亿美元，而制造商预测届时其 47% 的产品都将是智能、互联的，是通过提供服务创造营收的产品。②

同时，服务所占交易比重持续增加。《2018 年世界贸易报告》预测，到 2030 年，服务贸易的比重将由 21% 增加到 25%。世界银行 2017 年数据显示，几乎所有国家的服务业占 GDP（国内生产总值）比重都有显著增长。③ 印度、斯里兰卡等国家更是打破历史传统，在制造业尚未取得显著发展的背

① The future of world trade: How digital technologies are transforming global commerce, World Trade Report 2018, World Trade Organization.

② Louis Columbus. Predicting The Future of Digital Manufacturing, June 2018.

③ World Bank National Accounts Data, and OECD National Accounts Data Files. The World Bank, 2017.

景下，直接发展服务业。[①] 出于 GDP 贡献和创造就业机会的重要性，服务业对整体投资环境也有着重要影响。[②] 在过去数十年，服务的增长不仅推动了世界经济生产和就业的转型，而且潜在影响着全球交易模式。[③]

随着制造业越来越多地购买、提供、销售、出口服务，“制造服务化”发展趋势越发明显。在“制造服务化”的背景下，服务提供方不再局限于服务公司，制造企业也开始将服务与商品捆绑起来，如安装、维护、培训等服务[④]，从而创造附加价值。[⑤] 在研究开发、工程设计、运输物流、分销营销、信息技术、管理支撑等领域，制造企业雇用的员工的 25%~60% 都在从事服务支撑活动。[⑥] 制造越发依赖服务，同时，服务也在重新定义企业创造价值的方式。[⑦]

对信息成本和交易成本占到总交易成本 7% 的制造业来说，在线平台有助于克服跨境交易中的信息缺失、信任不足等障碍。此外，还可以通过物联网、区块链技术简化认证流程、创新跨境服务和金融服务，以及利用实时翻译和在线平台，推动不同国家和地域之间的沟通。2009 年，G20（二十国集团）经济体的平均“服务占出口产品总附加值”的比重已

① The service elevator, Economic focus. *Economist*, May 19, 2011.

② The Contribution of Services to Development and the Role of Trade Liberation and Regulation, OECD Global Forum on International Investment, January 2008.

③ Patricia Buckley & Rumki Majumdar. The services powerhouse: Increasingly vital to world economic growth, July 2018.

④ Servicification: #7 of 10 Drivers of the Future of Manufacturing, Ultra Consultants, August 2016.

⑤ The Servicification of EU manufacturing. Building Competitiveness in the Internal Market, National Board of Trade, Sweden, 2016.

⑥ Miroudot. S. & C. Cadestin. Services In Global Value Chains: From Inputs to Value-Creating Activities, OECD Trade Policy Papers, No. 197, 2017.

⑦ The Servicification of Global Value Chains: Evidence and Policy Implications, Sébastien Miroudot, Trade and Agriculture Directorate, Organization for Economic Cooperation and Development, July 2017.

达到42%，而美国、欧盟、印度等的这一比重则达到或超过50%。[①]世界银行的政策研究工作文件[②]也指出，如果将“服务作为最终产品出口”的直接价值和“服务为制造等其他领域创造附加值”的间接价值相加，那么服务占出口的比重则达到2/3。

通过将更多重心转向物流、运营、工程设计等服务，制造企业能够降低成本、提高效率[③]，还可以通过服务提供差异化产品、拓展海外市场等，进而融入国际生产网络和价值链。[④]麦肯锡跟踪调研了1995—2017年43个国家的23个行业价值链，结果显示，商品生产价值链的贸易密集度呈现下降趋势，2007—2017年，货物贸易出口占商品生产价值链总产出的比重从28.1%降至22.5%。数字新技术的快速发展推动无形资产投资和服务贸易增长，2000年以来，在所有价值链中，无形资产（例如研发、品牌和知识产权）的投资在收入中所占份额增加了一倍多，从5.5%增加到13.1%。全球价值链正变得越来越知识密集型，越来越依赖高技能劳动力。

三、供应链体系：从全球化到地域化、碎片化

随着产品生命周期的不断缩短和产品上市速度成为关键的差异化因素，供应链速度正成为竞争优势的另一个关键组成部分。企业正在尝试通

① Global Value Chains: Challenges, Opportunities, and Implications for Policy. OECD, WTO, and the World Bank, July 2014.

② Thomas Haven & Erik Van Der Marel. Servicification of Manufacturing and Boosting Productivity through Services Sector Reform in Turkey, Policy Research Working Paper 8643, Finance, Competitiveness and Innovation Global Practice, World Bank Group, November 2018.

③ Nordås, H.K. Trade in goods and services: Two sides of the same coin? Economic Modelling, 27(2), 496–506.

④ Magnus Lodefalk. Tear down the tradepolicy silos! Or how the servicification of manufacturing makes divides in trade policymaking irrelevant, January 2015.

过采用更加区域化的方法来重新平衡供应链的复杂性。随着一些生产活动迁移到本土，这种制造业格局的重新配置可能形成区域供应链，例如“美国北美制造”或“欧洲东欧制造”。然而，这并不会导致大规模的亚洲制造业外流，这是因为亚洲的低成本来源为美国和欧洲的发达市场提供服务的全球供应链生态系统已经非常成熟，甚至根深蒂固，不容易被替换。此外，它们需要扩展以服务于发展中经济体中快速增长的本地市场。新兴经济体正在建立更全面的本土供应链，以减少对进口中间品投入的依赖。商品生产价值链，特别是汽车、计算机、电子领域，在区域上越来越集中，这一现象在亚洲和欧洲表现最为亮眼。

以智能自动化、物联网、增材制造（3D 打印）等为代表的数字技术鼓励本地化生产，促使全球供应链朝着地域化、碎片化的方向发展。首先，机器人应用更加便宜、精准、安全，在人机协作越发普遍的同时，智能自动化生产能够以更低成本、更高效率取代大量劳动力，加上离岸经营近年的变化（例如相对高昂的材料和成品运输成本）有碍企业运营成本及风险控制[①]，为更好地满足顾客需求和发展创新，2010 年前后，制造业回岸趋势渐长。[②]随着企业将生产链或其他商业机能从生产成本低的国家转移到主要市场国，全球贸易到 2030 年或因此减少 10%[③]；与此同时，制造回岸也是“就业机会回岸”[④]，而本土供应链的需求端也会受到刺激，例如美国化工制造回岸将带动本国的化学制品需求从 2015 年的 100 亿美元

① Adam Robinson. 31 Motivations for Reshoring Manufacturing & Updated Reshoring Stats, Cerasis.

② Reshoring: One of the great manufacturing success stories, Sikich.

③ Susan Lund, et al. Globalization in transition: The future of trade and vale chains, McKinsey, January 2019.

④ Study Reveals Which Manufacturing Companies are ‘Reshoring’ the Most Jobs, Monroe, July 2018.

增加到2020年的210美元。[①]

值得注意的是，制造回岸尚且未成气候。一些制造企业不愿封存离岸设备、转而在本国做出新投资，另外，劳动力成本较低的国家的相对劳动成本仍然具备吸引力，并且电子工业等关键产业的供应商生态很难在低沉没成本的情况下从一国转移到另一国，这都是多数做出离岸行动的企业重新离岸的因素，需要优惠税收政策等的鼓励。[②]

此外，3D打印能够实现大规模定制化生产，见证Xometry、3D Hubs等“分布式制造平台”发展的同时，催生更多“本地微型工厂”，通过高效生产所需部件实现工业品的本地维护和修理。[③]而在3D打印之外，智能化工厂还可以利用物联网技术实现特定系列产品的出样和组装，并根据用户反馈以及预测性信息进行产品迭代。[④]目前，3D打印仍多应用于制型（prototyping）等价值链上游活动，与传统的“减法制造”流程互补。但长期看来，3D打印可能会在一定程度上取代传统的制造方式，减少外包生产组装的需求，减少生产步骤，减少对库存、仓储、分销、零售中心、包装线等的需要。随着3D打印技术的成熟和广泛应用，生产中心或许会转而贴近消费者聚集区或创新中心。此外，交易对象或更多是基于跨境数据传输的设计、蓝图、软件等，而实体产品交易的比重或有所下降。

---

① North American Chemical Companies Must Make Moves to Outmaneuver Competitors in Their Revitalized Industry, BCG, July 2015.

② Robert J. Bowman. Why the Reshoring of U.S. Manufacturing Hasn't Taken Off, Supply Chain Brain, October 2018.

③ The impacts of digital technologies on the industry of the future, Ignition in Action.

④ Future Factory: How Technology Is Transforming Manufacturing, June 2019.

四、经济形态：从流水线规模经济到“数据 + 平台”的数字经济

工业经济更关注规模效应，企业是重点，产能是关键，工业品的用户之间很难形成网络，范围经济是企业集团的特权。数字经济更关注网络效应，重点转向用户，连接是核心，轻资产的规模效应与跨界的范围经济特征凸显，快速响应能力与时间的动态可逆性成为可能。以数字经济为核心的经济体与工业时代的经济体大不一样，从厂商的规模经济到平台的规模匹配，从高摩擦、高耗散的流水线到高效、协调的“数据 + 算法”。一个全新的“数据价值链”已经形成，支持数据搜集、存储、分析和建模的公司能够从数据中生成洞见，助力业务优化升级。一旦数据被转化为数字智能并通过商业用途货币化，价值创造就会出现。

人工智能和机器学习的应用正在增长，尽管速度缓慢，但预计在不久的未来将成为电子商务的必备。高德纳咨询公司预测，由于人工智能对客户体验、成本削减和新收入增长的巨大影响，人工智能衍生的业务价值预计将在 2022 年达到 3.9 万亿美元。长期的应用场景不仅包括流程自动化，而且包括使用机器学习来优化电子商务，提升转化率、优化搜索功能并创造更多价值（如利用 AI 推荐更精准的搜索，理解客户服务请求，无论其请求是明确的句子还是基于历史订单和浏览行为的预测性订单）。

以平台为中心的企业在数据驱动的经济中具有重大优势。作为中介机构和基础设施，它们的定位是记录和提取与平台用户在线行为及交互相关的所有数据。数字平台的增长与它们搜集和分析数据的能力直接相关，但它们的兴趣和行为在很大程度上取决于如何将这些数据货币化以产生收入。过去 10 年，世界各地涌现出大量使用数据驱动的商业模式的数字平台，这些平台的出现对传统行业是一种颠覆式创新。全球市值排

名前八的公司中，有七家采用了基于平台的商业模式，这反映了平台的力量。据估计，2017 年市值超过 1 亿美元的平台公司，其总价值超过 7 万亿美元，比 2015 年高出 67%。

不同赛道都涌现出一些全球性数字平台企业，如谷歌约占互联网搜索市场的 90%；脸书占据了全球社交媒体市场的 2/3，是覆盖全球 90% 以上经济体的顶级社交媒体平台；亚马逊拥有全球在线零售活动近 40% 的份额，亚马逊网络服务在全球云基础设施服务市场也占有约 40% 的份额。在中国，微信拥有超过 10 亿的活跃用户，阿里巴巴占据了中国电子商务市场近 60% 的份额，微信与支付宝两大巨头的支付解决方案几乎占领了整个中国移动支付市场。

数字经济的发展带来了许多新的经济机遇。数据可以促进发展和解决社会问题，包括与可持续发展目标有关的问题。因此，它可以帮助改善经济和社会成果，并成为创新和生产力增长的动力。从商业的角度来看，通过数字化改造全产业链可以促进以更低的成本生产更高质量的商品。此外，数字化正在以不同的方式转变价值链，为附加值创造和更广泛的结构变革开辟新的渠道。

但积极的结果不会自发产生。虽然数字化具有促进发展的潜力，但是其带来的价值可能不会得到公平分配。即使个人、公司和国家不参与或只是部分参与数字经济，它们仍然可能受到间接的不利影响。数字技能有限的劳动力将发现，与那些更具有数字能力的人相比，自己处于不利地位。与此同时，现有的本地企业将面临来自国内外数字化企业的激烈竞争，许多工作岗位将被自动化取代。其净影响将取决于各国及其利益攸关方的发展水平和数字化准备情况，以及国家、区域和国际等各层面政策执行的连贯性和协调性。

第十五章

揭开工业电子商务崛起的密码

一、如何打造有价值的平台供应链

（一）切实解决供应链上下游企业端痛点

1. 关注工业电商的“不可能三角”

与金融领域中“独立的货币政策”、“资本的自由流动”和“稳定的汇率”存在“不可能三角”相似，工业电商领域也存在一个“不可能三角”，即“高毛利”、“高周转”和“大规模”，三者不可兼得。做到大规模与高周转的，毛利相对低。美国食材供应链王者 Sysco（西斯科），每年有将近 600 亿美元收入，库存周转 15~17 次，但 40 年来毛利率一直在 18% 左右。做到高毛利与高周转的公司，规模会相对较小。这类企业要么行业进入门槛较高，要么保密性好或杠杆率高，要么区域性强。生产部门计划是基于规模化生产的逻辑，以降低原材料采购成本、减少机器准备时间，实现生产效率与效益的最大化，但生产部门的大批量生产意味着在实现营收之前，大量资金在很长时间内都会被成品库存所占用。

2. 建立信任和价值

工业电商最大的特点之一是企业决策成本高、决策链长。明确平台两端客户的需求和痛点，建立信任和价值是关键。工业电子商务平台的终端客户对于采购的核心诉求包括：方便快捷的产品品类搜索，快捷的配送速度，质优价廉的产品，专业的客户服务与技术支持，完整的配套服务保障体系，敏捷的客户需求响应，等等。客户愿意为更好的全方位服务支付溢价，工业电子商务平台如果能够比传统渠道更好地满足客户的上述需求，就有理由获得更大的价值增值。信任可以通过渠道进行传播，比如社交电商和内容电商渠道下沉，倒逼供应链形成 C2M 模式，直播带货、网红等都成为平台信任与价值增值的重要渠道。

（二）赋能有价值的中间环节

供应链的每一次创新，都围绕赋能有价值的中间环节展开，例如丰田的准时化、戴尔的直销模式、亚马逊的智慧物流、UPS（联合包裹）的供应链金融等。无论企业采用何种战略，关键在于确保价值链的各个环节有良好的把控、信任和协作。

众多分散、小规模的经销商、贸易商等传统从业者具备灵活性高、运营成本低等天然的竞争优势。成功的工业电子商务平台不应当试图完全颠覆或者取代所有中间环节从业者，而应当结合所在行业的特性和平台自身竞争优势，一方面取代传统供应链上相对低效的环节或者某一环节中相对低效的部分从业者，另一方面对具备难以取代的从业者进行赋能，帮助其将生意做大做强，使其优势得到充分的发挥和放大，构建共赢的生态，并不断促进上下游从业者的优胜劣汰。

（三）提升整条产业链运行的效率

工业电子商务平台的最终价值在于让正确的产品以最快的速度、最低的成本完成从最上游供应方到终端需求方的流转，具体体现在整条供应链周转率的提高、全渠道各环节存货水平的降低和资金占用的减少以及物流成本的优化上，最终帮助终端企业和中间环节把生意做大、把各项成本费用压低，并从中分享收益。成功的工业电子商务平台一般可以在以下三个方面提升产业链运行的效率。

供需匹配环节的网络效应。基于互联网的工业电子商务平台在更大范围、更充分的供需信息发现和撮合方面具备天然的优势，通过坚持用平台和系统取代传统模式下有限范围内的人工找货、询报价，吸引越来越多的供需双方加入平台并形成正反馈的网络效应，具备“双边市场”特性的工业电子商务平台可以使交易达成环节的效率更高、成本更低。

交易交付环节的规模效应。工业电子商务平台通过整合上下游供需和实现大规模分销，可以同时实现产品采购成本、物流配送成本、资金成本的显著降低。

全链条的数字化改造和数据打通。通过为各环节参与主体提供 SaaS 等方式促进其信息化改造，打通各环节参与主体从生产端到流通端的信息流，掌握相关数据并在此基础上进行大数据分析和预判，从而推动供给端对终端需求的变化进行及时反应，真正实现 C2M 柔性供应链。

二、如何推动工业企业数字化转型

（一）以服务导向实现价值增值

在制造业等许多行业的价值链中，服务创造的价值越来越可观，包括软件、设计、知识产权、分销、营销以及售后服务。企业的整个商业模式都会从商品生产转向服务提供（例如从汽车销售转向交通服务，或者从套装软件和服务器销售转向云计算订阅服务）。要在服务领域获得卓越表现，企业领导者需要持续监控本行业的价值流向，洞悉客户需求，并据此调整运营战略、投资数据和分析技术，开发适当的订阅模式，即根据使用量或性能来收费的服务合约。还要解决效率导向的生产部门与客户导向的销售部门之间的冲突，建立生产与销售预测之间的联系，做好销售和运营规划。把生产计划与短期销售预测相结合，就能实现生产的产品与客户实际所需相符，从而改进客户服务，提高客户响应度。库存水平将与库存周转同比下降。在供应链上的运转速度越快，库存周转率越高，在任意时刻库存占用的资金就越少。同时，原材料在供应链中流动越快，原材料过时或过期的情况就会越少。

（二）以数据驱动塑造敏捷响应市场的能力

在销售和消费者行为领域，每个行业的企业都积累了大量的高粒度即时数据，只有具备强大的生产和分销能力，才能充分利用从这些数据中提炼出的洞见。缩短产品上市周期可加快企业响应客户需求的速度，并减少因预测失误而产生的产品浪费。例如工业电子商务带动工业大数据应用价值持续深化，数据驱动的创新应用在设备、企业和产业链等不同层级上得到广泛深入的拓展。龙头企业积极加快构建以云平台为载体、以端到端的行业数据服务为核心、以业务深度融合为特征的产业生态，引领行业快速整合。

以阿里巴巴、腾讯等为代表的龙头企业将带动更多企业依托自身数据能力，“嫁接”行业优势资源，积极打造大数据时代产业竞争新优势。

企业未必要在全球主要市场中大规模实施回岸迁移或彻底的垂直整合，它们不妨选择延迟制造——在远离终端市场的地方制作基本标准化的产品，然后在靠近终端市场的地方完成最终产品，并添加一些定制元素。

（三）以技术创新构建更紧密、更数字化的供应商关系

从传感器、云服务到纳米技术、大数据，越来越多的技术驱动了数字化趋势的发展，进而导致在整个商业模式与供应链管理的变革中，供应场景定制化、供应模式创新化、供应关系扁平化趋势凸显。视供应商为企业的延伸部分，是数字时代供应商战略取得成功的关键。企业需首先确定哪些供应商对自己最为重要，然后向它们寻求创意支持，并加深彼此的联系。随着供应链提供的产品价值份额越来越高，真诚合作的企业可以确保自己受到优待，并从供应商提供的新产品理念或流程效率中获益。规模较大的企业还可以沿着价值链推动系统性变化，例如提高劳动标准和环保标准。物流和生产技术的发展也可能改变供应链的现状，但如果要真正看到结果的优化，就需要进行价值链的端到端整合。因此，规模较大的企业或许需要帮助中小供应商升级和增加数字能力，以充分实现价值创造。

（四）以位置决策保持运营中的灵活和弹性

选址和投资新能力是企业最重要的决策之一。国际生产分工迁移和全球价值链重塑推动各种商品生产价值链走向区域化。越来越多的企业考虑将生产基地设在全球关键消费市场的或其周围，以有效应对“逆全球化”思潮和全球贸易体系变化带来的不确定性，进而保持企业运营的敏捷、灵活和弹性。例如，使用多功能通用平台在各个产品线和工厂之间共享配件。很多企业也运用各种手段让采购更灵活，包括价格对冲、长期合约、塑造客户需求以推动替代品的销售以及在供应链中构建冗余等。

三、如何营造开放、包容、创新、活跃的发展环境

（一）以核心工业企业为龙头，推动工业电子商务全面落地生花

以核心工业企业龙头为牵引，围绕产品、服务、资源和能力的在线交易和开放共享，推动大型工业企业采购销售模式的在线化、网络化、协同化，基于电子商务开展个性化定制、发展服务型制造、促进创业创新，培育新产品新模式新业态，推动工业企业生产方式、组织方式和管理体系变革。鼓励大型工业企业“牵头串串”，培育一批能有效运用电子商务、具有创新发展优势、竞争力强的中小企业，不断提高中小企业与大企业互动创新和协同制造的能力，打造大中小微企业融通发展新局面。

（二）以数字平台为支撑，构建产业链全链条数字化生态

推动平台体系建设，构建和打造一批面向特定应用场景的工业 App，培育和发展一批具有资源富集、功能多元、服务精细的工业电子商务平台，推动“建平台”和“用平台”的双向迭代、互促共进，推进融合发展。面向直接物料、间接物料、制造能力等方面培育一批优势突出、功能完善、能力开放的垂直工业电子商务平台，打造一批服务于全球供应链协同的跨境工业电子商务平台，支持“大平台 + 富生态”的综合工业电子商务平台发展，鼓励大企业网络集采集销平台向第三方电子商务平台转型，持续提升工业电子商务平台的专业化、精细化、规模化水平。围绕全供应链场景积极拓展技术和商业模式的创新应用，辐射带动上下游中小企业加快采购、销售、生产、仓储等关键环节的数字化、网络化、智能化。

（三）以重点区域试点为牵引，打造工业电子商务产业集聚区

支持区域立足产业优势和特色，围绕传统产业转型升级和工业电子商务健康发展，健全系统化推进机制、体系化引导政策、平台化服务体系，构建多元化投融资和人才培养体系，打造一批工业电子商务示范区。支持各地面向产业集群、区域特色产业和各类专业市场，引进、培育和发展一批适应区域产业结构、市场结构和电子商务应用水平的电子商务平台，推进产品和资源在线化、产能柔性化、产业链协同化，培育一批工业电子商务特色产业集群。加强产业联合，以产业联盟、创新中心、产业示范基地建设等建设为牵引，加强各方协同，共同壮大完善产业生态。

（四）以融入全球价值链途径，助力传统产业转型升级

一是以数字新基建为基础，通过大数据搜集和分析整合全球价值链网络，将生产流程由“一货千厂”转变为“千人千厂”，最优化全球生产动线，推动全球价值链从物理价值链转变为数字化价值链。二是推动建设开放型世界经济，加快工业互联网体系建设。发展创新驱动战略，加快突破传感器、工业软件、工控系统、解决方案供应商等突出短板制约，实现一批智能装备和系统的工程化、产业化应用。充分发挥“一带一路”倡议的优势，输出我国丰富的资本和产能，同时，吸收全球的高级生产要素尤其是人才和技术，利用各国差异化的成本优势激活区域潜力和生产要素，为我国发展创新驱动型经济服务。三是加强宏观政策的协调和发展战略的对接，释放发展中国家经济潜力。尊重各国产业结构和要素禀赋的差异性和互补性，扩展贸易投资合作机制和范围，探索经济创新增长之道，逐步提升新兴国家在全球价值链中的地位。

（五）以国际规则为导向，提升电子商务全球治理能力

无规矩不成方圆，有规则方可发展。电子商务发展需要国际规则促进多方合作、保障各方权益。从世界贸易组织的框架体系，到区域贸易协议，越来越多的相关国际规则协商开始纳入数字技术相关条款，涉及数字政府、国际合作、暂时免征电子传输关税等诸多方面的内容，而这些已经形成或正在形成的国际规则正与各国相关法律[①]相互推进。

顺应电子商务国际规则的变化制定本国的电子商务政策是必要的。一是积极参与多边或双边相关规则制定。在世界贸易组织、G20、亚太经合组织等多边国际机制下积极参与数字基础设施建设、跨境数据流动规制、技术转让、电子认证和电子签名、数字产品和服务贸易、网络安全等议题讨论，统筹完善国内、国际两种规则，推动中国数字经济相关标准、规则走向世界，提升中国在数字经济领域的国际话语权。二是探索建立更加均衡普惠的治理模式和规则。鼓励和支持国内相关部门加强与OECD、世界经济论坛、世界银行等国际组织在数字化转型方面的交流与合作，就确保不同监管体制在数据或其他横向问题上具有互操作性的监管方法展开国际对话。探索构建数字政府影响评估框架，形成“用数据决策、数据服务、数据创新”的现代化治理模式。

---

① 联合国贸易和发展会议就全球网络相关法律发展情况进行跟踪，对其194个成员的电子商务相关法律状态的数据整理显示：79%的国家具备“电子传输”相关法律，52%具备“消费者保护”相关法律，58%具备“隐私”相关法律，72%具备“网络犯罪”相关法律。

后　记

从消费电子商务的“需求侧开发”到工业电子商务的“供给侧赋能”，中国电子商务经历20余年发展终于迎来了产业端的价值增值。作为一名躬身在信息化领域的工作者，深刻体会到“工业电商”在全球数字经济蓬勃发展、国际产业分工转移、世界贸易规则重塑的宏观背景下，不是老生常谈，而是推动工业互联网落地深耕、开启工业数字经济新浪潮的重要抓手。尤其是此次“新冠”疫情期间，作为工业互联网的重要组成部分，工业电子商务平台表现出强大的供应链韧性、管理韧性和交易韧性，成为企业应对疫情冲击、及时复工复产和商业模式创新的“加速器”。

本书从选题到成稿，历时半年，落笔之际，不禁感慨万千。不同于消费端电子商务规模式爆发与“独角兽”迭起，产业端电子商务一直不愠不火。如果说做一个产业最令人动容的是“工匠精神”，那么，工业电商领域的每一位坚守者，都令人尊敬。因为与那些着力于做大规模和市值的“赚快钱者”相比，扎根产业并立志用数字新技术、新模式去塑造产业新业态的人，才是真正挑起整个经济社会创新发展的脊梁。在此，向每一位给予本书支持的业界领导、专家学者、案例企业致敬！

特别感谢王钦敏、陈肇雄、吴澄、孙家广、邬贺铨、李伯虎、高新民等对本书的指导与肯定！感谢编委会谢少锋、李颖、韩夏、闻库、赵志国、刘多、徐晓兰、吴金城、谢志成、徐旭、牛弩韬、翁玉耀、涂高坤、曹慧泉等对编写组的指导！感谢中国科学院大学经济与管理学院教授吕本富、工信部国际经济技术合作中心副研究员杨志刚、中央财经大学商学院副教授耿勇、中国建设银行总行普惠金融事业部处长何富贵对本书核心框架和内容献策献力！也特别感谢编写团队每一位成员，对案例“庖丁解牛”，对文稿精益求精，以扎实的专业功底和前瞻性的剖析，描绘工业电子商务的生态与图景，给出塑造有价值的平台供应链的解决方案。

唯有变化，永恒不变，成功从调整开始。本书在写作过程中，虽然从技术、平台、产业、经济等各个维度力求呈现最新趋势与发展动向，但难免存在疏漏，也欢迎各位读者（业界精英、专家学者等）指正。

尹丽波

2020 年 5 月

特别鸣谢

（排名不分先后）

浙江捷贸通电子商务有限公司

上海找钢网信息科技股份有限公司

陕西能源化工交易所股份有限公司

欧冶云商股份有限公司

东华能源（宁波）电子商务有限公司

上海华能电子商务有限公司

东莞众家联供应链服务有限公司

西域供应链（上海）有限公司

苏州工品汇信息科技有限公司

上海海智在线网络科技有限公司

仕泰隆集团有限公司

中驰车福互联科技有限公司

中国航天科工集团有限公司

阿里巴巴（中国）网络技术有限公司

北京京东世纪贸易有限公司

上海通路快建网络服务外包有限公司

慧聪集团有限公司

数字基建

广州网易计算机系统有限公司

中国兵器工业集团有限公司

中国航空工业集团有限公司

国家电网有限公司

国家能源投资集团有限责任公司

海尔集团公司

中国中车集团有限公司

东莞怡合达自动化股份有限公司

南京钢铁股份有限公司

中国宝武钢铁集团有限公司

青岛酷特智能股份有限公司

九牧厨卫股份有限公司

三一集团有限公司

上海剑桥科技股份有限公司

徐州工程机械集团有限公司

易派客电子商务有限公司

京东数字科技控股有限公司

用友数法金融服务（天津）有限公司

中国建设银行股份有限公司

中企云链（北京）金融信息服务有限公司

中金支付有限公司

成都积微物联集团股份有限公司

传化智联股份有限公司

用友网络科技股份有限公司

上海快仓智能科技有限公司

深圳非常牛物流科技有限公司

震坤行工业超市（上海）有限公司

上海钢银电子商务股份有限公司

卓尔智联集团有限公司

摩贝（上海）生物科技有限公司

北京易酒批电子商务有限公司

深圳中电国际信息科技有限公司

上海找油信息科技有限公司

上海摄提信息科技有限公司

杭州优工品科技有限公司

上海鑫谊麟禾科技有限公司

深圳同创伟业资产管理股份有限公司